基金项目：2020湖南省教育科学规划课题"高校专利转化法律制度理论与实证研究"（XJK20AGD003）

知识产权保护与运营研究

王翀 ○ 著

知识产权出版社
全国百佳图书出版单位
—北京—

图书在版编目（CIP）数据

知识产权保护与运营研究/王翀著. —北京：知识产权出版社，2023.10
ISBN 978-7-5130-8925-8

Ⅰ.①知… Ⅱ.①王… Ⅲ.①知识产权保护—研究 Ⅳ.①D913.4

中国国家版本馆 CIP 数据核字（2023）第 185739 号

责任编辑：栾晓航		责任校对：王　岩	
封面设计：臧　磊		责任印制：孙婷婷	

知识产权保护与运营研究
王　翀　著

出版发行：知识产权出版社 有限责任公司		网　　址：http://www.ipph.cn	
社　　址：北京市海淀区气象路 50 号院		邮　　编：100081	
责编电话：010-82000860 转 8382		责编邮箱：4876067@qq.com	
发行电话：010-82000860 转 8101/8102		发行传真：010-82000893/82005070/82000270	
印　　刷：北京中献拓方科技发展有限公司		经　　销：新华书店、各大网上书店及相关专业书店	
开　　本：720mm×1000mm　1/16		印　　张：16	
版　　次：2023 年 10 月第 1 版		印　　次：2023 年 10 月第 1 次印刷	
字　　数：277 千字		定　　价：88.00 元	
ISBN 978-7-5130-8925-8			

出版权专有　侵权必究
如有印装质量问题，本社负责调换。

前言

FOREWORD

知识产权是一个国家和地区发展的战略性资源和核心竞争力，是增强自主创新能力的重要支撑和掌握发展主动权的关键因素，依靠科技创新，获取知识产权，培育新的经济增长点已成为国际竞争的焦点。知识产权保护与运营是指对知识产权进行有效保护，并通过运营和管理使其发挥最大的价值和效益。习近平总书记指出："中国始终高度重视知识产权保护，深入实施知识产权强国建设，加强知识产权法治保障，完善知识产权管理体制，不断强化知识产权全链条保护，持续优化创新环境和营商环境。"[1] 知识产权保护与运营是企业和组织在知识产权管理中的重要环节。通过有效的保护和运营，企业可以保护自身的创新成果，增加商业价值，提升竞争力，并在市场中取得成功。

知识产权人才在促进经济社会发展和推动创新驱动发展中发挥着重要的作用。作为新生力量，知识产权人才具有关键作用。随着知识产权在经济社会发展中的重要性不断增强，知识产权人才的需求也日益紧迫。因此，培养和引进更多优秀的知识产权人才，提高他们的专业水平和综合素质，是我国经济社会发展的迫切需要。同时，加强知识产权人才队伍建设，建立科学的人才培养体系和激励机制，将为我国实施创新驱动发展战略提供强有力的支撑。

在本书的撰写过程中，参阅、借鉴和引用了国内外许多同行的观点和成果。各位同人的研究奠定了本书的学术基础，在此一并表示感谢。另外，受水平和时间所限，书中难免有疏漏和不当之处，敬请读者批评指正。

---

[1] 新华网. 习近平向中国与世界知识产权组织合作五十周年纪念暨宣传周主场活动致贺信[EB/OL]. (2023-04-26)［2023-06-17］. http://www.news.cn/politics/leaders/2023-04/26/c_1129565997.htm.

目录

第一章 知识产权概述 ·· 001

第一节 知识产权概述 ·· 001
一、知识与知识产权 / 001
二、知识产权概念的发展 / 004
三、知识产权的性质与特征 / 008
四、知识产权的运用 / 010

第二节 知识产权内容 ·· 017
一、知识产权内容概述 / 017
二、专利权内容 / 020
三、商标权内容 / 022
四、著作权内容 / 026
五、其他知识产权内容 / 034

第二章 知识产权保护的途径与原则 ················· 036

第一节 知识产权保护的途径 ····································· 036
一、知识产权保护概述 / 036
二、知识产权保护的途径 / 038

第二节 专利权保护范围分析 ····································· 042
一、发明专利和实用新型专利权利要求的解释 / 042
二、外观设计专利权保护范围的确定 / 044

第三节 专利侵权判定原则 ··· 044
一、全面覆盖原则 / 044
二、等同原则 / 045

三、禁止反悔原则 / 046

四、捐献原则 / 046

第三章 知识产权的源头保护 ······ 048

第一节 专利权与商标权的获得 ······ 048

一、专利权的获得 / 048

二、商标权的获得 / 050

第二节 专利快速获权途径 ······ 052

一、专利优先审查 / 052

二、PCT 国际申请 / 053

三、快速审查计划 / 054

四、合作项目和专利战略 / 054

五、紧急临时保护 / 054

第三节 专利布局与专利保护 ······ 055

一、专利布局基本原则 / 055

二、专利布局典型类型 / 058

第四章 新兴产业的知识产权保护机制探析 ······ 062

第一节 大数据产业：知识产权风险与保护机制 ······ 062

一、大数据技术引发的知识产权风险 / 062

二、大数据产业发展与知识产权保护 / 066

三、大数据知识产权保护的立法应对 / 068

第二节 智能金融产业：人工智能技术专利布局及竞争态势 ······ 073

一、人工智能技术在金融领域的应用场景 / 073

二、专利数据来源及检索要素 / 074

第三节 低碳产业：低碳与绿色专利许可新探索 ······ 075

一、低碳技术与绿色专利 / 075

二、绿色专利许可的新探索 / 076

第四节 基因科技产业：专利保护的挑战与应对 ······ 077

一、基因科技产业与专利保护 / 077

二、基因诊断面临的专利保护挑战 / 078

第五章　知识产权运营 ·············· 080

第一节　知识产权运营理论 ·············· 080
一、知识产权运营的含义 / 080
二、知识产权战略的意义 / 080
三、知识产权的功能 / 083
四、知识产权运营主体 / 085
五、知识产权运营方式 / 086

第二节　知识产权运营管理实务 ·············· 087
一、知识产权战略管理 / 087
二、知识产权组织管理 / 091
三、知识产权决策管理 / 093
四、知识产权实施管理 / 096
五、知识产权保障管理 / 100
六、知识产权战略控制 / 108
七、知识产权监督管理 / 118

第三节　知识产权许可制度的运营 ·············· 124
一、知识产权许可制度的含义和内容 / 124
二、知识产权许可限制条款的垄断 / 133
三、许可制度的应用 / 138

第六章　知识产权运营体系的平台架构 ·············· 142

第一节　知识产权运营公共服务中心平台基础知识 ·············· 142
一、知识产权运营公共服务内涵 / 142
二、知识产权运营公共服务中心平台建设路径 / 143
三、知识产权运营公共服务中心平台发展目标 / 147
四、知识产权运营公共服务中心平台业务体系 / 148

第二节　知识产权运营公共服务中心平台功能定位 ·············· 151
一、知识产权运营公共服务中心平台主体功能 / 151
二、知识产权运营公共服务中心平台基本定位 / 156

第三节　知识产权运营公共服务中心平台运行规则 ·············· 166
一、建设运营方式 / 166

二、项目风险控制 / 168

三、知识产权运营公共服务中心平台治理体系 / 172

四、市场准入制度 / 176

五、运营交易规则 / 179

第七章 知识产权资本运营与价值评估 ... 181

第一节 知识产权资本运营 ... 181

一、知识产权资本化概述 / 181

二、知识产权资本化的模式 / 187

三、知识产权资本运营 / 195

第二节 知识产权价值评估 ... 199

一、质押融资相关概念及特征 / 199

二、知识产权价值评估的市场运用 / 202

三、知识产权质押融资参与主体及业务流程 / 204

第八章 国家战略推动知识产权创新发展的路径 ... 207

第一节 创新驱动发展战略和知识产权强国建设的契合路径 ... 207

一、创新驱动发展战略与知识产权的关联 / 207

二、创新驱动发展战略与知识产权强国建设契合路径 / 211

第二节 激励知识产权创造，提升创新能力 ... 215

一、知识产权与创新 / 215

二、激励知识产权创造提升国家创新能力的主要路径 / 219

第三节 加强知识产权保护，优化创新环境 ... 226

一、知识产权保护与创新环境 / 226

二、建设知识产权强国营造创新环境的主要路径 / 230

第四节 扩大知识产权国际合作，提升创新国际影响力 ... 235

一、知识产权国际合作与全球创新格局 / 235

二、扩大知识产权国际合作、提高中国在全球创新格局中国际地位的主要路径 / 237

参考文献 ... 246

第一章

知识产权概述

第一节 知识产权概述

一、知识与知识产权

知识产权（IP）可以有多种定义方式，包括列举式定义（即列出各类知识产权的具体类型，如专利权、著作权、商标权等）和概括式定义（即用更广泛的方式定义，如保护创新者的智力劳动成果）。关于知识产权的理论学说有很多种，包括信息产权论、无形财产说、形式说、信号说、符号说等。这些理论从不同的视角对知识产权进行理解和解释。知识产权有一些独特的特性，包括独占性（只有权利人可以使用和决定如何使用该权利）、地域性（知识产权的保护通常只在特定的国家或地区内有效）和时间性（知识产权的保护通常只在一定的时间内有效，例如，专利权通常只保护20年）。尽管知识产权是一种民事权利，但由于知识产权保护的是创新者的智力劳动成果，在许多方面与其他类型的民事权利则有所不同。例如，知识产权的独占性使得创新者可以独自享有其创新成果，而不像其他财产权那样可以被分割和共享。此外，知识产权也可以通过许可或转让的方式进行交易，这就为知识的商业化提供了可能。

（一）知识

"知识"这个词是一个非常广泛的概念，通常指人们通过学习、经验和研究而获取的信息、理解、技能和态度等。知识是一种抽象的概念，可以在各种各样的领域中存在，比如科学、艺术、哲学、历史等。知识是人类社会进步的基础，是驱动经济发展、科技进步和社会变革的关键要素。无论是个人还是社会，都需要不断地学习和积累知识，才能不断地提升自我，实现更好的发展。

知识与知识产权之间的联系确实是深入理解知识产权概念的重要途径。

知识的创造和应用是推动社会进步和科技发展的关键因素，而知识产权则是保护这些知识的法律机制。知识产权通过提供一定期限的独家权利，激励个人和企业投入时间、精力和资源进行创新活动。换句话说，知识产权保护是为了鼓励和奖励知识的创新和应用。

知识的传播和分享也是社会进步的重要驱动力。然而，如果没有适当的保护措施，知识的创作者可能会因为无法从其创新活动中获得足够的回报而不愿分享他们的知识。在这里，知识产权便起到关键作用，通过保护创新者的权益，鼓励分享他们的知识。

此外，知识产权也可以帮助保护消费者和公众的利益。知识产权制度可以帮助消费者识别商品和服务的来源，防止欺诈和混淆。同时，当知识产权的保护期满后，知识将进入公有领域，所有人都可以自由地使用这些知识，从而进一步推动社会的进步。

所以，知识和知识产权之间的内在联系是相互促进的。知识产权保护了知识的创新和应用，同时也鼓励了知识的传播和分享，为社会的进步提供了动力。

1. 知识的存在形态和特征

知识的无形性、非物质性以及其可复制和传播的特性，与传统的有形财产在法律上的处理存在很大差异；使得知识可以在无数载体和人脑中并存，并且不会因为使用而消耗；对于知识产权法的形成也有着重要影响，因为需要设计出一套法律机制来保护这种特殊的"财产"。

2. 知识的归属问题

在知识产权制度出现之前，知识一般被视为公共领域的财富，任何人都可以自由地使用。但随着知识产权制度的出现，知识的归属问题变得复杂起来。一部分知识被封闭在私有领域，需要付费使用；另一部分知识仍然属于公共领域，可以无偿使用。知识产权制度的一个重要挑战就是如何在保护创新者的权益和推动社会共享知识之间找到平衡。

3. 知识的生产问题

如何激励知识的创新和生产，是知识产权制度的一个核心问题。由于知识的无形性和可复制性，如果没有适当的激励，那么创新者可能会无法从努力中获得足够的回报，从而有可能会阻碍知识的创新和生产。知识产权制度的目标之一就是通过提供一定期限的专利权或著作权来激励创新。

这三个方面的讨论，对于理解知识产权的性质、功能以及在现代社会中的重要性来说,都有着深远的影响。

(二) 知识的制度关注

历史上的知识的制度关注有多种形态,反映了社会、政治和经济环境的复杂性和多样性。这些制度既可以有助于激励知识的生产,也可以用于控制和限制知识的传播。以下详细解释了这两种方向:

1. 对知识的控制

在人类历史上,尤其在权威和专制的社会制度下,知识常常被当作权力的一种工具,被用来巩固统治者的地位或控制社会。这种对知识的控制可能表现为审查、信息过滤,或者对某些类型的知识或信息的禁止。在这种情况下,知识的生产和传播就会受到严格的限制,可能阻碍了知识的创新和科学技术的进步。

2. 激励知识生产的制度安排

许多社会制度和政策被设计为鼓励和激励知识的创造和传播。例如,政府可能提供研究资助,或者为有重大科学发现或技术创新的个人或组织提供奖赏。此外,通过知识产权法,创新者可以获得对发现或创作的独家权利,从而有可能从工作中获得经济回报。这些制度旨在鼓励创新,推动科学和技术的进步。

总的来说,这两种方向的知识的制度关注反映了社会对知识的复杂态度,在一定程度上塑造了知识生产和传播的方式。在任何情况下,一个开放、公平、透明和有利于创新的制度环境对于知识生产和社会发展来说都是至关重要的。

(三) 知识的权利

在知识产权制度确立之前,知识的权利确实存在,并且具有多种形式。这些权利可概括为两种:荣誉权(或首创权)和封建垄断特权。

1. 荣誉权(或首创权)

在知识产权制度形成之前,创作者或发明者通常享有某种形式的荣誉权(或首创权),这是对他们贡献的认可。这种权利并未赋予他们对其创作或发明的独占权,而是承认了他们的成就并赋予了他们名誉和社会地位。荣誉权(或首创权)可能并不带有经济利益,但对于鼓励创新和知识的产生有着重要的作用。

2. 封建垄断特权

封建时期，国王或其他统治者可能会赋予某些个人或组织某种特权，包括制造、销售或使用某种商品或服务的独家权利。这种特权的赋予往往出于政治、经济或军事的目的，并可能带有明显的经济利益。尽管这种特权在形式上与现代的专利权和商标权相似，但其核心目的并非鼓励创新或保护创作者的权益，而是为了统治者的利益。

这两种权利与现代知识产权制度之间的主要区别在于，现代知识产权制度的目标是鼓励创新和创造，通过保护创作者的权益来实现。现代知识产权制度为创作者提供了一种方式，他们可以通过努力获得经济回报，通过法律赋予创作者对其作品或发明的独占权。这是一个与早期荣誉权（或首创权）以及封建垄断特权本质上不同的制度。然而，这些早期的权利在很大程度上塑造了对知识权利的理解，并为现代知识产权制度的形成奠定了基础。

（四）知识的产权

知识产权是知识产权化的结果，是将知识纳入了一个财产权法律制度之中，是对知识创新和生产的一种重要激励。

知识产权制度使创作者或发明者能够从创新中获得经济回报，赋予了创作者或发明者在一定时间内对其作品或发明的独占权，决定了如何使用、谁可以使用，以及使用的条件。知识产权机制鼓励创新，因为创作者或发明者知道努力和投入能够得到回报。

知识产权制度也为创新提供了保护。无论是个人发明者还是大型公司，开发新的产品或技术都需要时间和资源的投入。知识产权保护就是确保这些投入不会被别人轻易复制和利用，为创新提供了更安全的环境。

同时，知识产权制度也有助于知识的传播和共享。这是因为，作为对获得保护的交换，发明者或创作者必须公开他们的作品或发明。这就意味着其他人可以学习这些知识，并在此基础上进行进一步的创新。

当然，知识产权制度也存在其局限性和挑战。例如，如果保护过度，可能会妨碍新的创新；如果保护不足，可能会打击创作者或发明者的积极性。因此，设计和执行一个平衡创新、激励和知识共享的知识产权制度是一个持续的挑战。

二、知识产权概念的发展

知识产权领域是一个不断发展和变化的领域。随着科技的进步，新的创新形式和知识产物不断涌现，对知识产权的保护和研究就需要不断地适应。例如，随着数字技术和互联网的发展，对数字内容、软件、数据库和网络服务的保护，已经成为知识产权领域的重要议题。生物技术的进步也带来了对生物材料和生物技术创新的保护问题。

知识产权的研究也在不断深入。对知识产权保护的影响进行评估，探讨如何设计和实施更有效的保护制度，都是知识产权研究的重要方向，包括对知识产权法的理论探讨。例如，如何界定知识产权的边界，如何平衡不同权益，如何适应新的社会和经济环境等问题。

知识产权领域也在不断寻求体系化和国际化。随着全球化的深入，知识产权的保护和执行越来越需要国际合作和协调。因此，建立统一的知识产权规则和标准，促进各国之间的知识产权保护和执行的一致性，都是知识产权领域的重要任务。

（一）信息产权论

随着信息时代的到来，信息本身已经成为一种重要的财产形式。信息的价值在于可以帮助人们更好地理解世界，做出决策，创建新的知识或技术。因此，保护信息的产权，就是保护信息的价值。在知识产权法中，确实有一部分是关于信息产权的保护。例如，著作权法保护的是原创作品的表达形式，包含了作者创造的信息；专利法保护的是新的、实用的、非显而易见的发明，包含了发明人发现或创造的新的技术信息；商标法保护的是商标，包含了与商品或服务相关的商业信息。由此，知识产权并不完全等同于信息产权。第一，知识产权法保护的并不是所有的信息，而是具有特定特征（如原创性、新颖性等）的信息。第二，知识产权法保护的不仅是信息本身，还包括使用、传播和修改这些信息的权利。虽然信息产权的观念在某些方面有助于理解知识产权，但也不能忽视知识产权的其他重要方面。

信息产权理论是对传统知识产权观念的补充和拓展，而非替代。信息产权理论关注的是信息本身的价值和保护，从这个角度来看确实为理解知识产权带来了新的视角。信息产权理论将传统的知识产权扩展到了原本属于公共领域的公共信息和未公开披露过的保密信息，在一定程度上突破了知识产权法原本以鼓励创作为主的范畴。另外，信息产权理论也有助于理解那些传统知识产权法难以解决的问题，比如网络环境下的知识产权保护问题。

信息产权理论也并非没有争议，特别是在法理层面上。这是因为信息产权理论的应用可能会对传统的权利界定、公共利益等方面带来挑战。对此，需要通过不断的探索和反思，找到平衡信息产权和公共利益的方式。

(二) 无形财产权说

无形财产权说是知识产权理论的一种重要观点。知识产权的客体被认为是一种无形财产，来源于人们的智力活动创造的成果，或者在经营管理活动中形成的商标、信誉等。

无形财产，顾名思义，与物质财产或者有形财产不同，没有实体存在，但却可以被法律认定并保护。例如，一个公司的品牌、商标、专利或者商业秘密等，都是无形财产的典型例子。无形财产虽然不是有形的、可见的物质对象，但是在经济活动中同样具有极高的价值。

无形财产权说对于知识产权的理解有着重要的意义。首先，无形财产权说明确了知识产权的经济价值，即使知识产权的客体是无形的，也可以被视为财产并享有法律保护。其次，无形财产权说强调了知识产权的创新激励功能，通过保护无形财产，可以激励更多的知识创新和技术进步。然而，无形财产权说同样又面临着挑战，如何界定和保护无形财产、如何处理无形财产和有形财产的关系等问题，都是需要进一步探讨和解决的。

(三) 形式说

形式说认为知识产权的对象是"形式"，知识产权就是基于一种形式的产权；知识产权的对象首先是知识，但知识是"形式"的，形式才是知识的本体，知识不是无形物，也不完全等同于无体物。

形式说致力于探究知识产权对象的本质属性。首先从知识产权的对象说起，认为知识产权的对象是指那些导致知识产权法律关系发生的事实因素。按照这样的逻辑分析，物权的对象是物，债权的对象是人的行为，那么知识产权的对象就是知识。但对于知识的本质属性的认识，现有的无形财产权说和无体财产权说都是有问题的。无形财产权说认为知识产权的对象是无形物，也就是说知识是无形物。形式说认为这一认识是错误的，因为知识是人类对自己认识的描述，人类认识自然规律、设计和创造作品与技术方案等活动，都是人类认识的体现，而能够将这些认识、思想表达出来的方式就是知识，因此，知识肯定是有形的，否则又如何表达这些认识和思想呢？对于无体财产权说，形式说认为其关于知识的无体性、非物质性的认识是正确的，但无体财产不仅包括知识,还包括债权、商业信誉、贸易中的服务、劳力等其他许多类型。所以,知识产权与无体财产权之间不能画等号,无体财产权与非物质财产权的称谓不能反映知识产权的本质特征。另外,形式说认为,无形财产权说、无体财产权说以及相关的非物质财产、准物权等理论学说都只是停留在称谓的选择上,而未能触及知识的本体究竟是什么的问题,并未厘清知识产权对象的根本属性。而且,以"无""非""准"这些字眼给知识产权定义的方法不符合正常的逻辑,并不是以肯定的语句和正概念去描述一个事物,而是以否定的语句和负概念去描述,不能客观准确地反映事物的本质。形式说认为,人类的创造活动,不论是创造科学技术,还是文学艺术,都是构造形式的活动,这些人造的形式,就是知识。除去形式,便没有知识,这就是知识的本质。

(四)信号说

信号说强调信息是不可能独立存在的,信息总是通过某种信号进行传递。这是一个对信息和信号关系的深刻认识。信号说将知识产权的客体归结为信号,凸显了知识产权保护的实际效果:即保护知识产权权利人对某种特定信号的独家使用。

例如,著作权的客体——作品,其实就是语言或者造型语言信号的集合,而不是作品中所包含的思想或主题;专利权的客体——专利技术,其实就是一种技术信号,而不是公开的技术信息。这种理解方式提供了一种新的视角,帮助理解知识产权的本质,并且更加清楚地认识到知识产权保护的重点:保护的是特定信号的使用,而不仅是其中包含的信息。

此外,信号说可以很好地解释知识产权客体的易复制性和易传播性。这是因为信号往往可以通过多种媒介进行复制和传播,而且复制和传播的成本相对较低。这种理解方式则有助于理解和应对知识产权保护的挑战。

(五)符号论

符号论确实是在信号说基础上进一步发展起来的,将知识产权的客体理解为"符号组合",即由人为创设的信号—符号—组合而成的成果。

符号论强调符号的双重功能:指代和创生。指代功能即符号代表另一个事物的能力,与商业标记的性质相符;创生功能则是指通过符号的组合创造出新的形式,与知识产权中的智力成果相符。这种理解就将知识产权中的商业标记和智力成果联系起来，为知识产权的客体提供了统一的基础。

符号论的一个重要目标：统一知识产权的客体。这个目标不仅有助于理解知识产权的本质，对知识产权法的体系结构也产生了重要影响。符号论认为，知识产权制度应从鼓励创新转向分配利益，即从创造伦理转向分配伦理。这一观点对于理解知识产权法的价值原则有重要启示作用。

三、知识产权的性质与特征

(一) 知识产权的性质

1. 私权性

知识产权是私权中的一种，给予知识产权所有者一定程度的独占权和排他权。这就意味着知识产权所有者可以对其所拥有的知识产权进行控制和使用，也可以将其使用权通过转让、许可等方式给予他人。

2. 非物质性

知识产权的客体是非物质的，如发明创造、艺术作品、商标、商业秘密等。这些都是无形的，不像物质财产那样看得见、摸得着。

3. 限制性

尽管知识产权拥有者有权独占和排他使用其权利，但这种权利并不是无限的。在一定的时间内，知识产权将会失效或转入公有领域，以便于社会公众能够免费使用这些知识和信息。比如，专利权一般只保护20年，著作权也仅在作者创作的作品发表后一定年数内有效。

4. 地域性

知识产权通常只在授予该权利的司法管辖区内有效。比如，一项在美国授予的专利在中国可能并不受保护，除非该专利在中国也进行了申请并被授予。

5. 可转让性

知识产权可以被买卖、许可或转让。这就使得知识产权成为一种可以进行商业交易的重要资产。

6. 公共利益

虽然知识产权主要保护的是私权，但也有对公共利益的考量。知识产权制度的设立旨在鼓励创新和创作，对于推动科技进步和文化发展是十分重要的。

这些性质使知识产权在法律体系中具有特殊的地位，需要专门的法律规定和司法机构来保护和实施。

(二) 知识产权的特征

1. 独占性

独占性是知识产权的一个重要特性,赋予知识产权所有者在特定时间内对其创新成果的独家使用权。知识产权的独占性允许知识产权所有者阻止其他人在未经许可的情况下使用、销售或复制其创新成果。

具体来说,独占性是指在某个领域中,知识产权权利人对于其拥有的权利具有排他性,即除知识产权权利人外,其他任何人都不能对其享有的权利进行使用、复制、传播等。知识产权的权利对象通常是独特的、新颖的、有创新性的成果,它的价值往往体现在其独特性上,因此,独占性是维护其价值的关键。

在不同类型的知识产权中,独占性表现得不尽相同。例如,在著作权法中,独占性赋予权利人对其作品的复制、发行、表演、展示、改编等拥有独立控制权;在专利法中,独占性赋予专利权人在一定期限内禁止他人对其专利产品或过程进行制造、使用、销售、进口的权利;在商标法中,独占性赋予商标所有者在一定地域范围内对其商标的独家使用权。

总的来说,知识产权的独占性是对创新成果的保护和激励,也是知识产权制度的核心和基础。

2. 地域性

地域性是知识产权的另一个关键特征。知识产权的保护和效力在一定的地理区域内有效。这一特性主要是由于知识产权法的领域性质决定的,即知识产权法是由各国(或地区)独立制定和实施的,各国(或地区)的知识产权法基于其特定的法律、经济、文化等因素而有所差异。总的来说,知识产权的地域性特征意味着在跨国或跨地区的知识产权问题中,可能需要面临不同地域的法律规定和实践,这就对知识产权的获取、行使和保护带来了复杂性。

3. 时间性

时间性也是知识产权的一个重要特征,意味着知识产权的保护有一定的期限。一旦超过这个期限,相应的知识产权保护就会结束,相应的知识、创新或标识将进入公有领域,任何人都可以使用,而不需要支付费用或获取授权。知识产权的时间性特征,是在保护创作者和发明者的权益,激励创新和创作的同时,既满足了社会公众对知识和文化的访问和使用需求,又保证了社会和文化的发展。

四、知识产权的运用

(一) 知识产权许可

1. 知识产权许可的含义

知识产权许可是指知识产权权利人（许可人）向他人（被许可人）授予使用、制造、销售或其他利用其知识产权的权利的行为。通过许可，知识产权权利人可以将自己的知识产权授权给他人，在一定条件下，被许可人可以合法地使用该知识产权来开展商业活动。

知识产权许可通常以书面合同的形式进行，并在合同中明确约定知识产权许可的范围、期限、地域限制、使用方式、使用费用等相关条款。知识产权许可可以涉及各种类型的知识产权，包括专利、商标、著作权、工业设计等。

知识产权许可对各方都具有重要意义。对于知识产权权利人来说，知识产权许可可以带来经济利益，增加知识产权的价值，扩大市场影响力，来推动技术创新和知识传播。对于被许可人来说，知识产权许可可以获得合法使用知识产权的权利，减少技术开发成本，提高产品竞争力，以实现商业发展目标。

知识产权许可是知识产权领域中常见的商业模式之一，既促进了知识的流动和共享，又有助于推动创新和经济发展。同时，知识产权许可也需要注意保护知识产权的合法权益，以确保知识产权许可的合同和使用符合法律法规的规定。

2. 知识产权许可的类型

在知识产权许可的情况下，不同的主体可以共同使用同一知识产品。根据知识产权权利人的自由选择和意愿，可以将部分或全部的权利许可给他人使用，并约定使用的地域和期限，这就使知识产权许可使用类型具有多样性。根据知识产权许可使用的效力范围，可以将知识产权许可分为独占许可、排他许可和普通许可三种类型。

（1）独占许可

独占许可指的是知识产权权利人授权他人在特定的期限和范围内以特定方式独占地使用知识产品。在独占许可下，被许可人具有独占地享有知识产权的使用权，其他人不能进行类似的使用行为。这就意味着知识产权权利人将特定的使用权赋予了被许可人，其他人无权干涉或侵犯这一使用权。独占许可使用合同通常会明确规定被许可人可以以何种方式使用知识产品，使用的地域范围和使用的时间限制。被许可人在合同约定的期限内，可以在指定的地域范围内以独占的方式使用知识产品，而其他人则需要获得知识产权权利人的许可才能进行类似的使用。独占许可在知识产权保护中起到重要的作用，为知识产权权利人提供了经济利益，也为被许可人提供了使用知识产品的机会，促进了技术创新和知识的传播。

（2）排他许可

排他许可指的是知识产权权利人将知识产权的使用权授予给被许可人，同时知识产权权利人本身也保留了使用该知识产权的权利。在排他许可下，被许可人和知识产权权利人都可以在约定的期间和范围内使用知识产品，而其他人则需要得到双方的许可才能使用。这意味着知识产权权利人在授予排他许可时并未完全放弃自己的权利，仍保留了一定程度的使用权。排他许可使用合同一般会明确规定双方的使用范围、期限和使用方式。排他许可在知识产权交易和商业合作中经常使用，为被许可人提供一定的市场独占权，也保留了知识产权权利人的权益，使双方都能从知识产权的价值中获益。排他许可有助于促进技术创新、知识的传播和经济的发展。

（3）普通许可

普通许可，也称为非专有许可使用。在普通许可下，知识产权权利人可以许可两个或两个以上的主体使用知识产品，而且知识产权权利人本身也可以使用知识产品。与独占许可和排他许可不同，普通许可没有对被许可人的使用权进行独占或排他性的控制。被许可人和知识产权权利人都可以在约定的期间和范围内使用知识产品，并且其他人也可以获得相应的许可来使用知识产品。普通许可使用合同一般会明确规定双方的使用范围、期限和使用方式。被许可人和知识产权权利人在约定的范围内可以相互使用知识产品，而其他人也可以通过与知识产权权利人或被许可人达成许可协议来使用相应的知识产品。普通许可的特点是开放性和多方参与，允许多个主体在一定的条件下使用知识产权，促进了知识的传播和应用。普通许可可以鼓励创新和技术合作，为不同的主体提供使用知识产权的机会，从而促进经济发展和创新能力的提升。

3. 知识产权许可合同

知识产权许可合同一般应包括以下条款：

(1) 合同双方的身份和背景：明确许可人（知识产权权利人）和被许可人之间的关系和身份，包括其名称、注册信息等。

(2) 许可的知识产权：详细描述被许可人可以使用的知识产权的范围和内容，如专利、商标、著作权等。

(3) 使用方式和范围：明确被许可人可以使用知识产权的具体方式和范围，包括使用的地域、时间、用途等限制。

(4) 期限和终止：规定知识产权许可使用的期限和合同的终止条件，包括双方的解除权、终止权等。

(5) 许可费用和支付方式：约定被许可人需要向许可人支付的许可费用，以及支付方式、频率和条件等。

(6) 保密义务：明确双方在许可使用期间需要遵守的保密义务，以确保知识产权的保密和安全。

(7) 违约责任和纠纷解决：规定双方在违约情况下的责任和补救措施，并约定解决纠纷的方式，如仲裁、法院管辖等。

(8) 其他附加条款：根据具体情况，可以包括技术支持、培训、使用标准等附加条款，以进一步明确双方的权利和义务。

知识产权许可合同应当遵循平等自愿、等价有偿、诚实信用、公平合理等原则，确保合同的公平性和合法性。具体的条款和内容可以根据双方的协商和需要进行调整和补充，以达到双方的合理期望和利益保护。

(二) 知识产权转让

1. 知识产权转让的含义

知识产权转让是指知识产权所有者将其对某项知识产权的所有权和权益从自己名下转移给他人的行为。通过知识产权转让，知识产权所有者可以将其创造的知识产权资产转让给他人，以获得经济利益或实现其他目标。

在知识产权转让中，转让方（知识产权所有者）将知识产权的所有权转让给受让方，使受让方成为新的知识产权所有者。知识产权转让可以涉及不同类型的知识产权，如专利、著作权、商标等。知识产权转让可以是完全转让，即将全部知识产权权利转让给受让方，也可以是部分转让，即只将某些权利或利益转让给受让方。

知识产权转让通常是通过合同来实现的，知识产权转让合同明确双方的权利和义务，包括转让的范围、地域、期限、转让价格或报酬等关键条款。

知识产权转让合同还可以涉及其他事项，如保密义务、违约责任、知识产权的归属等。

通过知识产权转让，转让方可以获得转让费用或特定的经济利益，而受让方则获得了知识产权的使用权和相关权益。知识产权转让可以促进知识产权的流动和有效利用，有助于知识产权的价值实现和市场化运作。然而，转让方需要谨慎考虑转让的范围和条件，以确保自身的权益和知识产权的合法性和有效性。

2. 知识产权转让合同

知识产权转让合同是一种法律文件，用于明确知识产权权利人将其拥有的知识产权转让给他人的情况。以下是一份常见的知识产权转让合同可能包含的条款：

（1）合同双方：合同双方在合同中应明确公司的身份信息，以便确定其法律地位和约束关系。公司的身份信息可能包括公司名称、注册地址、联系方式、法定代表人等，还有可能需要提供相关的注册文件或证明文件作为合同的附件。除了转让方和受让方，合同中还可能涉及其他相关方，如担保人、代理人或其他合同履行的相关方，具体需要根据实际情况而定。

（2）转让的知识产权：明确具体转让的知识产权类型，如专利、商标、著作权等，并描述其相关权益和范围。

（3）转让的内容：详细说明转让方将转让给受让方的知识产权的权利和利益，包括使用权、复制权、分发权等。

（4）转让的范围和地域：界定知识产权转让的地域范围和使用范围，可以是全球范围、特定地域范围或限制在某些领域或行业内使用。

（5）转让费用或报酬：约定受让方向转让方支付的转让费用或报酬，可以是一次性支付或分期支付，并明确支付方式和时间。

（6）知识产权的归属和保证：确认知识产权在转让后的归属情况，保证转让方是合法的知识产权权利人，并不存在第三方对知识产权的权利主张。

（7）保密义务：规定双方对于转让过程中的商业机密和机密信息的保密义务，以确保知识产权的保密性和安全性。

（8）违约责任和争议解决：明确违约方需要承担的责任和违约金，以及解决合同争议的方式，可以约定仲裁、诉讼等争议解决机制。

（9）合同期限和终止：规定转让合同的有效期限以及终止条件。例如，合同到期、双方协商一致终止等情况。

(10) 适用法律和管辖法院：确定适用的法律和管辖法院，以解决合同执行过程中可能发生的法律问题。

以上条款仅供参考，实际的知识产权转让合同内容可能因具体情况而有所不同。在签订合同之前，合同双方应仔细阅读并理解合同的条款，并确保合同内容符合当地法律法规的要求。如有需要，建议合同双方寻求法律专业人士的意见和协助，以确保合同的有效性和合法性。

(三) 知识产权质押

1. 知识产权质押的含义

知识产权质押是指知识产权权利人以合法拥有的知识产权作为抵押物，向贷款人借款的行为。在知识产权质押过程中，知识产权权利人将其知识产权的所有权进行保留，但将其权益部分或全部作为质押物，以获取贷款或其他金融支持。

知识产权质押确实是一种将知识产权作为抵押物来获得融资的方式，以便知识产权权利人可以获得资金来支持其业务发展或满足资金需求。在知识产权质押的过程中，通常需要先进行评估和评估价值的确定，然后再与融资机构进行协商并签订知识产权质押合同，最终获得贷款。这种融资方式对于拥有有价值知识产权的企业和个人来说，可以提供更多的资金支持和灵活性，促进创新和知识产权的价值实现。同时，知识产权质押也需要遵守相关法律法规和合同约定，以确保双方的权益得到保护。

2. 知识产权质押的特点

与有形财产权质押相比，知识产权质押具有以下特点。

(1) 便捷性

快速获取资金：通过知识产权质押，知识产权权利人可以相对快速地获取资金，无须等待传统融资方式的审批过程。一旦知识产权质押合同达成并获得批准，资金可以得到迅速发放，满足企业的资金需求。

简化流程：知识产权质押的流程相对简化。相比于其他形式的融资或抵押贷款，知识产权质押的手续和文件要求相对较少，减少了烦琐的办理过程和相关手续的时间成本。

灵活性：知识产权质押提供了一定的灵活性，允许知识产权权利人根据自身需求和财务状况自由地选择质押的范围和期限，选择质押部分知识产权或全部知识产权，以满足特定的融资需求。

无须担保物：相比传统的贷款方式，知识产权质押不需要提供额外的有形担保物，如房产或设备。这就减少了知识产权权利人的资产负担和风险，特别适用于创新型企业和知识密集型企业，其主要资产往往是知识产权。

利用潜在价值：通过知识产权质押，知识产权权利人可以充分利用其知识产权的潜在价值，将知识产权作为资产进行有效管理和运用，实现资金的最大化利用，并在经济活动中发挥更大的作用。

总之，知识产权质押具有便捷性，使知识产权权利人能够快速获取资金、简化流程、灵活选择质押范围和期限，无须提供额外担保物，充分利用知识产权的潜在价值，为企业发展和创新提供便利和支持。

（2）风险性

知识产权质押虽然具有一定的便捷性，但也存在一定的风险性，需要知识产权权利人在进行知识产权质押时予以注意。

评估不准确：知识产权的价值评估是知识产权质押的关键环节。如果评估不准确或过高估值，可能导致贷款额度不足或对知识产权的价值进行高风险抵押，增加了贷款违约的风险。

法律风险：知识产权质押需要遵守相关的法律和合同条款。如果质押合同的内容不清晰或违反了相关法律法规，可能会面临法律纠纷和违约风险，损害知识产权权利人的利益。

侵权风险：在知识产权质押过程中，知识产权权利人可能面临侵权风险。如果质押的知识产权在质押期间受到侵权行为，可能会对质押的知识产权价值和知识产权权利人的利益造成损害。

贷款违约风险：如果知识产权权利人无法按时偿还贷款，可能导致贷款违约，使得质押的知识产权被收回或被拍卖，知识产权权利人的利益受到损害。

市场价值波动：知识产权的市场价值可能会受到市场变化、技术进步、竞争压力等因素的影响而产生波动。如果质押的知识产权价值下降，那么就有可能会使知识产权权利人面临贷款不足或需要提供额外担保的风险。

为了降低这些风险，知识产权权利人在进行知识产权质押时应慎重选择贷款机构和评估机构，以确保评估准确和合理，就需要详细了解知识产权质押合同的条款和风险，积极管理知识产权的安全和合规，制订合理的还款计划，并密切关注市场变化和法律法规的变化，及时调整风险防范策略。

（3）严格性

技术审查要求：在进行知识产权质押时，融资机构通常会对质押的知识产权进行技术审查。知识产权权利人需要提供相关的技术资料和信息，以便融资机构对知识产权的技术价值和可行性进行评估。

保密性要求：知识产权质押涉及知识产权权利人的商业机密和技术细节，因此，在进行知识产权质押时需要确保相关信息的保密性。知识产权权利人需要与融资机构签订保密协议，并采取适当的措施来保护知识产权的保密性。

贷款限制要求：在质押知识产权时，融资机构通常会对贷款用途和限制进行约定。知识产权权利人需要遵守合同中规定的贷款用途，并按时履行还款义务。

监管和监督要求：知识产权质押可能会受到监管机构的监督和审查。知识产权权利人需要配合监管机构的要求，提供必要的信息和报告，以确保知识产权质押交易的合规性和透明性。

这些严格性要求旨在保护贷款机构的利益和知识产权权利人的权益，以确保知识产权质押交易的合法性和可靠性。知识产权权利人在进行知识产权质押时应了解和遵守相关的要求，与贷款机构进行充分沟通，以确保合同条款和操作流程的合规性，并积极配合相关的审查和监管工作。

3. 知识产权质押的设定

（1）用于质押的标的物必须是法律允许流转的知识产权

在质押知识产权时，对于涉及人身权的著作权，主要可以考虑质押著作权的经济权利部分。经济权利包括复制权、发行权、出租权、展览权、表演权、广播权、信息网络传播权等。经济权利具有财产性和可转让性，可以作为质押的标的物。具体的著作权转让和质押事宜应根据各国的著作权法律规定进行，以确保合法性和合规性。在质押著作权时，应遵守相关法律规定，确保合同的有效性，并与质权人进行充分的协商和约定，以保护权利人的权益和确保交易的合法性。

总之，虽然在知识产权的权利体系中绝大部分权利具有财产性和可转让性，但对于涉及人身权的著作权等特殊情况，需要谨慎处理，在质押时要遵守相关法律规定，以确保合法性和合规性。

（2）当事人必须订立书面合同

在进行知识产权质押时，当事人之间必须通过书面合同来确立各自的权益和义务。根据法律的要求和合同的约定，书面合同是保障各方权益、明确责任和约束行为的关键工具。书面合同应当详细记录双方的身份和背景，包括质押人（知识产权权利人）和质权人（融资机构或债权人）的具体信息，如名称、注册信息等。

书面合同的订立对于明确双方权益、约束行为、解决争议具有重要作用。在签订书面合同之前，建议当事人咨询专业律师或法律顾问，以确保合同内容的合法性、合规性和各方利益的有效性。

（3）知识产权质押必须公示登记

对于知识产权质押的合同，除了当事人之间的书面约定，还需要进行相应的登记手续才能生效，以确保质押的知识产权权利和优先顺位得到法律保护。登记程序的目的是将质押的知识产权的信息正式记录在相应的知识产权行政管理机关的登记簿册中，以确保对质押权的合法性、有效性和公示性。知识产权质押合同的生效通常需要与相应的登记程序相结合。

值得注意的是，登记手续的完成并不意味着质押的知识产权权利的转移，而是为质押的知识产权权利提供了法律保护和公示效力。质押的知识产权权利的转移仍然受合同约定和相关法律规定的限制。在实际操作中，建议当事人咨询专业律师或法律顾问，以确保知识产权质押合同的合规性和有效性，并正确完成登记手续。

第二节　知识产权内容

一、知识产权内容概述

（一）知识产权内容定义与特征

1. 知识产权内容的定义

知识产权内容是指知识产权权利人所享有的各项权利和利益，涵盖了知识产权法律保护的范围和要求。知识产权内容是知识产权权利的具体体现，是知识产权权利人获得经济利益和法律保护的基础。

2. 知识产权内容的特征

独占性：知识产权赋予知识产权权利人在特定领域内独占的权利，即他人需要获得许可或授权才能使用、复制或利用知识产权所涉及的作品、发明或商标等。

经济价值：知识产权内容具有经济价值，知识产权权利人可以从知识产权的利用中获得经济利益，如销售产品、许可他人使用、授权使用等。

法律保护：知识产权内容受到法律的保护，侵犯知识产权可能导致受到法律追究和承担赔偿责任。

创新性或原创性：知识产权内容通常涉及创新、原创或独创的作品、发明或标识，在知识产权保护中被视为独特和有价值的内容。

可转让性：知识产权内容可以通过转让、许可或质押等方式进行交易和利用，知识产权权利人可以将其知识产权转让给他人或授权他人使用。

总体而言，知识产权内容是知识产权权利人在特定领域内所享有的权利和利益，具有独占性、经济价值、法律保护、创新性或原创性以及可转让性等特征，使得知识产权成为促进创新、鼓励创作和保护知识产权权利人权益的重要制度。

(二) 知识产权内容的意义

知识产权内容作为知识产权权利人主张权利保护的法律依据，在知识产权立法中具有至关重要的地位。知识产权内容确保了知识产权权利人能够依法享有其创造和创新成果的权益，并为知识产权的合法行使提供了明确的规范和保护。

知识产权内容的意义主要体现在以下四点。

1. 明晰权利保护的合理界限

确立知识产权权利保护的合理界限是知识产权法律体系中的重要问题。在保护知识产权的同时，需要平衡各方的权益，以确保公平竞争和创新发展。以下是关于权利保护合理界限的一些考虑：

合理范围：知识产权的保护应限于合理的范围内，既要保护知识产权权利人的合法权益，又要避免对他人的合理权益造成不必要的限制。法律应明确规定知识产权权利的具体内容和范围，以确保知识产权权利人的权益得到适当保护。

公共利益：知识产权法律体系应平衡知识产权权利人的私人权益与公共利益之间的关系。在知识产权保护的过程中，应考虑到公共利益的因素，如促进创新、鼓励竞争、保障公众利益等，以确保知识产权制度的整体效益。

合理限制：为了保护公众利益和促进创新，知识产权法律体系通常会设立一些合理限制，如合理使用、合理引用、公共利益许可等，以确保知识产权不会被滥用，防止垄断和阻碍创新的发展。

合理期限：知识产权的保护期限应该是合理的，既要给予知识产权权利人足够的回报和激励，又要确保知识产权在一定时限后进入公共领域，供其他人合法使用和创新。

合理执法和争议解决机制：知识产权权利保护的合理界限还需要建立有效的执法和争议解决机制，以确保知识产权权利的合理行使和保护的有效实施，同时保障各方的合法权益。

综上所述，知识产权权利保护的合理界限需要平衡知识产权权利人的权益、公共利益和创新发展的需要。通过明确知识产权权利的范围、设立合理限制、制定合理期限以及建立有效的执法和争议解决机制，以确保知识产权的合理保护，并促进创新和社会进步。

2. 获得报酬的法律依据

知识产权制度确实赋予了知识产权权利人一系列的权利，既包括许可他人使用其知识产权的特定行为，也包括起诉未经许可者并获得赔偿的权利。

通过许可他人使用知识产权，知识产权权利人可以从中获得许可使用费，这是一种经济利益的回报。知识产权许可使用的行为范围可以根据双方协商确定，例如授予他人使用专利技术、复制和分发著作物、使用商标等。通过知识产权许可使用，知识产权权利人可以将知识产权转化为经济收益，从而激励创新、鼓励创作，并进一步推动社会的经济发展。同时，知识产权制度还赋予了知识产权权利人起诉未经许可者并获得赔偿的权利。当他人未经许可以特定方式利用知识产权权利人的知识产权时，知识产权权利人可以通过诉讼等法律手段维护自己的权益，并获得经济赔偿。这种赔偿旨在弥补知识产权权利人因他人侵权行为而遭受的损失，同时也起到了警示和威慑的作用，保护了知识产权的合法权益，维护了公平竞争的市场秩序。

总的来说，知识产权制度通过知识产权许可使用和起诉侵权等方式，确保知识产权权利人能够通过他人特定利用行为获得报酬和收益，以激励创新和创作。这种激励机制在推动技术进步、文化创作和经济发展方面起到重要的作用。

3. 原被告双方诉讼的焦点话题

在知识产权诉讼中，知识产权内容是判定侵权与否的最直接依据。法院在判定被告的行为是否构成侵权以及赔偿数额多少时，会根据具体的侵权行为来进行判断。

侵权行为与知识产权内容密切相关。只有被告的行为符合法律规定的知识产权权利人专属的行为，才会构成侵权行为。例如，只有在未经授权下制造、销售或使用受到专利保护的发明，未经授权复制或公开传播受到著作权保护的作品，未经授权使用受到商标保护的商标等情况下，才能被认定为侵权行为。

知识产权内容和范围是知识产权权利人主张权利保护的依据，也是法院在判决侵权案件时的重要参考。原告需要向法院提供充分的证据，以证明其拥有相应的知识产权，并证明被告的行为符合侵权行为的标准。被告则可以提出辩护和反驳，包括质疑原告的知识产权权利是否有效、被告的行为是否符合侵权行为的要件等。

总而言之，知识产权内容在侵权诉讼中起着至关重要的作用，是判定侵权与否的最直接依据。法院会根据具体的侵权行为和知识产权内容来判定案件，并作出相应的裁决。

4. 知识产权修法的重要议题

知识产权立法一直在不断发展和更新，以适应不断变化的技术和社会环境。虽然著作权、专利权和商标权是知识产权法中最为常见和重要的三种权利，被广泛接受为知识产权的核心内容，但随着科技的进步和社会的发展，知识产权法也在不断扩展和修订，增设新的权利内容。

这种迭代更新的过程是为了更好地保护创新，以应对新的挑战和问题。例如，随着数字技术的发展，数字著作权、互联网上的信息传播等新兴领域的知识产权保护已成为重要议题。同时，知识产权立法也在关注保护传统知识、地理标志、商业秘密等方面的权利。

知识产权修法内容的增设旨在弥补现有法律的不足，以确保知识产权的有效保护。这就反映出了知识产权立法具有的灵活性和适应性，以适应不断变化的技术、商业和社会环境。在知识产权立法过程中，政府、学界、业界和社会各方通常会就新的权利内容展开讨论和协商，以确保修法的合理性和有效性。

因此，知识产权立法内容的更新和增设是为了满足知识产权权利保护的需求，以促进创新和知识产权的发展，并确保知识产权权利人能够在不断变化的环境中获得合理的保护。

二、专利权内容

（一）实施权

实施权是专利法中的一个重要概念，涉及权利人对其所拥有的知识产权权利进行实际行使的能力和权利。具体来说，实施权是指权利人能够采取行动，允许他人实施特定的行为，如制造、使用、销售或引入市场等，以便从中获取经济利益。

专利权实施权：专利权实施权涉及权利人对其专利技术的使用、制造、销售和引入市场等行为的控制权。权利人有权许可他人使用其专利技术，或者自行将其技术投入市场以获取经济利益。

实施权的行使通常需要经过许可或授权，通过许可或授权合同或协议来约定使用条件和权利人与被许可人之间的权利和义务。实施权的行使还需要遵守专利法的规定，并尊重其他人的权利。

对于权利人来说，实施权是保护其专利权和获得经济利益的重要手段。对于被许可人来说，获得实施权的许可可以在合法的范围内使用特定的专利权，并为此支付许可费或使用费用。实施权的行使需要平衡权利人的权益和社会的利益，以确保创新和经济发展的良性循环。

（二）处分权

处分权是指权利人对其所拥有的专利进行处分、转让或授权他人使用的权利。具体来说，处分权是权利人根据自己的意愿，决定如何处理其知识产权的权利。

在专利法中，处分权通常包括以下几个方面：

转让权：权利人可以将其专利权全部或部分转让给他人。转让可以是临时的或永久的，也可以涉及全部权利或部分权利。转让权使权利人能够将专利权的所有权转移给他人，并获得相应的转让费或报酬。

许可权：权利人有权许可他人使用其专利权。许可可以是独占许可，即只授予特定的许可对象使用权；也可以是非独占许可，即授予多个许可对象使用权。权利人可以根据自己的需求和利益，决定许可的范围、条件和许可费用。

抵押权：权利人将其专利权用作抵押物，以获取贷款或其他形式的融资。抵押权允许权利人将专利权作为担保，以确保借款的偿还。在此过程中，权利人仍然保留专利权的所有权，但如果无法按照约定偿还贷款，抵押权可能会导致专利权被转让或处置。

处分权的行使通常需要以书面合同或协议的形式进行，以确保权利的明确规定和受让方的合法权益。权利人在行使处分权时应遵守相关法律的规定，在保护自身权益的同时，尊重其他人的权利和合法权益。

处分权的存在使得专利权具有经济价值和可流通性，促进了专利权市场的发展，为权利人提供了更多的机会来实现其权益和获得经济利益。同时，合理行使处分权也有助于推动创新和技术进步，促进专利权的合理利用和社会发展。

（三）许可实施权

许可实施权是专利权权利人授予他人使用其专利权的权利。具体而言，许可实施权是指知识产权权利人根据自己的意愿，通过许可协议或合同授权他人使用、制造、销售或以其他方式实施其专利权所涵盖的技术、方法或产品等。

许可实施权是知识产权制度的核心之一，使权利人能够授权他人使用其知识产权，从中获得经济利益。通过许可实施权，权利人可以将技术、作品或商标等知识产权推向市场，与其他企业、个人或组织建立合作关系，共同实现经济利益的最大化。

许可实施权的行使通常需要通过许可协议或合同来规定双方的权利和义务，包括许可的范围、地域、期限、许可费用等。权利人可以选择独占性许可，即授予特定的许可对象在特定地域和时间内独占的使用权；也可以选择非独占性许可，即同时授予多个许可对象使用权。许可协议可以灵活地根据知识产权权利人和被许可方之间的需求和利益进行订立。

许可实施权的行使有助于促进技术传播、知识共享和经济发展。许可实施权为专利权的创造者提供了经济回报和激励，鼓励创新和技术进步。同时，许可实施权也为使用者提供了获得技术和知识的机会，促进了技术的应用和市场的竞争。

许可实施权的行使应遵守相关法律的规定，包括专利法和反不正当竞争法等。权利人在行使许可实施权时应考虑合理限制和合理使用的原则，保护自身权益的同时，不损害公共利益和其他市场参与者的合法权益。

三、商标权内容

（一）标记权

标记权是指商标权利人对其商标使用中的标记行为享有的特定权利。商标是用于区分商品或服务来源的标识，而商标权利人拥有在商业活动中使用、展示和保护其商标的权利。

标记权包括以下几个方面：

使用商标标记：商标权利人有权在其商品或服务上使用商标标记，以标识其商品或服务的来源，包括在产品包装、商品标签、广告宣传材料、网站等上使用商标标记，以便消费者识别和辨别商品或服务。

维护商标完整性：商标权利人有权保护其商标的完整性，禁止他人对商标进行任何未经授权的修改、篡改或滥用。商标权利人有权采取法律手段来防止他人擅自修改商标，以保持商标的原始形象和品牌价值。

控制商标的质量和品牌形象：商标权利人有权控制其商标使用的质量和品牌形象，以确保其商标代表的产品或服务的一致性和高质量。商标权利人有权制定商标使用的标准和准则，并与授权的使用者签订合同，以确保商标的质量和品牌形象得到维护。

防止他人误用商标：商标权利人有权防止他人未经授权使用与其商标相似的标记，以避免消费者对商品或服务的混淆和误导。商标权利人有权采取法律措施来打击商标侵权行为，以保护自己的商标权益和市场地位。

标记权是商标权利人的重要权利，赋予了商标权利人在商业活动中对其商标的管理和控制权。商标权利人通过行使标记权来维护自己的商标权益，建立和保护其商标的市场价值和品牌形象。同时，标记权也有助于消费者识别和选择商品或服务，以保护他们的消费权益。

（二）禁止权

在商标权领域里，"禁止权"是指商标权权利人对他人特定行为的禁止权利。

禁止权是商标权权利人根据法律享有的一项权利，用于禁止他人进行某些侵犯其商标权的行为。禁止权通常涉及以下几个方面：

禁止侵权行为：权利人可以行使禁止权，阻止他人未经许可或授权而实施侵犯其商标权的行为。例如，权利人可以禁止他人未经授权复制、传播或展示其作品，权利人有权禁止他人未经授权制造、使用或销售其专利技术。

禁止损害行为：权利人可以行使禁止权，阻止他人从事可能损害其知识产权的行为。例如，商标权利人有权禁止他人使用与其注册商标相似的标记，以免造成混淆或损害商标权利人的声誉。

禁止假冒行为：权利人可以行使禁止权，阻止他人制造、销售或使用伪造或仿冒其商标权的产品或服务。例如，商标权利人有权禁止他人制造和销售冒用其商标的假冒产品。

禁止权的行使通常需要通过法律程序，如起诉侵权行为或提起行政投诉等。一旦侵权行为被认定，权利人便有权要求法院或相关行政机构采取适当的措施，包括停止侵权行为、赔偿损失等。

禁止权的存在和行使有助于保护商标权权利人的合法权益，维护创新和创作的积极性，促进技术的进步和文化的发展。同时，禁止权也需要平衡和权衡与公众利益、竞争和其他权利之间的关系，以确保商标权制度能够在公正、合理和可持续的框架下发挥作用。

（三）许可权

许可权是指商标权权利人授予他人在特定条件下使用其商标的权利。许可权允许他人制造、使用或商标权所涵盖的产品或者服务。通过许可权，商标权权利人将商标权转让给他人使用，从中获得经济利益，并推动知识产权的广泛应用和利用。

许可权的主要特点包括以下几个方面：

自主性：商标权权利人有权决定是否授予许可，并以何种方式、条件和限制授予许可。许可权的行使是基于权利人的自愿和决策。

有限性：许可权是在一定条件下授予的，通常包括使用范围、地域、时间和付费等方面的限制。许可人可以在许可合同中明确约定许可的具体细节和限制。

可转让性：商标许可权可以转让给第三方。许可人有权将其许可权转让给他人，使其成为新的许可人。转让许可权需要遵守特定的法律程序和约定。

可撤销性：商标权权利人通常保留撤销许可的权利。在特定情况下，权利人可以选择撤销已授予的许可，例如，许可人违反许可协议的约定或其他特定情况。

许可权的行使有助于推动商标的使用和传播，促进技术创新、文化创作和经济发展。通过许可权，商标权权利人对其商标权资源充分利用，与其他企业或个人建立合作关系，以实现商标权的商业化价值。同时，许可权需要平衡权利人和被许可人的利益，以确保合理的竞争和公共利益得到保护。

（四）转让权

转让权是指商标权权利人将其拥有的商标权权利彻底转让给他人的权利。

通过转让权，商标权权利人可以将知识产权完全转移给另一方，使其成为新的权利人，而自己不再享有相关权利。

转让权的主要特点包括以下几个方面：

彻底性：转让权是一种完全的权利转移，即商标权权利人将其权利全部转让给他人，不再保留任何权益。

不可撤销性：一旦商标权转让合同成立，权利转移就是不可逆转的。转让后，权利人不能随意撤销或收回已经转让的权利。

绝对性：转让权的效力是绝对的，即转让后的权利由受让人完全享有，并且可以对其进行自由支配和运用。

附属权利：在商标权转让中，除了主要的商标权外，附属权利也可以同时转让，如与商标权相关的技术、专有技术秘密、商业机密等。

转让权在商标权领域中具有重要意义。商标权转让促进了商标权的有效流通和应用，使权利得到最大化的价值实现。转让权使商标权利人能够将创立的品牌转让给有能力和能将资源加以利用的其他人，从而实现经济效益和推动创新发展。转让权也为市场提供了灵活的机制，使商标权在不同企业或个人之间进行交易和合作，促进了技术合作、合资经营和跨国合作等活动。

然而，转让权也需要双方充分考虑和协商，以确保转让的合法性、合理性和公平性。转让合同应当明确约定转让的范围、条件、约束和权益的转移等细节，并遵守相关的法律规定和程序。

（五）续展权

续展权是指商标权权利人在原始权利期限届满之后，根据法律规定，可以申请延长该权利的有效期限的权利。续展权主要适用于商标权和专利权。

商标续展权：商标续展权允许商标权利人在商标注册有效期届满之前，提交申请延长商标注册的有效期限。商标权利人有权继续使用并保护该商标，并享受商标所带来的商业利益。

续展权的具体规定和程序根据各国的商标法和相关条例而有所不同。通常，续展权的行使需要满足特定的条件和程序，如按时缴纳续展费、提交续展申请等。如果符合规定，续展权既为商标权权利人提供了额外的时间来享受权益、保护其创作和投资成果，又延长了商标权的保护期限。

续展权的重要性在于延长商标权的保护期限，从而为权利人提供更长的商业化机会和收益。对于创新者和企业来说，续展权是保护其创新成果和技术投资的重要手段，鼓励创新和技术发展，以促进商标权的价值实现和商业化利用。

然而，续展权的行使也需要知识产权权利人积极关注和遵守相关的法律要求和时间限制。错过续展期限可能会导致权利的丧失或被他人侵犯，因此，及时行使续展权是非常重要的。权利人应及时了解自己所持有的商标权的续展规定，并确保按时办理续展手续，以保护其权益和延长商标权的有效期限。

四、著作权内容

著作权内容作为著作权制度的核心，保护了著作权人对其作品的权益，既保障了著作权人的人身权利，也确保了其在作品的经济利益方面的权益。这有助于鼓励创作和创新，促进文化的繁荣和发展。著作权内容在知识产权制度中具有重要地位，包括著作人身权和著作财产权两个方面。

（一）著作人身权

著作人身权是指著作权人基于其所创作的作品所享有的与人身相关的权利，强调了作者对作品的身份认同、保护作品完整性和控制作品的质量等方面的权益。著作人身权的保护旨在维护著作权人作为作者的尊严和权益，以确保对其作品的完整性和质量具有一定的控制权。这有助于保护作者的创作积极性和鼓励创新，同时也促进了文化的多样性和繁荣。

1. 发表权

发表权是著作权人将著作首次公开表达的权利，即决定作品是否公开发布的权利。发表权是著作权的重要组成部分，以确保著作权人能够控制其作品何时以及如何向公众披露。

著作权人拥有发表权，可以决定是否将作品公之于众，例如通过出版、展览、演出、广播、网络传播等方式让他人接触到作品。这项权利使著作权人能够决定作品何时对外公开，以确保他们对作品的首次公开具有控制权，并能在合适的时机和方式下予以实现。

发表权的重要性在于，它赋予了著作权人对其作品的决策权和控制权，使其能够保护作品的独特性、完整性和独家性。著作权人可以选择合适的时间、地点和方式来公开作品，以最大限度地实现其创作成果的价值。

此外，发表权也与著作人身权密切相关，是对作者对作品的身份认同和作品的完整性的保护。著作权人有权决定是否在某些情况下对作品进行修改、修订或改编，防止未经授权的修改或篡改对作品的损害。

发表权的行使通常需要著作权人与第三方达成许可或授权协议，以确保作品以合法、合规的方式公开发表。著作权法律体系对发表权进行了保护，并规定了对侵犯发表权的行为可能产生的法律后果，例如，侵权责任和赔偿等。

总之，发表权赋予了著作权人对作品首次公开披露的决策权和控制权，使其能够有效地保护作品的完整性和独家性，同时也确保了作者能够在适当的时机和方式下分享其创作成果。

2. 署名权

署名权是著作权法中保护作者权益的重要内容之一，是著作权人对作品被公开使用时，要求表明作者身份，在作品上署名的权利。

著作权法赋予了著作权人署名权，以确保作品被公众认可和归属于他们本人。署名权不仅是对作者身份的确认，也是对作品创作权的表彰和尊重。

著作权人的署名权包括以下几个方面的要素：

署名方式：著作权人有权决定自己的署名方式，可以使用真实姓名、笔名、艺名等方式进行署名。

署名位置：著作权人有权决定署名的位置，通常是在作品的显著位置，例如作品的开头、结尾、封面等。

署名形式：著作权人有权选择不同的署名形式，例如手写、印刷、电子形式等，以适应不同类型的作品和媒介。

署名权的主要目的是保护著作权人的权益和声誉。通过署名，著作权人可以被正确归属为作品的创作者，获得对作品的认可和声誉，也有助于建立作者的个人品牌和形象。

侵犯署名权包括未经著作权人授权擅自删除或篡改署名，或者将他人的作品署上自己的名字等行为。著作权法律体系对署名权的保护通常规定了侵权行为的责任和法律后果。

署名权与著作权的保护是独立的，即使著作权被转让或过期，著作权人仍保留其署名权。然而，有些情况下除外，如著作权人在合同中放弃了署名权或授权他人使用匿名或伪名署名。这取决于著作权人和受让人之间的具体合同约定。

总之，署名权是著作权法中保护作者权益的重要内容，既确保了著作权人能够被正确归属和认可，也促进了创作者的声誉和个人品牌的建立。

3. 修改权

修改权是著作权法中保护作者权益的一项重要内容，是著作权人对其作品进行修改、增补、删减等改动的权利。

著作权人作为作品的创作者和原始权利人，享有对作品进行自由修改的权利。修改权的主要目的是使著作权人能够保持对作品内容的控制和完整性，以确保作品符合其创作意图和创作意义。

著作权人的修改权包括以下几个方面的要素：

修改范围：著作权人有权决定对作品的修改范围，进行整体修改或局部修改，包括改变作品的结构、内容、语言等方面。

修改方式：著作权人有权选择修改的方式，例如通过增加、删除、修订等方式进行修改。

修改目的：著作权人有权根据自己的意图和目的进行修改，例如改进作品的质量、修正错误、适应不同的传播媒介等。

著作权法规定，除非经过著作权人的同意，他人不得擅自修改作品。这就意味着其他人想要对作品进行修改或改编，需要获得著作权人的授权或许可。

修改权的保护有助于保护著作权人的创作意图和创作完整性。著作权人有权根据自己的创作意图对作品进行修改，以保持作品的准确性、一致性和艺术性等特点。

修改权并不意味着著作权人可以随意修改他人已经授权或许可的作品，因为在许多情况下，著作权人的修改权会受到合同约定、行业惯例或其他相关法律的限制。

总之，修改权是著作权法中保护著作权人权益的重要内容，赋予了著作权人对作品进行修改的权利，以保持作品的完整性和准确性。其他人在修改作品时需要获得著作权人的授权或许可，以确保著作权人的权益得到保护。

4. 保护作品完整权

保护作品完整权并非是一个普遍使用的术语，而是在表达时的个人理解。在知识产权领域里，保护作品的完整权主要是通过著作权法来实现的。

著作权法赋予了著作权人一系列权利，包括保护作品完整权。著作权人有权防止他人有对作品进行篡改、删减、歪曲等的行为，以保持作品的完整性和真实性。

保护作品完整权主要表现为以下几个方面的权利：

修改权：著作权人享有对作品进行修改的权利，以保持作品的完整性、准确性和艺术性等。

署名权：著作权人有权要求他人在使用作品时保持原作者的署名，以确保作品的完整性和权威性。

禁止篡改权：著作权人有权防止他人对作品进行非法修改、篡改或歪曲，以保持作品的原始意图和表达。

保护作品完整权的目的是保护著作权人的创作权益，以确保作品的完整性和真实性得到维护。其他人在使用作品时，应尊重著作权人的权利，避免对作品进行未经授权的修改或篡改。

保护作品完整权并非绝对的，会受到合理使用、合理引用、新闻报道、学术研究等特定情况下的例外或限制。此外，不同国家的著作权法可能在保护作品完整性方面存在差异。

总之，保护作品完整权是著作权法所倡导和保护的一项核心权利。著作权人享有一系列权利，包括修改权、署名权和禁止篡改权，以确保作品的完整性和真实性得到维护。其他人在使用作品时应尊重著作权人的权益，避免对作品进行未经授权的修改或篡改。

（二）著作财产权

1. 复制权

复制权是著作权财产权中的一个重要概念，是著作权人享有的一项最基本、最重要的权利。复制权是指著作权人对其作品进行复制的独占权利，即他人未经著作权人许可不得对其作品进行复制。复制权的核心目的是保护著作权人的作品免受未经授权的复制行为。著作权人有权通过授权他人使用其作品的复制权来获得报酬和利益。他人在未经授权的情况下复制作品，可能构成侵权行为，需要承担法律责任。

复制权并非绝对的，著作权法会对合理使用、合理引用、个人私用、学术研究等特定情况下的例外进行规定。此外，不同国家的著作权法在复制权的具体规定上可能存在差异。

总而言之，复制权是著作财产权中最基本、最重要的权利，它使著作权人能够控制对其作品的复制行为，并在合法授权范围内获得报酬和利益。他人在未经授权的情况下复制作品可能构成侵权行为，需要遵守相关法律规定。

2. 发行权

发行权是著作权法赋予著作权人的核心权利之一。发行权是指著作权人对其作品的首次发布、提供给公众获取的独占权利，即他人未经著作权人许可不得在市场上发布、销售或传播其作品。发行权的核心目的是保护著作权人对其作品的首次发布权益，使其能够控制作品在市场上的流通和传播。著作权人有权通过授权他人使用其发行权来获得报酬和利益。他人在未经授权的情况下进行作品的发行行为可能构成侵权，需要承担法律责任。

发行权并非绝对的，著作权法会对个人私用、合理使用、学术研究等特定情况下的例外进行规定。此外，不同国家的著作权法在发行权的具体规定上可能存在差异。

总而言之，发行权是著作权法赋予著作权人的核心权利之一，它使著作权人能够控制对其作品的首次发布和市场发行，以获得报酬和利益。他人在未经授权的情况下进行作品的发行行为可能构成侵权，需要遵守相关法律规定。

3. 出租权

出租权是著作权法中的一项重要权利，赋予著作权人对其作品进行出租的独占权利。出租权是指著作权人有权通过租赁、出借等方式将其作品提供给他人使用，以获取报酬或利益。出租权的核心目的是保护著作权人对其作品的租赁权益，使其能够控制作品的租赁行为并从中获得经济利益。他人在未经著作权人许可的情况下进行作品的出租行为可能构成侵权，需要承担法律责任。

出租权通常适用于特定类型的作品，如音乐、电影、计算机软件等。而对于图书作品，一些国家的著作权法往往会对图书的借阅行为给予特殊规定，以平衡公共图书馆的服务和著作权人的利益。

总而言之，出租权是著作权法赋予著作权人的一项重要权利，它使著作权人能够控制对其作品的出租行为，以获得经济利益。他人在未经授权的情况下进行作品的出租行为可能构成侵权，需要遵守相关法律规定。

4. 展览权

展览权也是著作权法中的一项重要权利，赋予著作权人将其作品展示、表演或演出的独占权利。展览权包括将作品公开展示、表演、演出或传播给公众的权利。展览权的核心目的是保护著作权人对其作品进行展示、表演或演出的独占权利，使其能够控制作品的公开展示和传播，并从中获得经济利益。他人在未经著作权人许可的情况下进行作品的展示、表演或演出可能构成侵权，需要承担法律责任。

展览权通常适用于具有表演性质的作品,如音乐作品、戏剧作品、电影作品等。展览权的具体范围和限制根据不同国家的著作权法规定而有所差异。

总而言之,展览权是著作权法赋予著作权人的一项重要权利,它使著作权人能够控制对其作品的公开展示、表演或演出,并从中获得经济利益。他人在未经授权的情况下进行作品的展示、表演或演出可能构成侵权,需要遵守相关法律规定。

5. 表演权

表演权也是著作权法中的一项重要权利,赋予著作权人对其作品进行公开表演的独占权利。表演权主要适用于具有表演性质的作品,如戏剧、音乐、舞蹈等。表演权的核心目的是保护著作权人对其作品的独占表演权利,使其能够控制作品的公开表演,并从中获得经济利益。未经著作权人许可,他人在公开场所或私人场所表演其作品可能构成侵权,需要承担法律责任。

表演权通常适用于需要通过具体表演行为呈现的作品,如戏剧、音乐、舞蹈等,而不适用于以书面形式固定的著作,如文字作品。表演权的具体范围和限制根据不同国家的著作权法规定而有所差异。

总之,表演权是著作权法赋予著作权人的一项重要权利,它使著作权人能够控制对其作品的公开表演,并从中获得经济利益。他人在未经授权的情况下进行作品的公开表演可能构成侵权,需要遵守相关法律规定。

6. 放映权

放映权是著作权法中的一项重要权利,它赋予著作权人对其作品进行公开放映的独占权利。放映权适用于以影像或图像为主要表现形式的作品,如电影、电视剧、动画片等。放映权的核心目的是保护著作权人对其作品的独占放映权利,使其能够控制作品的公开放映,并从中获得经济利益。未经著作权人许可,他人在公共场所或私人场所放映其作品可能构成侵权,需要承担法律责任。

放映权主要适用于以影像或图像为主要表现形式的作品,而不适用于以文字为主的著作。放映权的具体范围和限制根据不同国家的著作权法规定而有所差异。

总之,放映权是著作权法赋予著作权人的一项重要权利,它使著作权人能够控制对其作品的公开放映,并从中获得经济利益。他人在未经授权的情况下进行作品的公开放映可能构成侵权,需要遵守相关法律规定。

7. 广播权

广播权是著作权法中的一项重要权利，它赋予著作权人对其作品进行广播或者传播的独占权利。广播权适用于以声音为主要表现形式的作品，如音乐作品、广播剧、演讲等。广播权的核心目的是保护著作权人对其作品的独占广播或者传播权利，使其能够控制作品的广播或者传播，并从中获得经济利益。未经著作权人许可，他人在公共场所或私人场所进行作品的广播或者传播可能构成侵权，需要承担法律责任。

广播权主要适用于以声音为主要表现形式的作品，而不适用于以文字为主的著作。广播权的具体范围和限制根据不同国家的著作权法规定而有所差异。

总之，广播权是著作权法赋予著作权人的一项重要权利，它使著作权人能够控制对其作品的广播或者传播，并从中获得经济利益。他人在未经授权的情况下进行作品的广播传播可能构成侵权，需要遵守相关法律规定。

8. 信息网络传播权

信息网络传播权是指著作权法赋予著作权人的一项重要权利，用于控制其作品在信息网络上的传播行为。随着互联网的快速发展，信息网络传播权的重要性日益凸显。信息网络传播权的目的是保护著作权人对其作品在信息网络上的独占传播权利，使其能够控制作品的在线传播，并从中获得经济利益。未经著作权人许可，在信息网络上进行作品的公开传播或其他传播行为可能构成侵权，需要承担法律责任。

信息网络传播权适用于作品在信息网络上的传播行为，不仅包括文字、音乐、影像等传统形式的作品，还包括软件、游戏、网页设计等数字化的作品。信息网络传播权的具体范围和限制根据各国的著作权法规定而有所不同。

总之，信息网络传播权是著作权法赋予著作权人的一项重要权利，它使著作权人能够控制作品在信息网络上的传播行为，并从中获得经济利益。未经著作权人许可，在信息网络上进行作品的传播可能构成侵权，需要遵守相关法律规定。

9. 摄制权

摄制权是指著作权法赋予著作权人的一项重要权利，用于控制对作品的摄制或录制行为。摄制权是著作权保护范围内与影视作品相关的一项重要权利。摄制权的目的是保护著作权人对其作品的独占权利，使其能够控制作品的摄制和使用，并从中获得经济利益。未经著作权人许可，在摄制作品或使用摄制作品时可能构成侵权，需要承担法律责任。

摄制权适用于影视作品等需要摄制或录制过程的创作，而不适用于包括文字作品、音乐作品等其他形式的著作。摄制权的具体范围和限制可以根据各国的著作权法规定而有所不同。

总之，摄制权是著作权法赋予著作权人的一项重要权利，它使著作权人能够控制对作品的摄制或录制行为，并从中获得经济利益。未经著作权人许可，在摄制作品或使用摄制作品时可能构成侵权，需要遵守相关法律规定。

10. 改编权

改编权是著作权法中赋予著作权人的一项重要权利，用于控制对原创作品进行改编或转化的行为。著作权人有权决定允许他人以原作品为基础进行改编，并在改编作品中获得经济利益。改编权的目的是保护著作权人对其原创作品的独占权利，使其能够控制作品的改编和使用，并从中获得经济利益。未经著作权人许可，在改编作品或使用改编作品时可能构成侵权，需要承担法律责任。

改编权适用于将原作品转化为不同形式或媒介的创作，例如从文字作品改编为电影、从音乐作品改编为舞蹈等。改编权的具体范围和限制根据各国的著作权法规定而有所不同。

总之，改编权是著作权法赋予著作权人的一项重要权利，使著作权人能够控制对原创作品的改编或转化行为，并从中获得经济利益。未经著作权人许可，在改编作品或使用改编作品时可能构成侵权，需要遵守相关法律规定。

11. 翻译权

翻译权是著作权法中赋予著作权人的一项重要权利，用于控制对作品进行翻译的行为。著作权人有权决定允许他人将其作品翻译成其他语言，并在翻译作品中获得经济利益。翻译权的目的是保护著作权人对其原创作品的独占权利，使其能够控制作品的翻译和使用，并从中获得经济利益。未经著作权人许可，在翻译作品或使用翻译作品时可能构成侵权，需要承担法律责任。

翻译权适用于将作品从一种语言转化为另一种语言的行为。翻译权的具体范围和限制根据各国的著作权法规定而有所不同。

综上所述，翻译权是著作权法赋予著作权人的一项重要权利，它使著作权人能够控制对作品的翻译和使用，并从中获得经济利益。未经著作权人许可，在翻译作品或使用翻译作品时可能构成侵权，需要遵守相关法律规定。

12. 汇编权

汇编权是著作权法中赋予著作权人的一项重要权利，用于控制对他人作品的汇编或整理行为。著作权人有权将其他作者的作品收集、整理、编排，并以新的形式进行发表和利用。汇编权的目的是保护著作权人对其所创建的汇编作品的独占权利，使其能够控制作品的收集、整理和利用，并从中获得经济利益。未经著作权人许可，对汇编作品的复制、发表、传播等行为可能构成侵权，需要承担法律责任。

汇编权适用于将其他作者的作品进行整理、编排和组织的行为，并以新的形式进行发表和利用。汇编权的具体范围和限制根据各国的著作权法规定而有所不同。

总之，汇编权是著作权法赋予著作权人的一项重要权利，它使著作权人能够控制作品的收集、整理和利用，并从中获得经济利益。未经著作权人许可，对汇编作品的复制、发表、传播等行为可能构成侵权，需要遵守相关法律规定。

13. 其他权利

著作权人享有的使用作品的其他权利的目的是保护著作权人对其创作的作品的独占权利，使其能够控制作品的复制、分发、展示、表演和传播，并从中获得经济利益。未经著作权人许可，对作品的上述行为可能构成侵权，需要承担法律责任。

著作权人享有的使用作品的其他权利的具体权利范围和限制根据不同国家的著作权法规定而有所不同。此外，随着技术和数字环境的发展，著作权法会对新兴领域（如数字化、互联网、社交媒体等）进行相应的调整和补充，以适应不断变化的创作和传播环境。

五、其他知识产权内容

按照知识产权的私权属性理解，诸如集成电路布图设计权、植物新品种权、商业秘密权、地理标志权等，在知识产权内容上与专利权、商标权、著作权具有较大的相似性，都表现为独占垄断权，但基于自身权利属性，可能又有不同的表现方式。比如，集成电路布图设计权主要表现为复制权与商业利用权；植物新品种权主要表现为繁殖与生产权；商业秘密权主要表现为对商业秘密的使用、收益与处分等；地理标志权主要表现为地理标志的使用权与禁止权。

第二章

知识产权保护的途径与原则

第一节 知识产权保护的途径

一、知识产权保护概述

(一) 知识产权的保护范围

知识产权的非物质性特征使其在保护范围和行使方式上与传统的有形财产权有所不同。知识产权的保护范围不是直接由客体的特征决定的，而是依据相关的法律法规和法院判例进行界定和解释。

对于知识产权的保护范围，各国的法律制度都有相应的规定。例如，专利权的保护范围是由专利权的权利要求所确定，权利要求描述了专利权人要求保护的技术特征和范围。商标权的保护范围是在特定商品或服务领域内使用商标标识的独占权。著作权的保护范围涵盖了原创性作品的表达形式。各项知识产权保护范围的确定是为了平衡创作者和社会公众的权益，保护创作者的创作成果并鼓励创新，同时促进社会的发展和进步。

此外，知识产权的保护范围也受到国际公约和协议的约束，如世界知识产权组织（WIPO）制定的《世界知识产权组织公约》和其他相关国际公约。这些公约和协议为知识产权的保护提供了一定的框架和标准，以确保在国际范围内对知识产权的保护具有一致性和协调性。

总之，知识产权的保护范围的确切界定是通过法律来实现的，以确保权利人享有合法的权益，同时也要有平衡其他社会利益的考虑。知识产权的保护范围的明确性对于权利人、用户和社会各方都具有重要意义。

(二) 侵犯知识产权行为的特征

1. 侵害内容的特殊性

有形财产权的侵权行为主要涉及对物体本身的占有、使用、收益和处分方面的侵犯，因为有形财产是可以被直接触及和实体操作的。而知识产权的侵权行为则主要涉及对知识作品的非授权使用、复制、传播等方面的侵犯，这些行为是对知识产权所涵盖的创作内容和思想表达形式的侵犯，与物质载体无直接关联。

知识产权的特殊之处在于，具有非物质性和抽象性，不存在直接的物理接触和物化形态。因此，知识产权的侵权行为更多地涉及对创作内容、创新思想或知识表达形式的非法使用和剽窃。这主要包括未经授权的复制、改编、传播、展示等行为，以及未经许可的商业利用、篡改、抄袭等行为。

正因为知识产权的侵权行为主要集中在作品内容和表达形式的非法使用上，所以对于知识产权的保护需要更加注重对创意、创新和表达形式的保护，以确保权利人能够享有其创作的合法权益。相关的法律制度和法律实践需要不断发展和完善，以适应知识产权领域的变化和挑战，保护创作者和创新者的合法权益。

2. 侵害范围的广泛性

由于知识产权的非物质性质，知识产权的使用和侵权行为可以在同一时空条件下被不同的人所进行。这就意味着知识产权的侵权范围具有广泛性。

第一，侵权主体范围的广泛性指的是知识产权的侵权行为可以由多个不同的个人或实体进行。例如，在互联网上未经许可复制和传播一首歌曲的行为，可以由许多人在不同的地方同时进行，这样就涉及多个侵权主体。侵权主体范围的广泛性增加了知识产权侵权的复杂性和难度，需要采取有效的措施来识别、追究和制止侵权行为。

第二，侵权地域的广泛性指的是知识产权的侵权行为可以跨越多个国家或地区。由于互联网和全球化的发展，知识产权侵权行为可以在不同国家或地区进行，无视地域边界。例如，一部电影在互联网上未经许可被传播，可能会涉及多个国家或地区的侵权行为，导致著作权在多个国家或地区范围内被侵犯。这就需要国际合作和跨国执法机制来加强知识产权的保护，以便在跨境侵权行为中追究侵权者的责任。

综上所述，知识产权的广泛性侵权范围使得保护知识产权变得更加复杂和具有挑战性。国际合作、法律保护措施和技术手段的不断完善和强化对于维护知识产权的合法权益至关重要。

3. 侵害后果的严重性

知识产权的侵权可能导致比有形财产的侵权更为严重的损失。特别是在数字著作权时代，网络传播技术的快速发展和全球化的影响，使知识产权的侵权问题变得更加突出和普遍。

网络著作权侵权具有一些独特的特点，如技术性、隐蔽性、广泛性和即时性。网络传播技术使得内容的复制和传播变得极为便利，而侵权行为往往以数字形式存在，难以追踪和监管。因而，盗版行为在互联网上屡禁不止，并形成了庞大的盗版产业链，包括盗版网站、搜索引擎、广告等联盟。

总之，保护知识产权、打击盗版行为，需要加强法律保护、提升执法力度、推动国际合作以及加强公众意识和教育，以建立一个健康的知识产权环境，促进创新和经济发展。

二、知识产权保护的途径

(一) 知识产权司法保护

1. 知识产权司法保护的含义

知识产权司法保护的机关包括最高人民法院和地方各级法院，负责审理和判决与知识产权相关的纠纷和侵权行为。

知识产权司法保护范围确实涵盖了民事诉讼、行政诉讼和刑事诉讼。民事诉讼是指知识产权权利人以民事诉讼的方式向法院请求保护，追求侵权人承担民事责任，如停止侵权行为、赔偿损失等。行政诉讼是指知识产权权利人以行政诉讼方式向法院请求保护，要求行政机关采取行政措施来制止侵权行为，对侵权人给予行政处罚。刑事诉讼是指由国家公诉机关对严重的知识产权侵犯行为提起刑事诉讼，以追究犯罪责任，保护知识产权的社会公共利益。

中国近年来在知识产权司法保护方面取得了显著的进展。法院系统加大了对知识产权纠纷的审理力度，提高了司法透明度，强化了知识产权司法保护的力度和效果。特别是在知识产权民事审判方面，取得了一系列成果，有效地保护了知识产权的合法权益，同时也为激励创新发挥了积极作用。

知识产权司法保护的改善对于创新和经济发展至关重要，能够确保知识产权权利人的合法权益得到有效保护，提高创新者的积极性和创造性，促进技术创新和经济繁荣。同时，通过司法实践的不断完善和创新，知识产权司法保护的影响力也在不断提升，有助于形成更加稳定、公正和可预测的知识产权保护环境。

2. 知识产权司法保护的特点

专门性和专业性：知识产权司法保护需要专门的法官和法院进行审理和判决。由于知识产权的复杂性和专业性，需要具备相关专业知识和经验的法官来处理知识产权纠纷案件。

高度技术性：知识产权案件常涉及复杂的技术和专业领域，需要法院充分理解和分析相关技术和专业问题，以便做出准确的判断和裁决。因此，知识产权司法保护要求法院具备较高的技术水平和专业素养。

追溯性和调查取证：对于知识产权侵权案件，往往需要追溯侵权行为的发生和证明，采取调查取证等手段收集证据。这对司法机关来说是一项重要工作，以确保有充分的证据支持法院的判决。

效力普遍性：知识产权司法保护的判决具有普遍适用性，即对侵权行为的裁决在全国范围内有效，侵权人无法逃避法律责任。这种普遍适用性有助于维护知识产权的稳定性和权威性。

维权成本高：知识产权司法保护需要知识产权权利人投入大量的时间、精力和资金来维护自己的权益。由于知识产权侵权案件常涉及复杂的诉讼程序和专业知识，维权成本较高，这对知识产权权利人来说是一项挑战。

公共利益性：知识产权司法保护不仅是为了维护知识产权权利人的合法权益，也是为了维护公共利益和社会秩序。知识产权司法保护有助于鼓励创新、促进经济发展，保护消费者权益和维护市场秩序。

总体而言，知识产权司法保护具有专门性、技术性、追溯性和普遍适用性等特点，旨在维护知识产权权利人的合法权益，促进创新和经济发展，并维护公共利益和社会秩序。

3. 知识产权司法保护的地位

首先，知识产权司法保护的优先性确保了司法机关在知识产权侵权打击和纠纷解决中的重要地位。司法机关拥有法律裁决的权力，能够对侵权行为进行判决和追究法律责任，为知识产权权利人提供及时有效的救济。相比行政机关和其他保护机构，知识产权司法保护更具权威性和公正性。

其次，知识产权司法保护的全面性确保了知识产权权利人能够获得全方位的保护。司法机关能够处理各类知识产权纠纷，包括民事、行政和刑事案件，提供系统的、全面的解决方案，保护知识产权权利人的权益。知识产权司法保护的全面性涵盖了侵权行为的追究、停止和赔偿等各个方面。

最后，知识产权司法保护的终局性确保了司法机关的判决具有终局裁决的效力。即使行政机关拒不执行判决，当事人仍可以通过提起行政诉讼来维护自己的权益。知识产权司法保护的终局性保证了知识产权司法保护的权威性和可执行性，知识产权权利人能够依法获得有效的救济，确保自身的合法权益不受侵害。

总之，知识产权司法保护在知识产权保护中具有主导作用，体现在知识产权司法保护的优先性、全面性和终局性。知识产权司法保护的主导作用能够为知识产权权利人提供强有力的法律保护，维护知识产权的合法权益和社会秩序。

(二) 知识产权行政保护

1. 知识产权行政保护的含义

知识产权行政保护是通过行政机关的授权、确权、处理、查处、救济等活动，来维护知识产权秩序、保护权利人合法权益的一种重要手段。

在知识产权行政保护中，行政机关根据法定职权和程序，对知识产权权利人的申请进行审批，授予或确认其特有的知识产权权利，例如专利权、商标权等。行政机关还负责管理知识产权的使用、变更、撤销等事项，确保知识产权的合法行使和管理。同时，行政机关还承担纠正侵权违法行为的责任，通过行政调解、行政裁决、行政复议、行政仲裁等方式，对侵犯知识产权的行为进行处理，保护知识产权权利人的合法权益。行政机关还进行行政查处，通过行政处罚、行政强制等手段对侵权行为进行制止和惩处。行政机关还提供行政救济和行政服务，为知识产权权利人提供便利和支持，解决知识产权纠纷和问题，促进知识产权的有效运行。此外，行政机关还进行行政法制监督，确保知识产权保护工作符合法律法规的要求。

总的来说，知识产权行政保护在维护知识产权秩序和保护知识产权权利人权益方面发挥着重要作用。知识产权行政保护通过行政手段对侵权行为进行管理、制止和处罚，保障知识产权的正常运行和社会秩序的稳定。近年来，中国在知识产权行政保护方面取得了显著成绩，不断加强了行政执法力度，提升了知识产权保护水平。

2. 知识产权行政保护的特点

公共性：知识产权行政保护是由行政机关依法履行职责，保护知识产权的公共利益和社会秩序。行政机关通过行政行为，维护公众对知识产权的信心，促进创新、保护知识产权权利人的合法权益。

系统性：知识产权行政保护是一个系统的保护体系，包括行政授权、行政确权、行政处理、行政查处、行政救济等多个环节。各环节之间相互衔接、相互支持，形成了完整的行政保护机制。

综合性：知识产权行政保护涵盖了不同类型的知识产权，如专利权、商标权、著作权等，适用于不同的知识产权领域。行政机关在保护过程中综合运用各种行政手段和措施，以确保知识产权的合法行使和保护。

灵活性：知识产权行政保护具有一定的灵活性，行政机关可以根据具体情况和法律规定，采取适当的措施和决策。行政机关可以根据侵权行为的性质和程度，采取行政调解、行政处罚、行政强制等不同方式进行处理。

高效性：知识产权行政保护在维护知识产权权益和打击侵权行为方面具有高效性。行政机关拥有相应的职权和行政手段，能够快速地作出处理决定，并采取迅速有效的措施，阻止侵权行为并保护知识产权权利人的合法权益。

公正性：知识产权行政保护要求行政机关在处理侵权行为时保持公正、客观、中立的原则。行政机关应依法依规进行判断和决策，以确保知识产权权利人和侵权人的合法权益得到平衡和保护。

总体而言，知识产权行政保护在维护知识产权秩序、保护知识产权权利人权益方面具有公共性、系统性、综合性、灵活性、高效性和公正性等特点。在知识产权保护体系中，知识产权行政保护与司法保护相互补充，共同构成了完善的知识产权保护机制。

(三) 知识产权海关保护

知识产权海关保护是指通过海关部门对进出境货物进行监管和执法，以防止知识产权侵权商品的进出口，保护知识产权权利人的合法权益。具体而言，知识产权海关保护主要包括以下几个方面：

监测和查验：海关部门通过设立知识产权监测系统，对进出境货物进行监测和查验。海关部门对涉嫌侵权的货物进行检查和取样，对侵权商品进行初步判断和鉴定。

知识产权登记：知识产权权利人可以向海关部门申请将其知识产权登记在海关知识产权保护数据库中。一旦有涉嫌侵权的货物进出境，海关部门可以根据登记信息进行识别和拦截。

扣押和扣留：海关部门依法扣押或扣留涉嫌侵权的货物，阻止其进入市场。知识产权权利人向海关提供相关证据和申请书，请求海关部门采取行动。

启动行政或刑事诉讼：海关部门将涉嫌侵权的货物和相关信息移送给有关行政机关或司法机关，启动行政或刑事诉讼程序，追究侵权人的法律责任。

合作与信息交流：海关部门与知识产权权利人之间进行合作，分享信息，加强知识产权保护的沟通和协作。海关部门还与其他国家的海关部门开展合作，共享情报，加强跨境知识产权保护。

通过知识产权海关保护，知识产权权利人能够及时发现和阻止侵权商品的进出口，遏制知识产权侵权行为，保护自己的合法权益。知识产权海关保护在知识产权保护体系中具有重要作用，为知识产权权利人提供了一道重要的防线。

第二节　专利权保护范围分析

一、发明专利和实用新型专利权利要求的解释

发明专利和实用新型专利是知识产权保护中的两种专利类型，都具有一定的权利要求，用于定义和界定专利权利人享有的权益。下面是对这两种专利类型的权利要求的解释：

发明专利权利要求的解释：发明专利权利要求是专利申请文件中最重要的部分，定义了发明专利的技术特征和范围。发明专利权利要求通常采用具体的术语和描述，以清晰明确地界定专利权的保护范围，包括独立权利要求和依赖权利要求两部分。独立权利要求是对发明的核心特征和关键技术要素进行具体描述，而依赖权利要求则引用了独立权利要求，并对其进行进一步限定或补充。发明专利权利要求的解释和界定在专利审查、侵权判定和专利许可等方面具有重要作用，决定了发明专利的保护范围。

实用新型专利权利要求的解释：实用新型专利是相对于发明专利而言的一种专利类型，主要保护一种新的、实用的、对现有技术有适当改进的技术解决方案。实用新型专利权利要求的解释相对简化，通常采用较为宽泛的语言描述，不需要像发明专利权利要求的解释那样具备创造性。实用新型专利权利要求的解释着重于描述技术解决方案的具体结构、构造或配置特征，以及与现有技术的差异和实际应用的效果。实用新型专利权利要求的解释决定了实用新型专利的保护范围，保护了技术解决方案在商业上的实际应用。

总体而言，发明专利和实用新型专利权利要求的解释是专利申请文件中

对所申请技术解决方案的描述和界定，其解释和理解对于确定发明专利和实用新型专利的保护范围至关重要。发明专利和实用新型专利权利要求的解释的准确性和清晰性对于专利的有效性、侵权判定和专利许可等方面具有重要影响。

在司法实践中，对于发明专利和实用新型专利权利要求的解释确实存在不同的适用原则。以下是对这些原则的简要解释。

(一) 中心限定解释原则

中心限定解释原则认为专利权利要求的解释应该扩大到与专利申请中所描述的技术解决方案在功能和效果上等效的其他技术实现。这就意味着即使侵权行为在字面上未涉及专利权利要求的每个具体特征，仍可视为侵权，只要实施的技术与专利权利要求在功能和效果上具有等效性。中心限定解释原则的目的是防止绕开专利权利要求而进行显然等效的侵权行为。

(二) 周边限定解释原则

周边限定解释原则认为专利权利要求的解释应该严格依据字面上的表述，只有在侵权行为直接涉及专利权利要求的解释每个具体特征时才能被认定为侵权。这就意味着只有当侵权行为的实施与专利权利要求的字面表述完全一致时，才能被视为侵权，否则不予认定。周边限定解释原则的目的是保护专利权利要求的解释的准确性和清晰性，避免对专利权的滥用和扩大解释。

(三) 折中解释原则

折中解释原则试图在中心限定解释原则和周边限定解释原则之间寻求平衡。根据折中解释原则，专利权利要求的解释既应考虑字面上的表述，又应考虑功能和效果的等效性。在权衡不同的因素时，法院会综合考虑专利权利要求的解释语言、专利申请的说明书、专利的背景技术以及相关专业领域的理解和偏好等因素。

适用何种解释原则因国家和具体案件而异。不同的司法体系和法院可能倾向于不同的解释原则，也可能在不同的案件中灵活运用不同的原则。此外，随着技术和知识产权领域的发展，对专利权利要求的解释的理解和适用也可能发生变化。因此，在具体案件中，权利要求的解释的适用原则需要根据当地法律和司法实践进行综合评估。

二、外观设计专利权保护范围的确定

外观设计专利权保护范围是通过专利权利要求的解释来确定的。专利权利要求的解释是外观设计专利申请中最重要的部分，描述了知识产权权利人所主张的权利边界。

外观设计专利权利要求的解释主要由两个部分组成：主权利要求的解释和附属权利要求的解释。主权利要求的解释是对外观设计的核心特征进行明确和具体的描述，而附属权利要求的解释则进一步扩展或细化了主权利要求的解释。

在确定外观设计专利权保护范围时，法院通常会参考以下几个原则：

综合性原则：法院会综合考虑外观设计专利权利要求的解释的整体内容，包括主权利要求的解释和附属权利要求的解释，以确定设计的整体范围。

显著性原则：法院会重点考虑外观设计专利权利要求的解释中所描述的与现有设计差异明显的特征，这些特征对于整体设计具有重要的视觉影响。

同类产品原则：法院会将被控侵权产品与外观设计专利权所保护的产品进行比较，以确定它们之间是否存在相似的外观特征。

法律规定和先例：法院会参考适用的法律规定和相关案例，以了解外观设计专利权保护范围的界限和标准。

外观设计专利权保护范围的确定会受到不同司法体系和国家之间的差异影响。不同的国家在外观设计专利权利要求的解释和外观设计专利权保护范围的确定方面存在一定的差异。因此，在具体案件中，外观设计专利权保护范围的确定应根据当地的法律和相关司法实践进行评估。

第三节 专利侵权判定原则

一、全面覆盖原则

全面覆盖原则是专利侵权判定原则中的一个最基本原则，也是首要原则，适用于确定外观设计专利权保护范围。根据全面覆盖原则，外观设计专利权利要求的解释应该尽可能广泛地涵盖所有可能的设计变化，以确保对类似设计的保护。具体而言，全面覆盖原则要求外观设计专利权利要求的解释不能仅限于字面上的解释，而应考虑外观设计专利权利要求的解释所描述的设计特征的整体观感和视觉效果。这就意味着在外观设计专利权利要求的解释中，应充分考虑设计元素的组合、形状、比例、纹理、颜色等因素，以及可能的变化和替代设计。

全面覆盖原则的目的是确保外观设计专利权保护范围不会过于狭窄，能够涵盖与原始设计相似但略有差异的设计变体，有效地防止他人通过进行细微的设计修改来规避外观设计专利权的保护。

然而，全面覆盖原则也需要与其他权利要求的解释原则相平衡，如显著性原则、同类产品原则等。在具体案件中，法院会根据相关法律、案例和证据来综合应用这些解释原则，以确定外观设计专利权的保护范围。

外观设计专利权利要求的解释和外观设计专利权保护范围的确定是复杂的法律问题，受到各国法律和司法实践的影响。因此，在具体案件中，外观设计专利权保护范围的确定应依据当地法律和相关法律解释进行评估。

二、等同原则

等同原则是一种用于解释外观设计专利权利要求的方法，适用于确定外观设计专利权保护范围。根据等同原则，外观设计专利权利要求的解释应考虑到与原始设计在整体外观上相似的设计变体，即具有相似的外观效果。

根据等同原则，即使某些细节或特征在外观设计专利权利要求的解释中未明确描述，但如果其他设计变体在整体外观上与原始设计相似，仍可被视为侵犯了外观设计专利权。这种相似性是基于外观特征的整体观感、形状、比例、纹理、颜色等因素进行评估的。

等同原则的目的是确保外观设计专利权保护范围不会过于狭窄，能够适应设计变体和技术进步带来的细微差异。通过应用等同原则，防止他人通过对原始设计进行轻微修改或变体来规避外观设计专利权的保护。

然而，外观设计专利权利要求的解释和外观设计专利权保护范围的确定是复杂的法律问题，受到各国法律和司法实践的影响。在具体案件中，法院会综合考虑相关法律、案例和证据，并根据等同原则以及其他权利要求的解释原则来确定外观设计专利权保护范围。

不同国家在外观设计专利权利要求的解释和外观设计专利权保护范围的确定方面可能存在差异，因此，在具体案件中应参考当地法律和相关法律解释。

三、禁止反悔原则

禁止反悔原则是一项法律原则，适用于各种法律事务，包括合同法和知识产权法等。禁止反悔原则的基本原则是，一方在事实、陈述或行为上做出明确的承诺或表态，而另一方基于这个承诺或表态做出了相应的行动或依赖，那么原承诺方在后续阶段不得反悔或撤销该承诺。

在知识产权领域内，禁止反悔原则通常适用于许可使用合同。当知识产权持有人（许可方）与他人（被许可方）订立了许可使用合同，许可方在合同中承诺将某一权利许可给被许可方，并被许可方依赖该承诺进行相应的行动或投资，禁止反悔原则将阻止许可方在后续阶段撤销或违反该许可承诺。

禁止反悔原则的目的是保护被许可方的权益，确保许可方的承诺得到遵守。禁止反悔原则有助于维持合同的诚实信用原则，防止另一方在对原承诺方产生重大依赖的情况下，原承诺方改变立场。通过禁止反悔原则，知识产权持有人被鼓励履行许可承诺，而被许可方则得到了可靠的权益保护。

禁止反悔原则的适用条件和具体效果可能因国家法律和司法实践的差异而有所不同。在具体案件中，法院将根据合同条款、当事人的行为和相关事实证据来确定禁止反悔原则是否适用，并确定知识产权持有人应承担的相应的法律后果。因此，在具体情况下，当事人双方应咨询当地法律专业人士以获取准确的法律建议。

四、捐献原则

捐献原则也是一项法律原则，适用于许多法律领域，包括财产法和知识产权法。捐献原则指的是知识产权权利人自愿无偿放弃其权利，并将其转让给他人的行为，适用于知识产权的许可和转让情况。

在知识产权领域内，捐献原则用于描述知识产权权利人主动放弃其知识产权，以便他人可以自由使用或利用该知识产权。这种放弃可能是基于公共利益、科学研究、教育、社会发展或人道主义等目的。捐献知识产权的行为应当以书面形式进行，例如通过许可协议或转让文件，明确表明知识产权权利人放弃其权利并将其转让给他人。

捐献原则在知识产权领域内的应用促进了知识的共享和社会利益的最大化。通过自愿放弃知识产权，知识产权权利人促进了创新、科学研究、教育和社会进步等领域的发展。捐献知识产权还推动了技术转移和知识传播，使有益的知识更广泛地受益于社会。

捐献原则的适用和具体效果可能因国家法律和相关协议的规定而有所不同。捐献知识产权的行为通常需要经过合法的、明确的授权和协议,以确保知识产权权利人放弃其权利的意图和范围得到明确确认,并遵守适用的法律和合同要求。

第三章

知识产权的源头保护

第一节 专利权与商标权的获得

一、专利权的获得

(一) 专利申请流程

1. 发明专利申请

专利申请：提交发明专利申请，包括申请文件的撰写和提交给专利局。

受理：专利局对申请进行受理，并进行形式审查，确保申请文件的格式和内容符合要求。

初步审查：专利局对申请进行初步审查，主要检查申请文件是否符合法定要求，如申请费是否缴纳、申请文件是否完整等。

公开：通过初步审查后，专利申请将在一定时期内向公众公开。

实质审查：经过初步审查后，申请将进入实质审查阶段。专利局将对发明的新颖性、创造性和实用性等方面进行审查。

授权/驳回/视为撤回：根据实质审查的结果，专利局可能对申请进行授权，颁发专利证书；或者驳回申请，即拒绝授予专利权；或者视为申请撤回，例如在特定时限内未提交所需文件或未支付费用等。

2. 实用新型/外观设计专利申请

专利申请：提交实用新型/外观设计专利申请，包括申请文件的撰写和提交给专利局。

受理：专利局对申请进行受理，并进行形式审查，确保申请文件的格式和内容符合要求。

初步审查：专利局对申请进行初步审查，主要检查申请文件是否符合法定要求，如申请费是否缴纳、申请文件是否完整等。

授权/驳回：根据初步审查的结果，专利局可能对申请进行授权，颁发专利证书；或者驳回申请，即拒绝授予专利权。

虽然实用新型和外观设计专利申请不经过实质审查阶段，但仍需要经过受理和初步审查。此外，具体的审批流程可能会因国家和地区不同而有所不同，上述流程仅作一般参考。在申请专利时，建议咨询专利代理机构或专业律师，以获得更详细和准确的指导。

(二) 申请文件的准备

1. 申请专利需要提交的文件

申请书：申请书是专利申请的核心文件，包括申请人的信息、发明人的信息、专利的标题、技术领域、摘要等。

说明书：说明书是对发明或创新作品的详细描述，包括技术背景、技术问题、解决方案、具体实施方式等。说明书应该详尽、清晰地描述发明或创新作品的技术特点和实施方法。

权利要求书：权利要求书定义了所请求保护的专利权的范围，明确指定了专利的技术特征。权利要求书应该具体、准确地描述专利权的范围。

图纸：图纸是对发明或创新作品的可视化描述，用于进一步说明和补充申请的内容，包括示意图、结构图、流程图等。

除了这些核心文件之外，根据具体情况，可能还需要提交其他附加文件，例如：

优先权文件：如果申请基于先前申请的优先权，需要提供优先权文件来证明申请的优先权。

说明书翻译文件：如果申请是使用非官方语言提交的，可能需要提供官方语言的翻译文件。

支付费用文件：需要提供支付专利申请费用的证明文件。

2. 申请外观设计专利需要提交的文件

请求书：请求书中包括外观设计专利的标题、设计人的姓名、申请人的姓名、地址等信息。

外观设计图片或照片：外观设计专利的核心是对产品外观的保护，因此，需要提供产品的图片或照片。一般要求至少提供多个视角的图片或照片，如前视图、后视图、俯视图、仰视图、左视图、右视图等。立体图也可以根据需要提供。

外观设计简要说明：外观设计简要说明是对外观设计的简要描述，可以针对设计的特点、形状、结构等进行简单说明。根据具体要求，可能需要提供外观设计简要说明。

(三) 流程事务处理

流程事务处理是指按照一定的规则和流程，对事务进行处理和管理的过程。流程事务处理涉及多个环节和参与者，以确保事务按照预定的顺序和标准进行处理，从而达到预期的结果。

流程事务处理的主要步骤包括以下几个方面：

定义流程：确定事务的处理流程，包括环节、顺序和参与者等。

设计流程规则和标准：制定流程中的规则和标准，确保事务的处理符合要求和标准。

分配任务和角色：将任务分配给相应的参与者，并明确其角色和责任。

执行事务：按照规定的流程和标准，参与者依次完成各自的任务，进行事务处理。

监控和协调：监控事务处理的进展情况，及时协调和解决可能出现的问题和冲突。

完成事务：在事务处理的各个环节完成后，确认事务的完成，并进行相关的记录和归档。

流程事务处理的优点主要有提高工作效率、规范工作流程、减少错误和风险、增强协作和沟通等。流程事务处理在各个领域和行业都有广泛的应用，如项目管理、审批流程、客户服务等。

具体的流程事务处理方法和工具可以根据不同的需求和场景进行选择和定制。

二、商标权的获得

(一) 办理依据及简要说明

商标注册是指在生产经营活动中，为了取得对特定商品或服务的商标专用权，向国家知识产权局提出商标注册申请的过程。商标注册能够为商标权利人提供法律保护，确保其在市场竞争中能够独占地使用和享有商标。

根据《商标注册用商品和服务国际分类尼斯协定》，商品和服务被划分为 45 个类别，其中有 34 个类别用于商品，涵盖了不同的商品领域，如化妆品、食品、服装、电子设备等；另外 11 个类别用于服务，涵盖了各种服务领域，如餐饮服务、医疗服务、教育服务等。

商标申请人需要根据自己的商品或服务，选择适当的类别进行商标注册申请，并在申请中明确指定商标在商品或服务上的使用方式。商标在商品上使用的称为商品商标，用于标识特定商品的来源；商标在服务上使用的称为服务商标，用于标识特定服务的提供者。

商标注册的申请程序包括提交商标申请文件、商标初步审查、商标公告、商标实质审查、商标注册证书颁发等环节。通过商标注册后，商标权利人可以获得对商标的专有权，防止他人在相同或类似商品或服务上使用相同或类似的商标，从而保护其品牌形象和商业利益。

（二）办理途径

申请人可以选择通过国家知识产权局的网上服务系统进行商标注册申请，这是一种方便快捷的方式。申请人可以在网上填写申请表格、上传申请文件，并进行在线支付费用。

此外，如果申请人选择面交方式提交商标注册申请，那么可以前往以下几个地点：

国家知识产权局商标局商标注册大厅：位于国家知识产权局总部所在地（北京市），申请人可以亲自前往提交申请文件并办理相关手续。

国家知识产权局商标局委托地方市场监管部门或知识产权部门设立的商标受理窗口：各地市场监管部门或知识产权部门都会设立商标受理窗口，申请人可以就近选择受理窗口进行面交申请。

国家知识产权局商标局在京外设立的商标审查协作中心：国家知识产权局商标局在一些地方设立了商标审查协作中心，申请人可以前往提交商标申请。

国家知识产权局商标局驻中关村国家自主创新示范区办事处：位于中关村国家自主创新示范区的商标局办事处也可接受商标注册申请。

申请人可以根据自己的实际情况选择最便捷的方式进行商标注册申请，无论是线上还是线下，都需要按照规定提交完整的申请文件和缴纳相应的费用。

（三）办理流程

根据最新信息，自 2021 年 12 月 1 日起，我国商标注册申请已全面实现线上办理，取消了面交方式。因此，申请人必须通过国家知识产权局的网上服务系统进行商标注册申请。

申请人登录国家知识产权局的网上服务系统，选择商标注册申请，填写和提交申请书，并在线缴纳商标注册规费。在提交申请后，国家知识产权局将对申请进行审查。

如果申请人选择委托商标代理机构办理，代理机构将在国家知识产权局的网上服务系统上操作，代表申请人提交申请材料。

关于商标注册申请的具体流程和操作细节，建议申请人参考国家知识产权局官方网站的相关指南和说明，或咨询专业的商标代理机构或律师，以确保申请顺利进行并获得商标注册。请留意国家知识产权局官方网站上的最新通知和指引，以了解最新的办理方式和要求。

第二节 专利快速获权途径

一、专利优先审查

专利优先审查是一种特殊的审查程序，旨在加速专利申请的审查和决定过程❶。通过优先审查，申请人可以更快地获得审查结果，以便更早地获得专利权保护。

在一般的专利审查中，申请专利的审查周期可能较长，而优先审查可以大大缩短审查周期。这对于那些追求更快速保护的创新者和企业来说非常有吸引力。

优先审查的适用范围通常包括以下几个方面：

发明专利的优先审查：在某些国家或地区，特定类型的发明专利申请可以享受优先审查，例如，与环境保护、能源领域、新药研发等相关的技术。

实用新型专利的优先审查：一些国家或地区的实用新型专利申请也可以享受优先审查，以促进实用型技术方案得到快速保护。

外观设计专利的优先审查：在一些国家或地区，外观设计专利申请也可以享受优先审查，以加速外观设计创新得到保护。

---

❶ 周澎. 我国绿色技术优先审查制度的困境与解决之道 [J]. 北外法学, 2022（2）：225. 我国《专利优先审查管理办法》（国家知识产权局 2017 年发布）陆续将这一制度引入绿色技术、新兴产业和重点产业，以促进绿色技术等相关产业的创新并加快应用周期。

申请人可以通过满足特定的条件来申请优先审查，这通常包括提交相关的申请文件，并支付额外的优先审查费用。优先审查的具体程序和要求可能因国家或地区而异，申请人应仔细阅读当地的法律法规和相关规定，并与当地的专利局或专利代理机构联系，以获取详细信息。

二、PCT 国际申请

PCT（专利合作条约）是一种国际专利申请系统，由世界知识产权组织（WIPO）负责管理。通过 PCT 系统，申请人可以在一次申请中选择多个国家或地区，提交国际专利申请，并在一定期限内决定在哪些国家或地区获得进一步的审查和保护。

以下是 PCT 国际申请的一般流程：

提交国际申请：申请人向所属国家或地区的知识产权局提交 PCT 国际申请。申请人可以直接向所属国家或地区的知识产权局提交申请，或通过 WIPO 的在线系统提交。

国际搜索报告和初步意见书：PCT 国际申请递交后，申请人的申请文件将被转交给国际搜索机构进行搜索，并根据搜索结果编制国际搜索报告和初步意见书。这些文件会在 PCT 国际申请公布后向申请人提供。

进入国家阶段：国际申请公布后，申请人需要在 30 个月的期限内选择进入具体的国家或地区获得进一步的审查和保护。这些国家或地区通常称为"PCT 成员国"。

国家阶段审查：进入国家阶段后，申请人需要按照各个国家或地区的要求进一步提交相关文件和缴纳相关费用，并接受各个国家或地区的专利审查程序。

PCT 国际申请的优点是延长了选择国家阶段的期限，使申请人有更多的时间评估市场和技术情况，并决定在哪些国家或地区进一步申请专利权保护。此外，PCT 国际申请提供了相对统一的审查程序和文档要求，简化了跨国申请的流程。

PCT 国际申请并不直接授予国际专利权，而是为申请人提供了方便和统一的途径来管理专利申请的国际专利申请系统。在国家阶段，申请人需要遵守各个国家或地区的法律要求，并接受各个国家或地区的审查程序，以最终获得专利权保护。

三、快速审查计划

快速审查计划是一种提供加速专利审查的机制，旨在缩短专利审查的周期，使申请人能够更快地获得专利权保护。各个国家和地区都有各自的快速审查计划，具体名称和要求可能有所不同。

快速审查计划的主要特点包括以下几个方面：

加快审查速度：快速审查计划提供了加速专利审查的机制，使申请人能够在较短的时间内获得审查结果。通常，快速审查计划的审查周期比普通审查程序要短。

申请要求和条件：不同的国家和地区对于参与快速审查计划的申请要求和条件可能有所不同。通常，申请人需要符合一定的条件，如申请领域、申请类型（发明、实用新型、外观设计等）、专利文件的准备等。

专利费用和文件要求：快速审查计划可能会要求额外的专利费用，并可能对专利文件的格式和要求提出特定的要求。

申请限制：为了确保快速审查计划的效果，一些国家和地区可能会限制每个申请人能够参与快速审查计划的次数或频率。

快速审查计划的具体操作步骤和申请程序可以根据不同国家和地区的规定而有所不同。申请人可以咨询所在国家或地区的知识产权局或专利代理机构，了解相关的快速审查计划以及具体的申请要求和程序。通过参与快速审查计划，申请人可以加快专利审查的速度，以便更快地获得专利权保护。

四、合作项目和专利战略

与技术合作伙伴、研发机构或专利代理机构合作，制定有效的专利战略和申请计划，可以提高专利申请的效率和速度。合作项目可以利用他人的专业知识和资源，共同推进专利申请和审查过程。

五、紧急临时保护

在某些情况下，为了保护创新成果不被他人抄袭或侵权，可以考虑通过紧急临时保护措施，例如提出临时专利申请、保密协议、技术保密措施等，以确保创新成果的权益。

快速获得专利权并不代表着放松了对专利申请的要求和标准。申请人仍然需要满足专利法律的要求，包括技术创新性、可工业应用性、明确的权利要求等。同时，专利的审查过程可能因申请人、技术领域和国家等因素而有所差异，申请人应根据具体情况选择适合的途径，并遵守相应的规定和程序。

第三节 专利布局与专利保护

一、专利布局基本原则

专利布局需要与企业的商业战略和技术发展方向相结合，以达到最佳地保护和利用专利的效果。同时，随着市场和技术的不断变化，专利布局需要不断调整和优化，以适应新的挑战和机遇。因此，专利布局是一个持续的过程，需要不断地监测和调整，以确保企业在知识产权竞争中保持竞争优势。

在规划专利的布局方向时，需要结合企业的发展实际需求和战略目标。以下是一些应重点考虑的几个方面。

（一）技术优势领域

技术优势领域是指企业在技术研发和创新方面具有相对优势的领域。在规划专利的布局方向时，识别和重点保护技术优势领域非常重要。

1. 核心产品或关键技术

确定企业的核心产品和关键技术领域，是企业竞争力的关键。保护企业的核心产品和关键技术的专利可以为企业提供市场优势和创新保护。

2. 创新能力

评估企业在不同领域的创新能力和技术实力，确定企业在哪些领域具有独特的创新能力和技术优势，以便进行专利布局。

3. 技术发展趋势

了解技术发展趋势和未来的创新方向。预测未来的技术发展趋势，确定企业在哪些领域有机会取得技术突破和领先地位，并相应地进行专利保护。

4. 竞争对手分析

分析竞争对手在相关技术领域的专利布局和技术优势。了解竞争对手在哪些领域具有技术优势，以及他们的技术战略，可以帮助企业确定自身的专利布局策略。

5. 合作与合作伙伴

考虑与其他企业、研究机构或专利代理机构的合作，共同开展研发和创新项目，在技术优势领域建立合作伙伴关系，共享专利资源和技术知识。

6. 专利组合

构建完整的专利组合，覆盖技术优势领域的关键技术和创新成果。建立强大的专利防御体系，保护企业在技术优势领域的核心竞争力。

以上是考虑技术优势领域的一些因素，企业可以根据自身的实际情况进行评估和决策。重要的是，专利布局应与企业的战略目标相一致，并以技术创新和竞争优势为基础。

（二）市场需求

市场需求是另一个需要考虑的因素，是市场对某种产品或服务的需求程度和趋势。在规划专利的布局方向时，要结合市场需求来确定哪些领域具有潜在的商业机会。以下是一些与市场需求相关的考虑的几个因素。

1. 消费趋势

了解消费者的偏好和需求趋势，包括对产品特性、功能、性能和创新的需求。针对市场上未满足或有潜力的需求，进行专利布局，提供符合市场需求的产品和技术解决方案。

2. 行业发展

研究所处行业的发展趋势和市场竞争情况。识别行业中的增长领域和有潜力的细分市场，并进行专利布局，以抢占市场份额并保护自身的创新成果。

3. 竞争分析

了解竞争对手在市场上的专利布局和产品创新。通过分析竞争对手的专利战略和市场表现，发现市场上的空白点和机会，制定相应的专利布局策略。

4. 市场调研

进行市场调研和需求分析，收集关于产品需求、市场规模、用户反馈等方面的数据。根据市场调研结果，调整专利布局方向，以确保专利申请与市场需求相匹配。

5. 新兴市场和创新领域

关注新兴市场和新兴技术创新领域的发展，例如人工智能、物联网、可再生能源等。这些领域通常具有较高的市场需求和增长潜力，规划专利布局可以在这些领域获得竞争优势。

6. 地区差异

考虑不同国家或地区的市场需求差异，根据市场特点和消费习惯，制定相应的专利布局策略，以满足不同国家或地区的需求。

综上所述，结合市场需求进行专利布局是非常重要的。只有将技术优势与市场需求相结合，才能在竞争激烈的市场中获得商业成功。因此，企业应密切关注市场动态和消费者需求，并将其纳入专利布局的考虑因素之中。

(三) 竞争对手分析

竞争对手分析是评估和了解与自身企业在同一市场或领域竞争的其他企业的战略、实力和行为的过程。通过竞争对手分析，企业可以获取关键的市场情报，了解竞争对手的优势和劣势，以制定更有效的竞争策略。竞争对手分析是制定竞争策略和保持竞争优势的重要工具。通过深入了解竞争对手的战略、产品、市场地位和客户反馈，企业可以更好地定位自身，在市场中取得竞争优势。

(四) 创新链条

在考虑专利布局和竞争对手分析时，理解创新链条是至关重要的。创新链条是一个从创新源头到最终市场应用的连续过程，涵盖了科学研究、知识产权保护、技术转移、产品设计、生产制造、市场营销和售后服务等创新的各个环节和参与主体。企业应深入理解和把握创新链条中的各个环节和参与主体，以推动创新能力和竞争优势的持续发展。

(五) 合作与合作伙伴

合作与合作伙伴在创新和专利布局中扮演着重要的角色。通过与合作伙伴建立合作关系，企业可以共享资源、知识和技术，加强创新能力，拓展市场，提高竞争力。在选择合作伙伴时，企业需要考虑合作伙伴的专业能力、信誉度、资源优势和战略契合度。同时，建立良好的合作关系和合同约束机制也是确保合作顺利进行和保护自身利益的重要因素。

总之，合作与合作伙伴在创新和专利布局中发挥着重要作用，可以为企业提供更多的资源、技术和市场机会，促进创新能力的提升和竞争优势的增强。

(六) 地理布局

地理布局在创新和专利布局中也是一个重要的考虑因素。地理布局指的是在不同国家或地区设立分支机构、研发中心或生产基地等，以便更好地满足市场需求、利用当地资源和人才、进入新兴市场等。

在进行地理布局时，企业需要综合考虑市场、人才、资源、法律环境等因素，并进行风险评估和市场调研。同时，企业应与当地政府和相关机构建立良好的合作关系，遵守当地的法律法规和商业规范，是成功实施地理布局的关键。

地理布局的目标是为了更好地满足市场需求、优化资源配置、提高竞争力和创新能力，为企业在全球范围内实现持续发展提供有利条件。

(七) 专利组合

专利组合是指企业拥有的一系列相关专利的集合，涵盖了特定技术领域的不同方面和方向。通过有效的专利组合管理和战略规划，企业可以最大限度地利用知识产权的优势，提升技术竞争力和市场地位，并推动创新和可持续发展。

(八) 时效性

技术和市场环境的不断变化，一些专利可能会随着时间的推移而失去其价值和竞争优势。时效性是专利组合管理中需要重视的因素。企业应建立有效的知识产权管理机制，定期评估和调整专利组合，以确保与技术发展和市场竞争的步伐相适应，提高知识产权的价值和竞争优势。

总的来说，专利布局是一个复杂的战略决策过程，需要综合考虑多个因素，包括技术优势领域、市场需求、竞争对手分析、创新链条、合作与合作伙伴、地理布局、专利组合等。企业应根据自身的实际情况和目标，选择合适的布局策略，并不断调整和优化布局方案以保持竞争优势。

二、专利布局典型类型

在进行专利布局之前，了解已有的专利布局情况是非常关键的步骤，有助于企业对技术领域中的现有专利进行评估，确定已有专利的技术覆盖范围和保护内容。专利布局的目标是建立一份强有力的专利组合,以支持企业的技术创新和市场竞争,并在特定技术领域获得竞争优势。常见的布局方式有以下几种。

(一) 路障式

路障式布局的目的是通过申请一种或几种技术解决方案的专利来形成障碍,阻碍竞争者绕过或突破这些障碍。这种布局模式的优点在于成本较低,但也存在竞争者绕过障碍的风险。

路障式布局在特定情况下是有效的,尤其是当已申请的专利技术解决方案对于竞争者来说是不可或缺的,并且竞争者难以回避或突破这些障碍时,可以有效地保护企业的技术优势和市场地位。

然而,对于那些具有较强创新能力的竞争对手来说,他们可能会寻找绕过这些障碍的替代方案或进行自主创新,从而降低己方布局的有效性。

因此,在选择路障式布局策略时,企业需要充分了解特定技术领域的竞争环境和竞争对手的能力,权衡优势和劣势,并综合考虑其他布局策略,以确保专利布局的成功和有效性。

(二) 城墙式

城墙式布局的目标是通过申请覆盖某一技术目标下所有规避设计方案的专利来形成一道坚固的防线,以保护自己的技术领地并阻止竞争者寻找替代方案。

城墙式布局的优势在于封锁竞争者的规避设计空间,确保自己的技术方案在市场上的独特性和竞争优势。通过申请覆盖各种技术解决方案的专利,企业可以建立一道强大的壁垒,使竞争者难以绕过或突破这些专利,从而保护自己的技术投资和市场份额。

然而,城墙式布局也存在一些挑战和需要考虑的因素。首先,申请覆盖所有可能的规避设计方案的专利需要大量的专利申请和维护成本。其次,随着技术的发展和创新,可能会出现新的规避设计方案,需要及时调整和补充专利布局。此外,城墙式布局有可能对创新和合作产生一定的限制,因为一些合作伙伴可能不愿意接受对其技术方案的专利保护。

因此,在选择城墙式布局策略时,企业需要全面评估自身的技术优势、市场需求、竞争对手行为以及专利申请和维护的成本和效益等因素。合理平衡各种因素，结合企业的战略目标和资源状况，制定适合自身情况的专利布局策略，以取得最佳的知识产权保护和竞争优势。

（三）地毯式

地毯式布局的核心思想是将某一技术目标下的所有技术解决方案都申请专利，形成一个广泛而密集的专利网，以确保自己的技术在市场上获得保护和竞争优势。

地毯式布局的优势在于能够覆盖技术领域内的各种可能的技术解决方案，形成全面的专利保护，从而有效地阻止竞争者进入自己的技术领域。通过大量的专利申请，企业可以构建一张密集的专利地毯，为自己提供强大的法律防护。一旦竞争者侵犯自己的专利，企业可以通过专利诉讼等手段保护自己的合法权益。

然而，地毯式布局也存在一些挑战和需要考虑的因素。首先，地毯式布局需要大量的资金和研发人力的支持，专利申请和维护的成本较高。其次，大量的专利申请可能导致专利泛滥，难以管理和维护，而且并不是所有的专利都能够产生预期的商业效果。因此，企业在进行地毯式布局时需要具备系统的布局策略，根据技术目标和市场需求进行专利挖掘和申请，避免专利泛滥和资源浪费。

总体而言，地毯式布局是一种全面和密集的专利保护策略，适用于企业在特定技术领域拥有广泛的技术解决方案，并且有足够的资源和能力来支持专利申请和维护工作的情况。企业应在综合考虑成本、效益和战略目标的基础上，合理地选择适合自身情况的专利布局策略，以实现最佳的知识产权保护和商业价值。

（四）丛林式

丛林式布局的核心思想是通过大量的外围专利围绕竞争对手的基础专利或自身的基础专利，形成一道强大的专利防护网，以保护自身的技术优势和市场地位。

在竞争对手掌握基础专利的情况下，通过申请大量的外围专利，将竞争对手的基础专利包围起来，形成一个专利丛林，阻止竞争对手向周围拓展。这种策略可以削弱竞争对手基础专利的价值，并通过与竞争对手的专利交叉许可等方式，换取对手的基础专利授权，实现相互授权与合作，进一步巩固自身的专利布局。

当基础专利掌握在自己手中时，也需要注意在基础专利周围布置丛林式专利，以严密保护自己的基础专利。通过抢先申请外围专利，构建专利防护网，确保竞争对手无法实施类似的专利布局，从而保护自己的技术和市场地位。

专利布局并没有固定的格式或规则，而是需要根据市场和企业自身情况进行合理规划。在制定专利布局策略时，需要综合考虑市场的专利状况、企业的财力、人力等因素，进行灵活的组合和变形，形成一个完整的专利防护网，以保护自身的创新成果和竞争优势。

第四章

新兴产业的知识产权保护机制探析

第一节 大数据产业：知识产权风险与保护机制

一、大数据技术引发的知识产权风险

(一) 数据采集网络爬虫引发著作权侵权风险

在互联网大数据采集过程中，网络爬虫起着重要的作用。网络爬虫通过模拟正常操作行为，访问网站并抓取数据。然而，这种数据采集行为可能涉及著作权侵权的风险。网站通常会设置 Robots 协议，用于告知搜索引擎哪些页面可以抓取，哪些页面不允许抓取。遵守 Robots 协议是尊重网站意愿的基本原则，违反协议进行数据采集可能被视为侵犯著作权❶。此外，即使网站未设置 Robots 协议，过度频繁的抓取行为或对敏感数据的抓取也可能引发著作权侵权的问题。

为了避免著作权侵权风险，进行互联网大数据采集时应注意以下几点：

遵守 Robots 协议：尊重网站的意愿，遵守 Robots 协议中的规定，确保在允许抓取的范围内进行数据采集。

设置合理的抓取频率：避免过度频繁的抓取行为，以免给网站造成过大的负担。

---

❶ 黄武双，郑友德，谢晓尧，等. "Robots 协议"与公平竞争之辩 [J]. 知识产权法研究，2017 (1)：12. 2013 年 10 月 16 日，百度诉奇虎 360 不正当竞争案在北京第一中级人民法院开庭审理。百度称奇虎 360 违反"Robots 协议"抓取其网站内容，索赔金额 1 亿元人民币。奇虎 360 对百度恶意"强制转跳"等不正当竞争行为也提起了诉讼。学界和实务界对"Robots 协议"与公平竞争话题进行了激烈讨论。"Robots 协议"的本质是网站和搜索引擎爬虫的沟通方式，用来指导搜索引擎更好地抓取网站内容，而非搜索引擎之间互相限制和不正当竞争的工具。

避免采集敏感信息：尊重用户隐私，避免采集敏感个人信息或受法律保护的内容。

尊重著作权：尊重网站的著作权，不将抓取的数据用于侵犯著作权的目的。

(二) 云计算数据存储面临复制权侵权风险

在云计算平台中，数据存储和缓存服务可能涉及著作权侵权风险。这主要涉及以下几个方面：

内容副本存储：云计算平台可能会存储用户上传的内容副本，例如文档、图片、音频视频文件等。在存储这些内容时，云计算平台需要确保已获得了合法的授权或许可，以避免侵犯著作权人的权益。云计算平台应该建立相应的政策和机制，要求用户上传的内容符合著作权法规定，并在合理范围内限制用户上传侵权的内容。

内容缓存：云计算平台的缓存服务通常用于提高数据检索性能，存储短期的数据子集。在缓存数据时，云计算平台应该注意避免存储未经授权的受著作权保护的内容，以免侵犯著作权人的权益。云计算平台可以采取技术手段，如设置过期时间、自动刷新等，确保缓存的内容在合理的范围内得到更新或删除。

为减少著作权侵权风险，云计算平台应制定合适的政策和措施，包括但不限于以下几个方面：

明确用户上传内容的责任：云计算平台应明确用户对上传内容应承担的责任，要求用户上传的内容符合著作权法规定，禁止上传侵权的内容。

主动监测和移除侵权内容：云计算平台应建立侵权内容监测机制，及时发现侵权内容并采取移除或阻止访问等措施，以保护著作权人的权益。

授权和合作：云计算平台可以与著作权人或著作权管理组织进行授权合作，获取合法的内容副本，并确保在服务中遵守相关授权协议的要求。

总之，云计算平台在提供数据存储和缓存服务时应重视著作权的保护，遵守相关法律法规，合法合规地处理和存储用户的内容，以保护著作权人的权益。

(三) 未经授权获取用户数据构成不正当竞争

社交网络、网盘、位置服务等新型信息发布方式的兴起给个人信息保护和网络安全带来了新的挑战。在这种情况下，网络运营者和第三方应用开发者扮演着重要的角色，需要履行一定的原则和义务来保障网络安全和保护个人信息。

对于网络运营者来说，以下几个方面的原则是关键的：

合法性：网络运营者应遵守相关的法律法规，包括个人信息保护相关法律和规定。网络运营者应合法地收集、使用和处理个人信息，不得超出法律允许的范围。

正当性：网络运营者应以合法的目的和方式处理个人信息，不得违反用户的合理期望，并且应当提供清晰明确的隐私政策和用户协议，告知用户个人信息的收集和使用情况。

必要性：网络运营者应仅收集和使用必要的个人信息，不得过度收集和保留用户的个人信息，以确保个人信息的安全性。

对于第三方应用开发者来说，以下几个方面的原则是重要的：

诚实信用原则：第三方应用开发者应诚实守信，提供真实和准确的信息，并遵守相关的法律法规和商业道德。

用户同意和授权：第三方应用开发者在收集和使用个人信息之前，应获得用户的明示同意，并经过网络运营者的授权，以确保合法获取和使用用户的个人信息。

收集的最小化原则：第三方应用开发者仅在必要的情况下收集个人数据，并且只收集实现目的所需的最少量的数据。例如，如果一个应用程序的目的是提供天气预报，那么就不需要收集用户的详细联系信息。

总体而言，网络运营者和第三方应用开发者都应遵循合法、正当、必要的原则，在信息收集、使用和处理过程中保护用户的隐私权和个人信息安全。此外，相关的法律法规和规定也对他们的行为进行了限制和规范，应认真遵守和履行相关义务。

(四) 大数据分析带来个人隐私权侵权风险

大数据的主要来源以及数据处理中的隐私问题是当前大数据时代面临的挑战之一。随着传感器数据、网站点击流数据、移动设备数据和射频 ID 数据等各种数据的生成和积累，数据量呈指数级增长，并且这些数据相互联系，即使对数据进行了去除标签、脱敏、隐匿等处理，也存在识别特定用户的可能性。

在大数据分析过程中，确实存在个人隐私被泄露的风险。由于海量数据的复杂性和多样性，基于数据的行为分析和关系分析可以揭示出隐藏的模式和未知的关系，从而可能泄露用户的身份信息、位置信息、链接关系等个人隐私。这种隐私泄露的风险引发了对个人隐私保护的重要关注。

为了应对这一挑战，相关机构和组织采取了一系列措施来保护个人隐私和数据安全。包括以下几个方面的措施：

数据匿名化和去标识化：通过对数据进行去除标签、脱敏、隐匿等处理，以降低个人身份的识别风险。

数据加密和安全传输：采用加密技术确保数据在传输过程中的安全性，防止被非法获取和篡改。

隐私保护法律法规的制定和执行：不同国家或地区都有相应的隐私保护法律法规，用于规范和保护个人隐私，限制数据使用和共享的范围。

数据使用的明确目的和合法合规原则：数据处理方应明确数据使用的目的，并在合法合规的基础上进行数据分析和利用，避免滥用和未经授权的行为。

数据访问权限和审计控制：建立严格的数据访问权限管理和审计机制，以确保只有授权人员可以访问和处理敏感数据，并能够追溯数据的使用历史。

综上所述，确保大数据的安全和隐私保护是一个重要的任务。在大数据分析和利用过程中，必须遵守相关法律法规，采取有效的技术和管理措施，保护用户的隐私权和个人信息安全。同时，用户也应增强个人的隐私保护意识，审慎地共享个人信息，选择可信赖的数据处理方和服务提供商。

隐私政策在保护用户隐私方面仍然存在一些挑战和缺陷，包括用户缺乏与企业协商制定隐私条款的机会、数据使用授权范围的模糊性以及数据生命周期缺乏明确的规定等。

缺乏协商机会：目前通行的做法是用户在注册或使用网站或移动客户端时被视为接受既定的隐私政策，而没有与企业协商制定隐私条款的机会。用户对隐私政策的内容和范围的了解有限，无法个性化地适应自己的需求和期望。

数据使用授权范围的模糊性：隐私政策通常会告知用户哪些数据可能被收集，但对于数据的具体分析和使用方式往往是笼统授权的，缺乏明确的界定。用户对自己的数据如何被使用和处理不够清晰，容易引发用户的隐私担忧。

数据生命周期缺乏明确的规定：目前的隐私政策往往没有明确规定数据的生命周期和何时销毁数据。当平台停止运营或用户不再使用该平台时，留存的用户信息可能缺乏监管和控制，给用户的隐私权带来风险。

针对以上问题，确实需要加强监管和制度建设，以保护用户的隐私权和个人信息安全。相关的监管机构可以出台更加明确和具体的规定，要求企业提供更加透明和详细的隐私政策，明确用户数据的使用目的和方式，并规定数据的存储期限和销毁机制。同时，用户也应该增强隐私保护意识，选择有良好信誉和隐私保护机制的平台，并在使用过程中保持警惕，合理地控制和管理个人信息的共享和使用。

此外，倡导企业自律也是重要的一步。企业应当认识到用户隐私保护的重要性，并自觉地遵守相关法律法规，制定更加严格和负责任的隐私政策，以保护用户的隐私权和个人信息安全。

二、大数据产业发展与知识产权保护

（一）电子商务和零售行业：数据库保护

在电子商务和零售行业中，数据库保护是至关重要的，因为数据库包含了大量的客户信息、交易数据和业务关键信息。以下是一些常见的数据库保护措施：

访问控制：建立严格的访问控制机制，限制数据库的访问权限，只有经过授权的用户才能访问敏感数据，可以通过角色和权限管理、强密码策略、多因素身份验证等方式实现。

数据加密：对数据库中的敏感数据进行加密，包括存储在数据库中的数据和在传输过程中的数据。加密可以有效地防止未经授权的访问者获取敏感信息。

审计和监控：建立日志记录和监控系统，对数据库的访问和操作进行监测和记录，有助于及时发现异常行为和安全事件，以便采取相应的措施进行应对。

备份和恢复：定期进行数据库备份，并确保备份数据的安全存储。在发生数据丢失、损坏或其他灾难性事件时，可以及时恢复数据库。

更新和补丁管理：及时安装数据库供应商提供的安全更新和补丁，以修复已知的安全漏洞和弱点，确保数据库系统的安全性。

灾难恢复计划：制订灾难恢复计划，包括备份和恢复策略、应急响应措施等，以应对自然灾害、系统故障等意外事件的发生，保障数据库的可用性和完整性。

培训和意识提升：加强员工的安全意识培训，教育他们如何正确处理和保护数据库中的敏感信息，以防止内部人员的意外或恶意行为导致数据泄露或滥用。

此外，遵守相关法律法规也是保护数据库安全的重要方面。根据所在国家或地区的数据保护法律和隐私法规，企业需要确保合规性，妥善处理用户个人信息，并根据法规要求采取必要的措施保护用户隐私。

综上所述，电子商务和零售行业需要采取综合的数据库保护措施，包括访问控制、数据加密、审计和监控、备份和恢复、更新和补丁管理、灾难恢复计划、培训和意识提升、遵守相关法律法规等，以确保数据库的安全和保护用户隐私。

(二) 物流行业：商业秘密保护与数据垄断规制

在物流行业，商业秘密保护和数据垄断规制是重要的议题。以下是关于商业秘密保护和数据垄断规制方面的一些介绍：

商业秘密保护：物流公司通常拥有许多商业秘密，如客户信息、供应链管理方法、业务流程等。保护这些商业秘密对于维持竞争优势至关重要。物流公司可以采取以下措施来保护商业秘密：与员工、供应商和合作伙伴之间签订保密协议；限制访问商业秘密的人员；加强物理和技术安全措施，如访问控制和数据加密；定期审查和更新保密措施，确保其有效性。

数据垄断规制：在物流行业，某些大型物流公司可能积累了大量的数据，并形成了数据垄断的情况。为了维护公平竞争和保护市场多样性，监管机构可以实施数据垄断规制，包括限制数据垄断企业对市场的控制权、鼓励数据共享与互联互通，以及确保公平竞争的准入条件。监管机构可以要求物流公司公开关键数据，以提高市场透明度和促进公平竞争。

法律合规性：物流公司需要遵守相关的法律法规，特别是涉及数据保护和隐私的法规，包括个人信息保护法、数据安全法、反垄断法等。物流公司应制定内部合规政策，确保员工了解和遵守相关法规，采取必要的措施来保护客户数据和敏感信息。

数据共享与合作：为了促进物流行业的发展和创新，数据共享和合作是至关重要的。物流公司可以积极参与数据共享和合作计划，与其他行业参与者共享非竞争性数据，以推动整个行业的效率和创新。在进行数据共享和合作时，需要确保采取合适的数据安全和隐私保护措施，并遵守适用的法律法规。

综上所述，物流行业在商业秘密保护和数据垄断规制方面还面临一些挑战。通过采取适当的保密措施，遵守相关法律法规，积极参与数据共享和合作，物流公司可以保护商业秘密，确保公平竞争，并推动整个行业的发展。同时，监管机构也需要加强对数据垄断行为的监管，以确保市场的多样性和公平竞争。

（三）健康医疗行业：数据隐私监管

隐私权和数据安全是任何医疗数据共享系统的关键考量因素。随着技术的发展和应用，健康医疗行业需要在保护个人隐私和推进医疗科技进步之间找到平衡。

要解决这些问题，有以下几个可能的解决方案：

建立严格的数据管理政策和流程：任何涉及个人医疗数据的组织均需要有严格的数据管理政策和流程，包括数据收集、存储、使用和共享。数据管理政策和流程应明确规定什么数据可以被收集，如何存储和保护，以及在何种情况下可以被使用或共享。

加强法律法规建设：政府应出台更具有前瞻性的法律法规，明确数据隐私权和数据共享的边界，并对侵犯数据隐私的行为设立严厉的惩罚机制。

技术解决方案：利用现代技术，比如区块链、差分隐私、同态加密等技术，在数据共享的同时保护个人隐私。通过这些技术，可以让数据在被共享时仍然保持匿名，而且无法被复原，以此保护个人隐私。

建立多元化的审查机制：机构审查委员会（IRB）和研究伦理委员会（REC），可以考虑将数据科学家、隐私权专家等多领域的人员纳入其中，增加多元视角，以便更全面地评估各项决策。

对于跨境数据流动，必须确保目标国家或地区的数据保护法规具有足够的保护措施，或者采取其他必要的安全保障措施，如数据加密、匿名化处理等，以避免在数据传输过程中产生的任何风险。

健康医疗行业仍在发展中，尤其是随着人工智能和机器学习在医疗领域的应用，这些问题的重要性将进一步加强。只有不断努力，才能最大限度地保护个人隐私，同时享受大数据带来的好处。

三、大数据知识产权保护的立法应对

随着大数据和其他新兴技术的发展，法律系统需要不断地进行调整和更

新,以满足新的需求和挑战。

(一) 数据所有权

在大数据环境中,确定数据的所有权是一个核心问题。由于数据可以被多方同时使用、复制和分析,在法律上明确谁拥有这些数据、谁有权使用这些数据,以及在什么条件下可以使用这些数据,显得尤为重要。

1. 数据生成者的权利

数据生成者通常包括在数据生成过程中参与的人和机构。例如,如果一项医疗研究由医生、病人和研究机构共同完成,那么他们都可能拥有一部分数据的所有权。

2. 数据控制者和处理者的权利

在大数据环境中,数据的控制和处理往往由不同的实体完成。数据控制者是决定数据如何和为何被处理的实体,而数据处理者是为数据控制者执行数据处理工作的实体。在处理过程中需要对数据进行复制、分析和转发,因此,数据控制者和处理者对数据拥有一定的权利。

3. 数据主体的权利

数据主体是指被数据描述或关联的个人。数据主体拥有对数据的访问权、更正权和删除权。在某些情况下,数据主体还有权反对或限制数据被处理,或者请求数据被转移。

4. 匿名化和伪匿名化处理

如果数据被匿名化或伪匿名化处理,那么数据主体的权利可能会受到限制,例如,无法访问、更正或删除数据。但是,匿名化和伪匿名化处理必须在遵守数据保护原则的前提下进行,例如,必须确保数据的安全性,且数据的处理必须符合合法、公正和透明的原则。

5. 数据的商业化和交易

在大数据环境中,数据的商业价值日益凸显。数据可以被出售、转让或用于交换其他服务。这就引发了一个问题,即在数据交易中,数据的所有权如何转移,以及数据主体的权利如何保障。

处理这些问题需要综合考虑各方的利益,同时确保数据处理的合法性、公正性和透明性。这就需要多方的努力,包括立法者、行业参与者、数据主体,以及社会整体。

(二) 数据隐私权

隐私权在大数据环境中尤为重要，尤其是涉及个人敏感数据的时候。因此，大数据的知识产权保护立法应确保个人的隐私权，包括用户有权知道自己的数据被如何使用，有权请求删除自己的数据，以及在何种情况下这些数据可以被共享或出售。

1. 透明度和通知

个人应被明确告知关于其数据何时、为何、如何被收集和使用的信息，以及如何行使数据隐私权。

2. 访问和更正

个人应有权访问自己的数据，了解谁在使用自己的数据，以及为何使用，还应有权更正自己不准确的数据。

3. 删除或"被遗忘"的权利

在某些情况下，个人应有权请求删除自己的数据，或者"被遗忘"，即数据在网络中被删除或不再被广泛传播。

4. 数据移植性

个人应有权接收自己的数据，并将其转移给其他服务提供商，这个原则在欧洲的《通用数据保护条例》（GDPR）中已经被明确规定。

5. 反对自动化决策

在某些情况下，个人应有权反对涉及个人数据的自动化决策，特别是当这些决策会对他们产生法律效果或者类似的显著影响时。

在大数据的环境下，保护数据隐私权面临的挑战正在增加，但是通过明确的法规、透明的实践以及技术的创新，找到保护数据隐私权和利用大数据的平衡点将成为可能。

(三) 技术创新的保护

大数据分析通常需要一些复杂的算法和技术。这些算法和技术应当受到知识产权的保护，鼓励和保护技术创新。

大数据环境中的技术创新保护，主要是关注如何通过知识产权法等手段保护新的算法、应用和其他与大数据处理、分析和解释相关的创新。

1. 专利法

一些大数据相关的技术和创新,如某些特定的算法或机器学习模型,通过专利法得到保护。但是,并非所有类型的算法都可以获得专利,这取决于具体的司法管辖区和专利法的要求。

2. 著作权法

在某些情况下,大数据相关的创新,例如特定的软件代码,通过著作权法可以得到保护。然而,数据本身(如原始数据集)通常不能获得著作权保护,因为数据本身被视为事实,而事实不适用于著作权保护。

3. 商业秘密

对于不能或不适合通过专利或著作权来保护的大数据创新,商业秘密是一种有效的保护方式。例如,一种特定的数据分析策略或商业模型可以作为商业秘密来保护。

4. 合同法

在某些情况下,技术许可协议、服务协议或数据使用协议等合同可以用来保护大数据创新。这些合同可以限制数据的使用方式,或规定数据和技术的所有权和许可权。

5. 创新激励

立法和政策应该鼓励大数据技术的研发和创新,包括提供研发资金、税收优惠,以及培养大数据领域的人才。

保护技术创新既可以激励更多的创新,又可以帮助创新者得到应有的回报,同时还可以避免技术的滥用和不公平竞争。

(四) 公平使用

大数据环境中的公平使用权是另一个关键问题。立法应当鼓励合理和公平的数据使用,同时避免数据的滥用和垄断。

公平使用是著作权法中的一个概念,在未经著作权所有者许可的情况下,有权复制或使用其原创作品。公平使用的具体规定因国家和地区的法律体系而异,但是会考虑以下几个因素:

1. 使用的目的和性质

例如,评论、新闻报道、教育、研究,或者转述都被认为是公平使用。非营利的教育和研究更有可能被认为是公平使用,而商业性质的使用则需要得到著作权所有者的许可。

2. 被使用作品的性质

事实性的作品,如新闻报道,被视为公平使用,而创新性、艺术性或未发布的作品则会得到更多的保护。

3. 使用的数量和重要性

如果只使用了作品的一小部分,而且这部分并不是作品的核心部分,那么就可能被认为是公平使用。

4. 对原始作品市场的影响

如果未经许可的使用会对原作品的市场产生负面影响,例如,降低了作品的销售或租赁价格,那么就可能不被认为是公平使用。

在大数据环境中,公平使用在数据挖掘、文本和数据挖掘(TDM)等方面有所应用。然而,数据本身(例如,原始数据集)不适用著作权保护,因此,公平使用原则可能不适用。在处理大数据时,需要与数据所有者或管理者进行协商,或者遵循相关的数据许可协议或服务条款。

(五) 适应全球化的需要

由于大数据通常会跨越国界,大数据的知识产权保护立法应当考虑到国际的协调和合作。这就需要制定一些国际法规,以保护全球范围内的数据的知识产权。适应全球化的需求对于大数据立法来说是一个重要的问题,因为数据、技术和相关服务往往跨越国界进行运作。

1. 数据跨境流动

随着全球化的深入,数据的跨境流动已成为必然。数据隐私法和数据保护法在需要解决如何保护个人隐私和数据安全的同时,也要保障数据的跨境流动。

2. 国际合作

对于大数据犯罪,如黑客攻击、数据窃取等,需要国际的警务和法律合作。此外,各国也需要在大数据标准、云计算、人工智能等方面进行更多的国际合作。

3. 全球统一的标准和规范

全球统一的数据保护和隐私保护标准能够减少跨国公司的合规成本,同时也有利于保护消费者的利益。

4. 跨国公司的责任和义务

跨国公司在全球范围内收集和处理数据，他们需要明确其在各个司法管辖区内的法律责任和义务，包括数据保护、隐私保护、数据主体权利等。

5. 知识产权的国际保护

大数据相关的技术和服务需要通过专利、著作权等方式在全球范围内得到保护。这就需要各国的知识产权法律和国际条约的协调和配合。

在全球化的背景下，各国需要在尊重各自法律文化和实践的同时，寻找共同的立法原则和实践，以适应大数据时代的挑战。

第二节 智能金融产业：人工智能技术专利布局及竞争态势[1]

一、人工智能技术在金融领域的应用场景

人工智能在金融领域的应用非常广泛，并且涵盖了许多不同的技术领域。以下是对五个应用场景和对应的技术的更深入的讨论。

（一）智能客服

基于语音识别和自然语言处理（NLP）技术，AI可以自动回答客户的问题，甚至处理一些简单的交易。通过深度学习技术，AI客服可以更好地理解人类的语言和意图，并给出更准确的回答。

（二）交易安全和人像监控

计算机视觉和生物特征识别技术可以提供更高级别的交易安全。例如，人脸识别和虹膜识别可以用来验证客户的身份。此外，这些技术还可以用于防止欺诈和非法交易。

---

[1] 王翀. 人工智能算法可专利性研究 [J]. 政治与法律, 2020 (11): 11. 人工智能算法既不同于"智力活动的规则与方法"，也不应受专利审查制度对"涉及计算机程序的发明"的限制，而是能与专利权的价值内涵相契合的权利客体。人工智能算法在抽象思想和具体应用之间定位于抽象思想的具体应用，兼具思维属性和技术属性；具体的人工智能发明可以用专利法律制度"技术三要件"的审查标准，衡量其是否可被授予专利权。

(三) 交易决策

通过机器学习和神经网络技术，AI 可以分析大量的金融数据，预测市场趋势，帮助客户做出更好的交易决策。这种技术也可被用于算法交易，即由 AI 系统自动进行交易决策。

(四) 风险控制

基于知识图谱的风险控制系统可以识别出潜在的风险和威胁，提前进行预警。例如，AI 可以分析客户的信用历史、交易行为等信息，预测未来可能产生的风险。

(五) 智慧银行

服务机器人可以在银行等金融机构中提供一系列的服务，如接待客户、处理业务、解答问题等。服务机器人可以提升工作效率，改善客户体验。

以上只是 AI 在金融领域应用的一部分，随着 AI 技术的不断发展，未来会有更多的应用场景。

二、专利数据来源及检索要素

在进行智能金融领域的专利检索时，确实需要分为人工智能和金融两个大的主题，然后再深入到具体的子领域或分支技术进行检索。

对于人工智能领域，包括的关键词或主题词可能有：人工智能、机器学习、深度学习、神经网络、自然语言处理、语音识别、计算机视觉、生物特征识别、知识图谱等。

对于金融领域，关键词或主题词可能包括：金融、银行、保险、股票、债券、投资、贷款、信用卡、支付、风险管理、金融分析等。

在构建专利检索式时，可能会用到布尔运算符（例如"AND""OR"和"NOT"）来组合不同的关键词或主题词。

不同的检索策略可能会产生不同的检索结果，这就需要在实际的检索过程中根据需要进行适当的调整。另外，由于同一个专利可能应用于多个领域或技术，所以在统计专利数量时，可能会出现重复计数的问题，这也需要在分析结果时予以注意。

第三节 低碳产业：
低碳与绿色专利许可新探索

一、低碳技术与绿色专利[1]

随着环境问题和气候变化日益严重，低碳的概念确实已成为全球最受关注的议题之一。在全球范围内，各国都在积极推动低碳技术的研发、低碳产业的发展和低碳经济的转型，并在政策制定、金融支持、科技创新等方面进行大力支持和引导。

（一）低碳技术及相关概念

1. 低碳技术

低碳技术主要是指能够降低碳排放的各种技术。包括能源效率技术、可再生能源技术、核能技术、碳捕获和储存技术等。在保持经济发展的同时，利用低碳技术可以降低对环境的影响。

2. 低碳产业

低碳产业主要是指那些能够提供低碳技术、产品和服务的产业。例如，可再生能源产业、电动汽车产业、节能产品制造业等。随着低碳经济的发展，低碳产业的规模和影响力都在逐渐增强。

3. 低碳经济

低碳经济是一种经济模式，旨在通过使用低碳技术和发展低碳产业，以降低碳排放和环境污染，同时保持经济的稳定发展。低碳经济对于应对气候变化和实现可持续发展具有重要意义。

（二）绿色专利

绿色专利指的是与环保、能源效率或可再生能源等有关的专利，大多涉

---

[1] 郭丰，杨上广，柴泽阳，等. 低碳城市建设能够提升城市绿色技术创新吗？——来自准自然实验的证据[J]. 软科学，2023，37（1）：10. 作者对基于2005—2018年中国233个城市的绿色发明专利数据进行分析，以低碳城市试点政策作为准自然实验，运用渐进双重差分方法评估低碳城市建设对城市绿色技术创新的影响，并分析了其中的作用机制和异质性特征。结果发现低碳城市建设通过增加科技人才和缓解融资约束提升了城市绿色技术创新水平。

及"绿色"或"清洁"技术，有助于减少对环境的负面影响，包括减少温室气体排放，改善能源效率，减少污染，以及保护生态系统等。

绿色专利的范畴相当广泛，可能包括但不限于以下几个方面：

1. 可再生能源技术

包括太阳能、风能、水能（如潮汐能和水力发电）、地热能和生物能等可再生能源开发技术。

2. 能源效率技术

包括建筑能源效率（如节能建筑材料和节能设计）、电力节约和优化（如智能电网和节能照明设备）以及工业能源效率等技术。

3. 节能和低排放交通技术

包括电动汽车和混合动力汽车技术、高效率飞机设计和制造技术，以及公共交通系统的优化技术等。

4. 碳捕获和储存技术

关于如何捕获并储存二氧化碳以减少其对气候变化的影响的技术。

5. 环境保护和生态系统管理技术

如污水处理、固体废物管理、空气质量改善、土壤修复和森林管理等环境保护和生态系统管理技术。

6. 绿色化学和材料

包括生物降解材料、无毒染料和清洁生产过程等。

全球许多国家和地区都有针对绿色专利的特殊政策，以鼓励绿色专利的申请和开发。例如，一些国家可能为绿色专利申请者提供加快审查或减免费用的优惠措施。

二、绿色专利许可的新探索

绿色专利许可是一种新的尝试和发展方向，目标是通过共享绿色技术来加速全球环保行动。以下是几种关于绿色专利许可新探索的策略：

（一）开放许可

一些公司选择开放许可其绿色专利，使其他组织可以自由地使用。

(二)联合许可

多个公司可以通过形成联盟,共同分享并许可绿色专利,帮助降低技术转让的成本,并鼓励更广泛的技术应用。

(三)差别定价策略

在许可绿色专利时,可以采用差别定价策略,对发展中国家收取较低的许可费用,以帮助其快速采用绿色技术。

(四)公共-私人合作

政府可以与私人公司合作,提供资金和政策支持,以推动绿色专利的许可和应用。

(五)"绿色通道"政策

一些国家和地区提供了"绿色通道"政策,即为绿色技术专利的审查提供优先处理,以加速绿色专利的获批和商业化应用。

以上就是一些关于绿色专利许可新探索的方向。这些策略可以帮助推动绿色技术的发展和应用,从而助力全球的环保行动。

第四节 基因科技产业:专利保护的挑战与应对

一、基因科技产业与专利保护

基因科技产业是一项涉及生物技术、医疗保健、农业、环保等领域的尖端科技,与日常生活息息相关。为了鼓励技术创新和投资,许多国家和地区都提供了针对基因科技的专利保护。以下是基因科技产业与专利保护之间的关系。

(一)鼓励创新和投资

基因科技的研究和开发需要大量的时间和资金。专利制度提供了一种方式来保护投资者的利益,使其有信心投入资源进行长期的研发活动。拥有专利的公司可以独家使用其发明,从而回收投资并获取利润。

(二) 保护和管理知识产权

在基因科技产业中,知识产权的保护和管理是一个重要的问题。专利保护是一种有效的知识产权保护工具,可以防止他人未经许可就使用、销售或生产专利技术。

(三) 促进技术转移和商业化

专利保护还可以促进基因科技的技术转移和商业化。持有专利的公司可以通过许可或转让其专利来获得收入,同时也可以将技术传播到更广泛的领域。

(四) 引发伦理和社会问题

在基因科技领域,专利保护也引发了一些伦理和社会问题。例如,关于是否允许对基因序列、自然发现和生命形式进行专利保护的问题,一直是公众和学术界热议的话题。

以上这些都是基因科技产业与专利保护之间的关系。专利保护在推动基因科技发展方面发挥了重要作用,同时也需要不断适应和解决新的挑战和问题。

二、基因诊断面临的专利保护挑战

基因诊断作为生物医学领域的一个重要分支,其发展与应用极大地推动了个性化医疗和精准医疗的进步。然而,关于基因诊断的专利保护问题一直存在争议,也面临着一些挑战。

(一) 专利主体的确定

基因诊断的过程涉及从样本收集、DNA(脱氧核糖核酸)提取、测序、分析到诊断报告的整个过程,涉及多个技术环节和多个可能的专利主体。确定哪一部分或哪几部分应该被赋予专利权,以及如何保证专利权的有效行使,都是其面临的大挑战。

(二) 自然现象和法律限制

在一些国家和地区,对于自然现象,如基因序列、DNA 片段等,是不能获得专利保护的。因此，对于自然现象的基因诊断方法的专利保护存在很大的法律限制和挑战。

(三) 伦理和社会问题

基因诊断技术涉及大量的个人隐私和敏感信息，给专利权的行使带来了新的伦理和社会问题。比如，基因诊断的结果可能会影响到个人的就业、保险等方面的权益，这就需要专利法和相关法律进行平衡和调整。

(四) 技术发展的快速变化

基因诊断技术正在迅速发展，新的技术和方法不断涌现。如何适应这种快速变化，保证专利能够有效地保护和鼓励创新，这也是一个挑战。

以上就是基因诊断在专利保护方面所面临的一些主要挑战。为了解决这些问题，可能需要从法律、伦理、社会等多方面进行思考和努力。

第五章

知识产权运营

第一节 知识产权运营理论

一、知识产权运营的含义

知识产权运营是指通过有效管理和利用知识产权，提高其经济价值和社会价值的一系列活动。知识产权运营包括但不限于知识产权的获取、保护、管理、评估、交易、许可、维权等，是一种将知识产权转化为实际经济效益和竞争优势的过程。

在知识经济时代，知识产权运营已经成为企业的核心竞争力之一。正确理解和有效地运用知识产权，既可以帮助企业获得竞争优势，又可以推动社会的创新和发展。

二、知识产权战略的意义

知识产权战略是指企业或个人针对其自身的知识产权，根据市场环境、行业竞争态势、自身资源和能力，制订并实施的一系列长期、全面的计划和措施。知识产权战略指导企业更好地获取、管理和运用知识产权，以实现其商业目标。

知识产权战略的意义主要体现在以下几个方面。

(一) 保护创新

在知识经济时代，创新是推动企业发展的重要力量。知识产权，特别是专利权，是保护创新成果、防止被仿制或盗用的重要手段。以下是知识产权在保护创新方面的主要作用。

1. 保护创新成果

创新成果，如新的产品、技术或设计，可以通过知识产权进行保护。例如，通过申请专利来保护技术创新，通过注册商标来保护品牌创新，通过著作权来保护艺术和文学作品等。

2. 防止侵权

知识产权赋予了创新者一定的独占权，防止他人在没有获得许可的情况下使用、复制或销售创新成果。这对于保护创新投资、防止被竞争对手利用具有重要意义。

3. 激励创新

知识产权制度的存在，可以激励企业和个人进行创新。知识产权制度为创新者提供了一定的回报，降低了创新的风险。

4. 推动技术转移

知识产权既可以保护创新，又可以促进技术的转移和应用。通过许可或转让知识产权，创新成果可以被更多的人使用和开发，从而推动技术的广泛应用和社会的进步。

5. 建立竞争优势

强大的知识产权组合可以为企业在市场竞争中建立优势，防止竞争对手复制企业的创新成果，使企业在市场上独树一帜。

因此，有效的知识产权战略是保护和促进创新的重要手段，对于创新型企业的长期发展具有关键作用。

(二) 获取竞争优势

知识产权战略可以帮助企业获取和保持竞争优势。以下是知识产权如何帮助企业获取竞争优势的几种方式。

1. 差异化

通过保护其独特的产品、服务或工艺，企业可以确保自己的产品或服务在市场上具有差异化。这种差异化使企业在激烈的市场竞争中脱颖而出，吸引消费者并建立品牌忠诚度。

2. 排他性

知识产权的独特性提供了一定的排他性。拥有专利、商标或著作权的企业可以防止竞争对手复制其产品或服务，为企业提供了一定的市场保护。

3. 创新驱动

拥有强大的知识产权组合可以为企业提供创新的激励。知识产权保护可以确保企业对其创新投入的回报,从而鼓励企业进行更多的研发活动。

4. 收入来源

知识产权还可以成为企业的重要收入来源。企业可以通过知识产权许可、转让或出售来获得收入。

5. 合作和联盟

知识产权可以作为企业合作和建立商业联盟的重要工具。通过共享或交换知识产权,企业可以与其他企业建立合作关系,共同开发新的产品或服务。

因此,有效的知识产权战略可以帮助企业在市场中建立和保持竞争优势,从而实现其商业目标。

(三) 增加商业价值

知识产权是一种重要的无形资产,可以显著增加企业的商业价值。以下是知识产权如何增加商业价值的一些方式。

1. 提升品牌价值

商标和品牌名称都属于知识产权的范畴。一个知名的品牌可以吸引更多的消费者,进而增加销售额。另外,一个强大的品牌还可以提高消费者的忠诚度,进一步增强企业的市场地位。

2. 创新驱动

专利等知识产权保护形式可以保护企业的创新,避免竞争对手复制其产品或服务。这种保护创新的能力可以增加企业的竞争力,进一步提升企业的商业价值。

3. 收入来源

知识产权还可以作为一个直接的收入来源。企业可以通过许可、转让或出售其知识产权,例如专利、商标或著作权,来获取额外的收入。

4. 投资吸引力

具有强大知识产权组合的企业通常会对投资者更具有吸引力。投资者将知识产权作为一种保障,保护他们的投资不受竞争对手的侵犯。

5. 增加商业谈判的筹码

在商业谈判中,知识产权可以作为有价值的交易筹码,以获取更好的合同条款,或作为与其他公司的合作或合资协议的一部分。

因此，有效的知识产权管理和战略既可以保护企业的创新，又可以显著增加企业的商业价值。

(四) 促进合作和交易

知识产权可以有效地推动商业交易和合作。以下是知识产权如何促进合作和交易的一些方式。

1. 许可协议

知识产权所有者有权将其专利、商标或著作权等授权给其他方使用，换取许可费或者是利润分享。许可协议为知识产权所有者提供稳定的收入来源，同时也让其他方得以利用这些知识产权进行商业活动。

2. 知识产权交易

企业可以选择出售其知识产权以获取即时收入，或者是为了在某个特定领域获取更大的竞争优势。购买知识产权的企业则可以通过新获取的知识产权以扩大业务或者进入新的市场。

3. 合作研发

企业之间可以通过共享知识产权的方式进行合作研发，将多方的技术和创新能力结合在一起，共同开发出新的产品或服务。共享的知识产权也可以是合作关系中的一种平衡工具，确保每个参与方的利益得以保障。

4. 业务联盟和合资

在一些情况下，企业可能会选择通过业务联盟或合资的方式共享知识产权，通过这种方式，各方可以利用知识产权优势，实现资源整合，共同开发市场。

知识产权既能够保护企业的创新和投资，又能作为重要的资产和工具，促进企业之间的合作和交易。

三、知识产权的功能

知识产权具有多种功能，对于创新、经济和社会发展起着重要的作用。以下是知识产权的一些主要功能。

(一) 鼓励创新和创造力

知识产权制度为创新者提供了一定的回报和保护，鼓励他们进行创新和创造。通过知识产权的保护，创新者可以获得对其创新的经济回报和市场优势。

(二) 促进经济增长和竞争力

知识产权是经济增长和创造就业的重要驱动力，能够鼓励企业进行研发投资和技术创新，提高产品和服务的质量和效率，增强企业的竞争力。

(三) 保护知识产权所有者的权益

知识产权所有者拥有一定的权益，防止他人未经许可使用、复制或销售其创新成果。知识产权保护有助于保护知识产权所有者的权益，激励其持续进行创新活动。

(四) 促进技术转移和合作

知识产权可以作为一种交易和合作的工具，促进了技术转移和合作。通过许可、转让或共享知识产权，企业可以获取新的技术、市场和资源，以推动技术的广泛应用和社会的进步。

(五) 提高品牌价值和市场地位

商标和品牌名称是知识产权的一种形式，可以帮助企业建立独特的品牌形象和市场认可度。强大的品牌价值提高了企业的市场地位和消费者的忠诚度。

(六) 保护消费者权益

知识产权保护有助于确保市场上提供的产品和服务的质量和可靠性。消费者可以依赖知识产权来识别和选择有信誉和高品质的产品和服务。

总的来说，知识产权的功能不仅体现在保护创新者的权益，还体现在促进经济发展、推动技术转移、提高品牌价值和保护消费者权益等方面。知识产权的功能在创新、经济和社会发展中具有重要的地位和作用。

企业重视知识产权的发展，主要有以下三个方面的现实意义。

第一，提升企业的研发能力和核心竞争力。

知识产权保护鼓励企业进行研发和创新投资，对创新成果提供了保护和回报。通过建立自己的知识产权组合，企业可以增强其在技术快速变化的市场中的核心竞争力。知识产权保护可以吸引和留住高级人才，促进企业的研发能力和技术实力的提升。

第二，完善企业构架和制度设计。

企业重视知识产权发展意味着将知识产权已纳入企业的战略规划和管理体系中，促使企业完善知识产权管理制度、加强内部知识产权意识和培训，以及与外部专业机构建立合作关系。通过完善企业的知识产权构架和制度设计，企业可以更好地保护自身的创新成果和技术优势，并为未来的发展开拓更广阔的前景。

第三，资源的合理配置和经济效益的提升。

企业重视知识产权发展可以帮助企业实现资源的合理配置。通过合理管理和保护知识产权，企业可以更好地利用其创新成果，将其转化为商业机会和经济效益。知识产权保护还可以为企业创造更多的收入来源，例如通过知识产权许可、技术转让或合作研发等方式，有助于企业的利润增长，提高企业的经济效益。

四、知识产权运营主体

（一）企业和组织

企业和组织是最常见的知识产权运营主体，可以拥有自己的知识产权，并进行知识产权管理、保护和运营。企业和组织可以根据其商业战略，通过许可、转让、合作研发等方式，有效地利用和运营自己的知识产权。

（二）专利池和技术联盟

专利池是由多个企业或组织共同拥有和管理的专利组合。技术联盟是多个企业或组织共同在某个领域或技术方向上进行合作的组织。这些组织可以协调和管理各方的知识产权，促进技术的共享和转移。

（三）技术中介机构

技术中介机构是在知识产权交易和转移方面提供中介服务的专业机构。技术中介机构可以帮助企业寻找合适的技术合作伙伴、进行知识产权评估和交易，以及提供相关法律和商业咨询。

(四) 研究机构和大学

研究机构和大学通常在科学研究和技术创新方面拥有大量的知识产权，通过知识产权的管理和运营，促进科研成果的转化和商业化，推动技术的应用和产业发展。

(五) 专业知识产权服务机构

专业知识产权服务机构提供各种知识产权相关的服务，包括知识产权搜索、申请和管理等。专业知识产权服务机构可以为企业提供专业的知识产权支持和咨询，帮助企业有效地运营和管理知识产权。

五、知识产权运营方式

(一) 专利许可

企业可以通过授权给其他企业或组织使用自己的专利技术来获得许可费或者是利润分享。专利许可可以扩大知识产权的影响力和市场覆盖范围，并提供额外的收入来源。

(二) 技术转让

企业可以将自己的技术和知识产权转让给其他企业或组织，通常以一定的转让费用或者是特定的商业协议为基础。技术转让可以帮助企业快速推进技术的应用和商业化，并获得经济回报。

(三) 合作研发

企业可以与其他企业、研究机构或大学合作进行项目的研发，共享知识产权和研发成果。合作研发可以加速技术的创新和应用，并实现资源的共享和优势互补。

(四) 专利池和交叉许可

企业可以将自己的专利投入专利池，与其他企业共享知识产权，并通过交叉许可获得对其他企业专利的使用权。专利池和交叉许可可以促进技术的互通和共享，加快创新的速度和效果。

(五) 品牌授权

企业可以授权其他企业使用自己的商标、品牌名称或标识，以获得授权费或者是品牌的推广效益。品牌授权可以扩大品牌的知名度和市场份额，并带来额外的收益。

(六) 知识产权交易平台

企业可以利用知识产权交易平台进行知识产权的买卖、许可和转让等交易活动。知识产权交易平台提供了一个便捷的市场，帮助企业寻找合适的合作伙伴和交易机会。

第二节 知识产权运营管理实务

一、知识产权战略管理

(一) 目标明确精准

指导行动：明确和精准的目标可以为企业提供指导，使其能够明确知识产权战略计划的方向和重点。具体、可量化的目标可以激励和引导团队成员的行动，并确保各项工作朝着实现目标的方向前进。

提高效率：明确和精准的目标有助于提高工作的效率。当目标明确时，团队可以更好地分配资源、制定优先事项，并集中精力解决关键问题，有助于避免资源浪费和分散注意力，从而提高工作效率和绩效。

衡量绩效：明确和精准的目标可以作为衡量绩效的标准。通过设定明确的目标和衡量指标，企业可以评估战略计划的执行情况，并及时调整策略和行动计划，有助于追踪和评估企业在知识产权管理和运营方面的进展，并对绩效进行有效管理和改进。

增强竞争力：明确和精准的目标可以帮助企业提升竞争力。通过设定具体的目标，企业可以集中资源和精力，专注于核心领域的创新和发展，有助于企业在知识产权领域建立竞争优势，巩固市场地位，并在竞争激烈的环境中取得成功。

激励团队：明确和精准的目标可以激励团队成员的工作动力和积极性。

当目标具体和可量化时，团队成员更容易理解和认同目标，从而更有动力投入工作并追求卓越，有助于营造高效的团队合作氛围，推动知识产权战略的实施。

综上所述，目标明确和精准在知识产权战略计划管理中至关重要，具有指导行动、提高效率、衡量绩效、增强竞争力，并激励团队成员的工作动力。企业应当根据自身情况制定明确的目标，并制订相应的策略和行动计划，以实现知识产权战略的成功执行和企业目标的达成。

(二) 计划详细周到有助于明确目标和任务

详细周到的计划可以帮助明确战略目标和任务。通过具体描述每个目标的内容、时间范围和细分任务，可以确保团队对战略目标的理解一致，并明确责任和工作重点。

资源优化和分配：详细周到的计划有助于优化和分配资源。通过详细列出每个任务所需的资源，包括人力、财务和技术资源，可以更好地规划和分配资源，确保任务的顺利执行。

时间管理和进度控制：详细周到的计划有助于进行时间管理和进度控制。通过设定明确的时间表、里程碑和关键节点，可以及时监控任务的进展，并采取必要的调整措施，确保任务按计划完成。

风险识别和管理：详细周到的计划可以帮助识别和管理风险。通过仔细考虑每个任务可能面临的风险和挑战，并制定相应的风险应对措施，可以减少风险对战略实施的影响，并提高成功的机会。

团队合作和沟通：详细周到的计划有助于促进团队合作和沟通。通过将每个任务的责任和角色明确化，并确保团队成员对计划的理解和共享，可以提高团队的协作效率和工作效果。

监督和评估：详细周到的计划提供了对战略实施的监督和评估的基础。通过设定明确的目标和绩效指标，并进行定期的监测和评估，可以及时发现问题并采取措施进行纠正，确保战略实施的质量和效果。

综上所述，制订详细周到的计划对于知识产权战略的成功实施至关重要，能够帮助明确目标、优化资源、管理时间、识别风险、促进团队合作和监督评估。通过详细周到的计划，企业可以更好地组织和管理知识产权工作，实现战略目标并取得竞争优势。

(三) 行动及时到位

快速响应变化、行动及时到位意味着能够快速响应市场和竞争环境的变化，包括及时调整战略计划和行动方案，以适应新的情况和机遇。通过及时的市场分析和监测，企业可以迅速捕捉到变化的信号，并采取相应的行动。

灵活决策和执行：行动及时到位要求企业具备灵活的决策和执行能力，包括迅速做出决策并将其付诸实施，以适应快速变化的情况。灵活性和敏捷性是行动及时到位的关键，企业需要具备快速决策的机制和执行的资源，以确保行动的及时性和准确性。

紧密协调和沟通：行动及时到位需要各个部门和团队之间的紧密协调和沟通。及时的信息共享和有效的沟通可以确保各方在战略实施中保持一致，并能够迅速调整行动计划以适应变化，包括确保信息的畅通流动、利用有效的沟通渠道和工具，并建立团队间的协作机制。

快速实施和迭代优化：行动及时到位需要迅速实施战略计划并进行持续的优化。通过快速实施行动计划，企业可以快速验证和调整策略的有效性，并根据实际情况进行迭代和优化，涉及监测绩效、收集反馈、分析数据，并及时采取行动以提高战略的执行效果。

领导力的角色：行动及时到位需要领导者发挥积极的作用。领导者应具备决策的果断性和行动的坚决性，能够带领团队快速行动并应对挑战。领导者应该为行动的及时性设定榜样，并鼓励团队成员积极参与并展示主动性。

综上所述，行动及时到位在知识产权战略实施中至关重要。企业能够快速地响应变化、灵活决策和执行、紧密协调和沟通，并持续实施和优化战略计划，企业才能更好地应对市场挑战，抓住机遇，并取得竞争优势。

(四) 编制简练科学

明确目标：在编制计划之前，明确知识产权战略的总目标和具体目标是关键。确保目标具有明确性、可衡量性和可实现性，以便指导后续计划的制订和实施。

关键任务和优先事项：识别关键任务和优先事项，即确定实现目标所需的重点任务和优先级，有助于集中资源和精力，并确保团队明确工作重点。

时间规划：在计划中包含时间规划，确保为每个任务和阶段设定合理的时间框架和截止日期，有助于管理时间，并保证任务按时完成。

资源分配：合理分配所需的资源，包括人力、财务和技术资源。确保资源的合理配置和充分利用，以支持计划的顺利实施。

可行性评估：评估计划的可行性和可实施性。考虑现有的资源和能力，以确定计划的可行性，并作出必要的调整和优化。

风险管理：在计划中纳入风险管理策略，识别可能的风险和挑战，并制定相应的风险应对措施，有助于减少风险对计划执行的影响，并提高成功的概率。

沟通和参与：确保计划简洁明了，并与利益相关者进行有效的沟通和促进多方参与，达成共识和理解，以确保计划得到支持并得以顺利实施。

监测和评估：建立监测和评估机制，定期追踪计划的进展，并进行必要的调整和优化。确保计划与实际情况保持一致，并取得预期的效果。

综上所述，编制简练科学的计划对于知识产权战略的实施至关重要。明确目标、确定关键任务和优先事项、合理规划时间和资源、评估可行性和管理风险等方面的考虑，有助于确保计划的质量和成功实施。

（五）合理利用资源

资源评估：评估企业拥有的资源，包括人力、财务、技术、信息等方面的资源。了解资源的类型、数量和可用性，以便更好地进行规划和分配。

优先级和重点：确定资源的优先级和重点。将资源分配给最具战略意义和价值的项目和活动，确保关键任务得到优先满足。

协同合作：鼓励协同合作，充分发挥团队成员的专业知识和技能。通过合理分工和团队合作，企业利用不同人员的专长和能力，优化资源的利用效率。

外部合作伙伴：寻找外部合作伙伴，建立合作关系，共享资源和知识。外部合作伙伴可以提供补充的资源和专业知识，扩大企业的资源范围。

技术工具和自动化：利用技术工具和自动化流程来提高资源利用效率。自动化的工具和系统可以减少人力成本、提高工作效率，并减少人为错误。

持续改进：不断改进资源管理和利用的方式。通过不断评估和优化资源分配和利用的方法，提高了资源利用效率和效果。

培训和发展：提供培训和发展机会，提升团队成员的能力和技能。投资于培训和发展，使团队成员具备更多的知识和技术，更好地利用资源。

绩效评估：建立绩效评估机制，定期评估资源利用的效果和质量。通过评估结果，企业识别优化资源利用的机会，并进行相应的调整和改进。

综上所述，合理利用资源对于知识产权战略的成功实施至关重要。通过资源评估、优先级和重点的确定、协同合作、外部合作伙伴、技术工具和自动化、持续改进、培训和发展，以及绩效评估等方面的努力，企业可以最大限度地利用资源，提高效率和效果，取得竞争优势。

二、知识产权组织管理

知识产权组织管理确实是知识产权战略实施中的一个重要方面。通过合理的战略组织设计和人力资源配置，企业可以更好地支持知识产权战略的实施。战略组织的协调和沟通，人才的培养和发展，以及持续的评估和优化，都是确保知识产权战略组织的有效性和知识产权战略成功实施的关键。

(一) 设计组织架构

任务结构：建立清晰的任务结构，明确各级知识产权行政管理部门的职责和权责。任务结构应根据知识产权战略的具体目标和任务，确保各个部门在实施过程中能够协调配合、分工明确、责任明晰。

权力关系：建立健全的权力关系，确保知识产权战略组织机构内部的决策、执行和监督能够有序进行。权力关系的设计应基于明确的决策权限和责任，避免权责不清、决策滞后等问题。

协调合作：促进各部门、企事业单位之间的协调合作，形成良好的合作机制和工作流程。知识产权战略涉及多个利益相关方，需要各方共同努力、协同配合，以实现知识产权战略目标的共同利益。

决策机构：建立知识产权战略决策机构，负责制订和审议战略计划，并确保决策机构的高效运作和及时决策。决策机构应由相关专业人员和权威专家组成，具备制订战略计划的能力和经验。

执行机构：设立知识产权战略执行机构，负责具体的战略实施工作，协调各部门、企事业单位的行动，并监督执行的进展和结果。执行机构应具备专业的知识产权管理能力和执行能力。

保障机构：建立知识产权战略保障机构，负责提供必要的资源、资金、技术和政策支持，确保战略计划的顺利实施和落地。保障机构应协调各方资源，提供相关支持措施，解决实施过程中的障碍和问题。

在建立和完善知识产权战略组织机构时，应根据政府、企事业单位的实际情况和需求，合理划分职责范围，明确权责关系，加强管理职能，确保各级组织间的协调和合作。同时，要落实管理人员、保障资金和建立管理制度，以确保知识产权战略计划的有效实施和推进。只有通过科学的战略组织结构，才能为知识产权战略提供坚实的组织保障，推动战略目标的顺利实现。

(二) 配置人力资源

第一，企业战略决策层。

企业战略决策层在知识产权战略实施中发挥着重要的作用，包括高级管理人员、战略规划部门和董事会成员等。企业战略决策层应具备战略规划和知识产权管理的专业知识和经验，能够制定明确的知识产权战略目标，并为战略实施提供指导和支持。

第二，企业战略执行层。

企业战略执行层负责具体的战略实施和管理工作，包括知识产权部门、项目团队和相关职能部门等。企业战略执行层的人员应具备专业的知识产权管理能力和技能，能够负责战略计划的具体实施、监督和评估，并协调各部门和团队的合作，确保战略目标的顺利实现。

第三，企业战略保障层。

企业战略保障层为知识产权战略提供支持和保障，包括人力资源部门、财务部门、法务部门和技术支持部门等。企业战略保障层的人员应具备相应的专业知识和技能，能够提供必要的资源、资金、法律和技术支持，以确保战略实施的顺利进行。

在合理配置人力资源时，需要考虑以下四个方面的因素：

专业能力和经验：确保人员具备相关的专业知识和技能，能够胜任战略实施所需的工作和职责。

协调和团队合作：培养团队合作意识和协调能力，确保各层面之间的协调和合作，共同推进知识产权战略的实施。

培训和发展：提供培训和发展机会，不断提升人员的专业能力和管理技能，使其能够适应知识产权战略环境的变化和发展。

激励和奖励机制：建立激励和奖励机制，激发人员的积极性和创造力，促进他们在战略实施中发挥更大的作用。

通过合理配置企业知识产权战略的人力资源，能够确保各个层面的协同配合和有效运作，提高战略实施的效率和成功率，从而实现企业的战略目标。

(三) 调动资源配置

除了合理配置人力资源外，企业在知识产权战略实施中还需要合理配置其他有形和无形的资源。

第一，财务资源配置。

财务资源是指企业的资金和财务资产。在知识产权战略实施中，企业需要合理配置财务资源，以支持战略目标的实现，包括确定合理的预算和资金分配方案，确保战略计划的资金需求得到满足，并进行资金的有效管理和监控。

第二，实物资源配置。

实物资源是指企业的设备、设施、技术装备等有形资产。在知识产权战略实施中，企业需要适当配置实物资源，以支持战略目标的达成，包括确保设备和技术装备的先进性和适应性，提供良好的工作环境和设施，以支持知识产权工作的顺利进行。

第三，其他专门人才资源配置。

除了知识产权管理人员以外，企业还需要合理配置其他专门人才资源，以支持战略目标的实现，包括法务人员、技术专家、市场营销人员等具备相关专业知识和技能的人员。人才资源的合理配置可以提供战略实施所需的专业支持和专长，推动知识产权的开发、保护和商业化。

在配置这些资源时，需要考虑以下三个方面：

资源优化利用：根据战略目标和需求，合理规划和利用各类资源，确保资源的最优配置和利用效率。

资源整合协调：在资源配置过程中，要注意资源之间的整合和协调，确保资源之间的协同作用，以实现战略目标的一致性和协调性。

资源保障和监控：确保资源的可获得性和持续性，同时建立相应的监控机制，及时调整和优化资源配置，以适应战略实施的需要。

通过合理配置财务资源、实物资源和其他专门人才资源，企业能够为知识产权战略的实施提供全面的支持和保障，提高战略的成功率和效果，从而实现企业的战略目标。

三、知识产权决策管理

知识产权决策管理是指在知识产权战略实施过程中，对知识产权相关决策的制定、执行和监督进行有效管理的过程。知识产权决策管理是一个复杂的过程，需要综合考虑战略目标、资源配置、执行监督和评估调整等多个方面的因素，以确保知识产权战略的有效实施和战略目标的实现。

（一）准则决策

准则决策是一种基于特定准则或标准进行决策的方法，涉及对可选方案进行评估和比较，以确定最佳的决策选择。

以下是准则决策的主要步骤和要点：

明确决策目标：首先，需要明确决策的目标和所追求的结果。明确决策的目标可以帮助确定适用的准则和标准，以及评估方案的标准。

确定准则和标准：根据决策目标，确定适用的准则和标准，包括经济性、可行性、可持续性、风险和回报等。准则和标准应该是明确的、可量化的，以便进行比较和评估。

收集和分析信息：收集和分析与决策相关的信息，包括各个方案的相关数据和信息，以便进行评估和比较，涉及市场调研、竞争分析、技术评估等。

评估和比较方案：基于确定的准则和标准，对各个方案进行评估和比较。这可以使用定量和定性的方法，例如成本效益分析、风险评估、权衡分析等。

选择最佳方案：根据评估结果，选择最佳的决策方案，可以是基于总体评估的综合判断，也可以是针对不同准则和标准的权衡取舍。

实施和监督：一旦最佳方案确定，就要进行决策方案的实施，并设立相应的监督和控制机制，以确保决策的有效执行和目标的实现。

准则决策的优势在于提供了一种系统的方法来评估和比较各个方案，使决策过程更加明确和透明。通过准则决策，可以将主观因素减少到最低程度，并基于事实和准则作出决策，提高决策的准确性和一致性。

准则决策并不是适用于所有情况的唯一决策方法。在某些情况下，可能需要考虑其他因素，如直觉、经验和创新等。因此，在使用准则决策方法时，还需要综合考虑其他决策工具和方法，以适应具体的决策情境。

（二）过程决策

过程决策是指在复杂的决策情境中，通过分阶段的、逐步的决策过程来逐渐确定最佳方案的决策方法。过程决策适用于那些决策问题具有高度不确定性和风险的情况，需要在多个步骤中不断收集信息、分析和评估，以逐步缩小决策范围和寻找最优解。

以下是过程决策的主要特点和步骤：

问题定义：明确定义决策的问题和目标，包括识别决策的背景、关键要素和所要解决的具体问题。

信息收集：收集和获取与决策相关的信息和数据，包括市场调研、竞争分析、技术评估等，以帮助理解问题和提供决策所需的信息基础。

方案生成：生成多个可能的决策方案。通过头脑风暴、创意生成等方法来产生不同的可选择方案。

方案评估：对每个方案进行评估和分析，包括对风险、成本、效益等方面的评估。评估可以采用定量和定性的方法，以帮助比较和筛选方案。

决策选择：在评估和比较各个方案的基础上，选择最有潜力和最适合的方案。这就需要综合考虑各个方案的优势、劣势和可行性。

方案实施：在确定最佳方案后，进行方案的实施和执行，包括制订详细的实施计划、分配资源、设立监测和控制机制等。

评估和调整：定期评估和监测方案的实施效果，根据评估结果进行调整和改进，有助于及时发现问题并采取纠正措施，以确保决策的有效性和适应性。

过程决策的优势在于允许决策者在不完全了解情况的前提下采取行动，并在决策过程中不断进行修正和调整。过程决策能够提供一种渐进的决策方式，以应对复杂和动态的决策环境，降低风险和不确定性。

过程决策需要耗费时间和资源，并可能需要在多个阶段进行多次决策。因此，在实施过程决策时，决策者需要有耐心、灵活性和合作精神，以确保决策的顺利进行和最终的成功实施。

（三）方法决策

方法决策是指在决策过程中使用特定的决策方法或模型来支持决策制定和选择最佳方案的决策方式。不同的方法决策适用于不同类型的问题和情境，可以帮助决策者系统地分析和评估各个方案，并作出合理的决策选择。

第一，科学决策法。

决策树是一种图形化的决策模型，通过树状结构展示各个决策和可能的结果，以帮助决策者在不同情况下作出选择。决策树基于一系列的判定问题和条件，逐步向下分支，直到达到最终的决策结果。

第二，成本效益分析。

成本效益分析是一种定量的方法，用于评估不同方案的成本和效益，并比较相对优劣。通过对成本和效益的分析，可以选择最具经济效益的方案。

第三，多属性决策。

多属性决策是一种基于多个评估准则或属性的决策方法。多属性决策将不同方案的属性和权重进行评估和比较，以确定最佳方案。常用的多属性决策方法包括层次分析法（AHP）和模糊综合评价法等。

第四，风险评估。

风险评估方法用于评估不同方案的风险程度和影响，通过定量和定性的方法来分析和评估各个方案的风险，帮助决策者选择风险最小的方案或采取适当的风险管理措施。

第五，模拟和优化。

模拟和优化方法用于模拟和优化不同方案的效果和结果，通过建立数学模型、运行模拟实验和进行优化算法，帮助决策者在多个可能的方案中选择最佳方案。

选择合适的方法决策取决于决策问题的性质、可获得的数据和信息、决策者的偏好和决策环境的要求。决策者可以根据具体情况选择适合的方法或将多种方法结合使用，以获得更全面和准确的决策结果。同时，决策者应注意方法的适用范围和限制，并结合自身经验和判断作出决策。

四、知识产权实施管理

知识产权战略实施管理确实是将战略目标转化为实际行动的关键环节，是一个复杂的过程，需要全面考虑各个方面的因素，并制订相应的管理措施和计划。灵活性、资源管理、组织协作和风险管理是确保知识产权战略实施顺利的关键要素。

（一）战略实施管理的原则

1. 政府主导与市场拉动的配合

政府在制定和实施知识产权战略中确实扮演着非常关键的角色。政府的作用不仅是制定和执行法规，更应当引导和激励企业，通过优化知识产权环境，鼓励和支持企业创新和发展，推动国家经济持续健康发展。

创建合适的政策环境：政府应创建一个鼓励创新和保护知识产权的政策

环境。例如，制定强有力的知识产权法规，提供创新激励如研发补贴或税收优惠。

推动市场驱动的创新：政府应鼓励企业进行研发，让市场驱动的创新能够在合适的政策环境中进行。企业可以根据市场需求，进行自主研发，创造新的知识产权。

强化知识产权保护：政府需要制定和执行强有力的知识产权保护法规，企业才会有动力进行研发和创新，因为企业知道自己的发明或创新会得到法律的保护。

支持知识产权的商业化：政府应该通过提供资金支持、创建创新集群等方式，支持企业将知识产权商业化，实现知识产权的价值。

创建有效的知识产权交易平台：政府可以创建知识产权交易平台，促进知识产权的流动，激励企业通过市场机制进行知识产权的买卖。

加强国际合作：政府需要与其他国家的政府进行合作，保护企业在全球范围内的知识产权，维护公正的国际知识产权环境。

2. 统一规划与分步进行

在制定和实施知识产权战略时，政府应统一规划并分步进行。这是一个十分重要和实用的策略。统一规划与分步进行的方式可以确保战略的全局视野，同时又能根据实际情况逐步推进，灵活地应对可能出现的问题和挑战。以下是如何实施这一策略的一些建议：

统一规划：首先，政府需要对整个知识产权体系进行全面而深入的审查，制定长期的知识产权战略，包括对现有知识产权法律、政策和实践的审查，以及对未来发展趋势、潜在挑战和机遇的预测和规划。

分步实施：在有了全局的规划之后，政府需要将这一战略分解为一系列具体的、可执行的步骤。每一步应有明确的目标、实施方法和预期结果。这样，可以根据实际情况调整和优化，确保战略的实施能够适应变化的环境。

持续监测和评估：在知识产权战略实施的过程中，政府应持续监测和评估战略实施的效果，以便及时发现问题并进行调整，包括对知识产权保护的效果、对创新活动的影响、对经济社会发展的贡献等进行定期评估。

及时调整：基于持续的监测和评估，政府需要根据实际情况及时调整战略的实施步骤和方法。例如，如果发现某些政策措施效果不佳，那么应及时进行调整或者改革；如果发现新的挑战或者机遇，那么应及时更新战略规划。

通过统一规划与分步进行的方式，政府可以更好地制定和实施知识产权战略，有效地推动对知识产权的保护和利用，促进经济社会的健康发展。

3. 全局把控与狠抓重点

在制定和执行知识产权战略时，政府确实需要进行全局把控，同时又要狠抓重点。这两个方面都是实现有效战略的关键。

(1) 全局把控

政府需要从宏观层面对知识产权战略进行考虑和设计。这包括：①确定长远的目标和战略方向，明确知识产权保护和利用对于国家经济社会发展的重要性。②制定全面的知识产权政策和法规，包括专利、商标、著作权、商业秘密等各个方面，为知识产权保护和利用提供法治保障。③设计和实施知识产权教育和宣传活动，提高全社会的知识产权意识，形成尊重和保护知识产权的良好氛围。④加强国际合作，推动国际知识产权规则的改革和发展，维护我国的知识产权利益。

(2) 狠抓重点

则需要政府对知识产权战略的实施进行具体、细致的规划和执行。具体来说，包括：①明确知识产权战略的重点领域和方向，例如新兴技术领域、高新技术产业、重大科研项目等。②确定和落实一系列具体的行动计划，包括知识产权申请、使用、保护、管理、维权等各个环节。③加大对重点领域和企业的支持力度，包括资金、人才、政策等各种资源，鼓励和引导企业加强知识产权创造和利用。④对重点领域和企业的知识产权工作进行严格的督导和检查，确保知识产权战略的有效实施。

全局把控和狠抓重点相互配合，相辅相成，可以帮助政府有效地制定和实施知识产权战略，推动知识产权的创造、利用和保护，促进国家经济社会的健康发展。

(二) 战略实施管理的过程

实施知识产权战略是一个长期、复杂的过程，需要持续、系统和灵活的管理。实施全方位、全过程、全时制的管理，可以确保知识产权战略的有效实施，推动知识产权的创造、利用和保护，从而促进经济社会的发展。

1. 建立科学的管理系统

政府需要建立一个科学、完善的知识产权管理系统，包括制定详细的知识产权管理规章制度，明确各部门和单位的职责，规定知识产权的申请、审批、使用、保护、维权等各个环节的操作程序和标准。科学的知识产权管理系统应该根据国家的实际情况和需要进行定制,反映了国家对知识产权的重视和对创新的鼓励。

2. 实施全方位管理

知识产权的管理应覆盖所有相关领域和环节,包括知识产权的创造、申请、使用、保护、管理、维权等。政府需要在全社会范围内,对知识产权的所有环节和活动进行监管。

3. 实施全过程管理

政府需要从知识产权的生成,到申请、审批、使用,再到保护、管理、维权,对整个过程进行持续的监管和管理。并且在每一个环节,都应实施严格的质量控制和风险控制。

4. 实施全时制管理

知识产权的管理是一个持续的过程,不能有停歇。政府需要24小时不间断的进行监管和管理,确保知识产权的有效保护。

5. 采用灵活的管理方式

鉴于知识产权工作的复杂性和变化性,政府需要采用灵活的管理方式,根据实际情况及时调整管理策略和措施。例如,可以通过数据分析、人工智能等技术手段,实现精准地管理和决策。

(三) 推动计划管理

推进知识产权战略计划确实需要各方面的通力合作,包括政府、企业、社会和舆论等。每个方面都在这个过程中扮演着重要的角色:

1. 政府

政府是知识产权战略计划的主导者,需要制定和实施知识产权保护的法律、政策和措施,以及对知识产权侵权行为进行打击。政府还需要推动国际知识产权交流和合作,维护国家的知识产权利益。

2. 企业

企业是知识产权的主要创造者和使用者,需要积极申请和维护自己的知识产权,同时尊重并保护他人的知识产权。企业还可以通过技术研发、品牌建设等方式,提高自身的知识产权竞争力。

3. 社会

社会是知识产权保护的基础,包括教育机构、研究机构、专业组织等,需要提高公众的知识产权意识,推广知识产权保护的重要性,培养公众尊重和保护知识产权的习惯。

4. 舆论

舆论是知识产权保护的有力工具,可以通过媒体和网络,公开曝光和谴责知识产权侵权行为,倡导公众尊重和保护知识产权,形成良好的知识产权保护氛围。

在知识产权战略计划的推进过程中,各方需要紧密协作,形成合力,共同推动知识产权的创造、保护和利用,从而推动经济社会的健康发展。

五、知识产权保障管理

有效的战略保障可以确保知识产权的有效管理、保护和利用,从而推动创新和经济发展。实行科学的管理,各级战略指挥者不仅需要对知识产权战略保障有深入的理解和把握,还需要具备敏锐的洞察力和高效的执行力,以应对知识产权领域的复杂情况和多变挑战。

(一)战略联盟

战略联盟确实是一种非常灵活且有效的合作模式,能够根据不同的战略目标、环境因素和业务需求来调整和优化。在知识产权战略中,战略联盟可以提供多样化的合作方式,帮助实体增强其创新能力、提升市场竞争力,同时也可以通过共享知识产权来降低研发成本和风险。这些战略联盟可能涉及多个行业和领域,包括技术研发、生产销售、采购供应等。例如,两个公司可能会在某一技术领域建立战略联盟,共同进行研发,共享研发成果和相关知识产权。或者,在销售领域,一个公司可能会许可将知识产权给另一个公司,允许其在特定的地区或市场销售其产品。

战略联盟可以是短期的,也可以是长期的;可以是松散型的,也可以是紧密型的;可以是在同一行业内部的纵向联盟,也可以是跨行业的横向联盟;可以是强强联合,也可以是强弱联合。其形式和结构可以根据环境变化和业务需要进行动态调整。但是,战略联盟虽然能带来很多优势,但也需要妥善处理可能出现的问题,如利益分配问题、知识产权保护问题等。在建立战略联盟时,需要明确的合作协议,对合作的范围、方式、期限、责任、权利等做出详细的规定,以避免可能出现的争议和风险。

1. 战略联盟的组织

战略联盟的组织可能会根据具体的目标、领域和参与实体的需求而不同。但是，大部分成功的战略联盟都会遵循以下一些原则。

（1）明确的目标和目标共享

在战略联盟开始之前，所有的参与实体都需要有一个共享的，明确的目标，包括商业目标，技术目标，或者其他的长期或短期目标。

（2）平衡的投入和收益

所有的参与实体都需要对联盟的成功投入资源，包括时间，金钱，人力，或者其他资源。同时，所有的参与实体也应该从联盟中获得相应的收益。

（3）透明和开放的沟通

所有的参与实体都需要有一个通道，可以透明地，公开地进行沟通和信息共享，帮助保持所有实体对联盟的同步理解，防止误解和冲突。

（4）明确的决策制度

战略联盟需要有一个明确的决策制度，可以是多数决策，一致决策，或者其他的决策机制。这个制度应该能保证所有的参与实体都有权在决策过程中发表意见，同时也能保证战略联盟的决策效率和质量。

（5）灵活的结构和过程

战略联盟需要有一种灵活的组织结构和工作过程，可以适应不同的环境变化，满足不同的业务需求，同时也可以容纳不同的参与实体和文化。

（6）知识产权的管理和保护

如果战略联盟涉及知识产权的共享和使用，那么就需要有一种有效的知识产权管理和保护机制，来保护所有参与实体的利益，防止知识产权的盗用或滥用。

以上就是一些关于战略联盟组织的一般性原则。在具体的实践中，还需要根据具体的情况和需求进行详细的规划和设计。

2. 战略联盟的建设

战略联盟的建设是一个复杂的过程，涉及多个步骤和因素。以下是一些关键的步骤和建议。

（1）明确联盟目标

在建立战略联盟之前，首先需要明确联盟的目标。这可能是商业上的目标，例如扩大市场份额，降低成本，加速产品研发等。也可能是技术上的目标，例如共享技术资源，共同研发新技术等。明确的目标可以帮助参与实体了解联盟的价值和意义,增强合作的动力和信心。

(2) 选择合适的伙伴

选择合适的伙伴是战略联盟成功的关键。一个好的伙伴应该有与目标相符的资源和能力,有良好的信誉和合作意愿,有相容的企业文化和经营理念。选择伙伴时,不仅要考虑其现有的资源和能力,还要考虑其潜在的发展前景和风险。

(3) 制定战略联盟协议

战略联盟协议是规定战略联盟的权利、责任、规则和程序的法律文件,包括战略联盟的目标,参与实体的角色和责任,战略联盟的决策机制,资源的分配和共享,利益的分配,风险的承担,争议的解决,以及战略联盟的终止和退出等。协议需要详尽且清晰,以避免后续的争议和冲突。

(4) 组织战略联盟结构

战略联盟需要有一个组织结构来协调参与实体的行为,执行战略联盟的决策,管理战略联盟的资源。结构可以是中心化的,也可以是分散的,可以是固定的,也可以是灵活的,具体取决于战略联盟的目标和特性。

(5) 管理战略联盟关系

战略联盟关系的管理是一个持续的过程。需要保持透明和公正的沟通,处理好冲突和矛盾,激发和保持合作的热情,评估和提高战略联盟的绩效。对于涉及知识产权的战略联盟,还需要特别关注知识产权的保护和利用。

以上只是建设战略联盟的一般步骤和建议,具体的实施还需要根据具体的情况和需求来进行。

3. 战略联盟的管理

战略联盟的管理是一个复杂而关键的过程,需要专门的策略和方法。以下是一些重要的管理方面的建议。

(1) 建立有效的沟通机制

建立有效的沟通机制是管理战略联盟的关键,包括定期的会议、报告和评估等,以确保所有参与实体都对战略联盟的进展和问题有清晰的理解。建立有效的沟通机制还可以帮助解决冲突,增进信任,提高合作效率。

(2) 明确角色和责任

每个参与实体在战略联盟中的角色和责任应该明确,并在战略联盟协议中明确规定。明确的角色和责任可以减少误解和冲突,增强协作和效率。

(3) 设定和监测绩效指标

战略联盟的目标应该转化为具体、可衡量的绩效指标,并定期监测和评估。这可以帮助评估战略联盟的进展和效果，提供反馈和改进的依据。

（4）管理知识产权

如果战略联盟涉及知识产权的共享和使用，那么需要有专门的知识产权管理策略和措施，包括知识产权的申请、保护、许可和转让等。应该明确知识产权的所有权、使用权和收益权，避免知识产权的冲突和纠纷。

（5）处理冲突和问题

在战略联盟中可能会出现各种冲突和问题，例如利益冲突、责任问题、信任问题等。应该有预先设定的冲突解决机制，以及灵活、公正的处理方法。

（6）持续改进和学习

战略联盟是一个持续的过程，需要不断的改进和学习。应该根据绩效评估和反馈进行调整和优化，根据外部环境和内部需求进行变革和创新。这些管理方法和策略需要根据战略联盟的具体情况和特性进行调整和应用。有效的管理可以提高战略联盟的效果，增强战略联盟的竞争优势，提高参与实体的满意度和信任度。

（二）知识产权战略资金保障

知识产权战略的发展确实需要时间和投入，特别是在市场经济不完全成熟、经济发展程度较低、市场竞争力较弱的情况下，资金的支持变得尤为重要。但也需要有明智的决策，科学的管理，和坚持的耐心。因此，实施知识产权战略资金保障是一个综合性的任务，需要政府、企业和社会的共同努力。

1. 资金保障的意义

资金保障对于知识产权战略的实施具有重要的意义，主要体现在以下五个方面。

（1）支持研发活动

知识产权的形成往往源于创新活动，包括科研、开发和设计等。创新活动需要大量的资金投入，包括设备购置、实验材料、人员薪酬、训练和培训等。

（2）提高知识产权保护水平

保护知识产权需要一定的资金支持，例如注册专利、商标和著作权、维持知识产权的有效性（如年费）、打击侵权行为等。

（3）增强技术转移和商业化能力

有了资金保障，可以推动知识产权的商业化和技术转移，通过许可、销售或合作方式将知识产权转化为实际产品和服务，从而获得经济回报。

（4）促进国际合作和交流

资金支持可以帮助加入国际知识产权组织，派遣代表参加国际会议，进行跨国诉讼，有助于学习和引进国外先进的知识产权理念和技术，提升国内知识产权的国际地位。

（5）推动知识产权教育和宣传

资金可以用于进行知识产权教育和宣传活动，提高公众和企业的知识产权意识，形成尊重和保护知识产权的社会氛围。

总的来说，资金保障是推动知识产权战略实施的重要因素，可以帮助更有效地创新、保护和运用知识产权，从而提高国家和企业的竞争力，推动经济和社会的发展。

2. 资金保障的来源和途径

资金保障的来源和途径可以多元化，以下列出一些主要的来源和途径。

（1）政府投资

政府是知识产权战略实施的重要资金来源，可以通过预算拨款、政府引导基金、研发项目资助等方式提供资金支持。

（2）企业投资

企业是知识产权的主要创造者和用户，企业自身的研发投资、技术转移投资、知识产权保护和运营投资等都是重要的资金来源。

（3）社会资本

银行贷款、风险投资、众筹等社会资本都可以为知识产权提供资金支持，特别是在知识产权商业化和技术转移阶段。

（4）知识产权运营

通过知识产权许可、转让、拍卖等方式可以获得资金收入，这也是知识产权自我保障的重要途径之一。

（5）国际合作和援助

参与国际知识产权组织和项目，接受国际援助，也可以获取资金支持。

（6）知识产权融资

通过抵押知识产权获取贷款，或通过知识产权证券化等方式筹集资金。

以上各种资金保障的来源和途径都需要根据具体的国家条件和市场环境，进行灵活的选择和组合。并且，这些资金需要通过有效的管理和监督，确保其用于知识产权的创新、保护、运营和服务，从而实现知识产权战略的目标。

3. 资金保障的合理利用

确保资金保障的合理利用是实施知识产权战略的重要环节。以下是一些关于资金保障的合理利用的建议。

(1) 明确资金用途

投入的资金应该明确用于研发、知识产权保护、技术转移、教育和培训等方面。确保资金用在最需要的地方，能够产生最大的效益。

(2) 精细化管理

建立完善的资金管理制度，包括资金申请、审批、拨付、使用、核算和监督等环节，确保资金的合规性和有效性。

(3) 结果导向

资金的使用应以结果为导向，设置明确的目标和指标，根据实际效果进行动态调整。

(4) 强化监督和评价

通过内部审计和外部评价等方式，定期进行资金使用的监督和评价，及时发现和纠正问题，提高资金使用效率。

(5) 优化资源配置

充分考虑各种资源（包括知识产权、人力、设备等）的配合，优化资源配置，避免重复投入和浪费。

(6) 鼓励创新和风险承担

知识产权的创新往往伴随着风险，应该鼓励创新和合理的风险承担，为此应当设立一定的资金储备。

(7) 透明和公开

公开透明的资金使用信息，可以增加公众信任，减少腐败和滥用，同时也有助于发现和分享最佳实践。

通过以上措施，可以使资金在知识产权战略实施中发挥最大的作用，推动知识产权的创新、保护和运用，实现经济和社会的发展目标。

(三) 支持系统

知识产权中介服务体系是由多个不同的中介机构、服务项目和相关的支持设施组成，旨在提供全方位的知识产权服务。知识产权中介机构在知识产权战略实施中扮演着重要的角色，因此，必须对其进行有效的管理和支持，以确保其能够提供高质量的服务。

1. 中介服务体系

（1）知识产权代理服务

专门从事知识产权申请、诉讼等事务的机构，能够帮助客户处理知识产权的申请、变更、维护和保护等事务。

（2）技术转移服务

帮助企业和个人将知识产权转换为商业价值的机构，可以协助完成知识产权的评估、交易、许可等工作。

（3）知识产权咨询服务

提供知识产权战略咨询、法律咨询等服务的机构，能够帮助客户理解知识产权的重要性，制定和执行有效的知识产权战略。

（4）知识产权评估服务

专门进行知识产权价值评估的机构，能够帮助客户确定知识产权的商业价值，为知识产权的交易、许可、融资等提供依据。

（5）知识产权培训服务

提供知识产权相关的培训课程的机构，能够帮助客户提高知识产权知识和技能，提升知识产权意识。

（6）知识产权信息服务

提供知识产权相关信息的机构，能够提供专利信息、著作权信息、商标信息等，帮助客户获取和利用知识产权信息。

所有这些服务都是互补的，并且共同推动知识产权的产生、保护和利用。因此，一个完善的知识产权中介服务体系对于知识产权战略的实施至关重要。

2. 战略反馈系统

战略反馈系统是一个重要的管理工具，用于衡量和评估战略实施的效果和结果。战略反馈系统可以帮助管理者了解战略实施的当前状态，识别问题，及时调整战略，以更好地实现战略目标。建立有效的战略反馈系统可以帮助知识产权战略更好地实施，促进知识产权的保护和使用，推动经济和社会的发展。在知识产权战略实施中，战略反馈系统尤为重要。首先，需要设定清晰的指标，以衡量战略实施的效果。这些指标应反映出战略目标的实现程度，例如，可以设立关于知识产权申请数量、知识产权保护案件数量、知识产权交易量等具体指标。

（1）定期评估

战略反馈系统应进行定期的评估，以便了解战略实施的当前状态。这可以通过定期的报告、会议等方式进行。

（2）多元反馈

战略反馈系统应采集多元的反馈信息，包括内部（如员工、部门经理等）和外部（如客户、合作伙伴、行业分析师等）的反馈。

（3）快速反应

当发现问题或者机遇时，应立即作出反应，进行战略调整。这就要求战略反馈系统具有高效的信息传递机制，以确保信息能够快速地传递到决策者那里。

（4）持续优化

战略反馈系统自身也需要不断地更新和优化，以更好地适应战略和环境的变化。

管理知识产权战略反馈系统，应当符合以下三个原则：

即时性原则：实现即时性需要强大的信息系统支持，包括良好的内部通信渠道，以便及时接收和传输重要信息。可以设置定期报告机制，并利用数字工具进行实时跟踪和更新。此外，建立一个开放、透明的文化机制也非常重要，鼓励员工及时上报信息。

精确性原则：精确性要求信息必须准确无误，避免误导决策。这就需要建立严格的数据收集和验证机制，以确保所有报告和数据的准确性。定期进行数据质量审查，训练员工正确地理解和使用数据也非常重要。

完整性原则：完整性要求全面收集所有相关信息，避免信息的丢失或遗漏。这就需要建立全面的数据收集系统，覆盖所有可能影响知识产权战略的因素。同时，也要注意收集来自不同来源的信息，以获得更全面的视角。

在实践这些原则时，务必要保持灵活性，因为市场环境和公司情况可能会发生变化，可能需要调整战略反馈系统的工作方式。通过持续改进，可以使知识产权战略反馈系统更加强大，更好地支持知识产权战略的实施。

(四) 激励机制管理

激励机制管理是指有效地设计、实施和监督激励机制，以促使员工积极参与和贡献，实现组织的目标。

1. 明确目标和期望

确保激励机制与组织的战略目标和期望相一致。明确激励的目标，确定期望的绩效标准和要求，以便员工清楚地知道为何会受到激励以及期望达到的水平。

2. 个性化激励

考虑员工的不同需求和动机，设计个性化的激励方案。了解员工的职业发展目标、价值观和动机因素，定制激励计划，以激发他们的工作动力和才能。

3. 公平和公正

确保激励机制的公平性和公正性。遵循公平的激励分配原则，确保激励机制的设计和实施过程中不存在任何歧视或偏见。评估员工绩效时要客观公正，依据明确的绩效评估标准进行评估。

4. 有效沟通和反馈

建立有效的沟通渠道，与员工进行及时、透明的沟通。提供明确的反馈，向员工解释激励机制的原理和操作细节，以便员工理解如何被激励以及如何改善绩效。

5. 监督和评估

定期监督和评估激励机制的有效性和公正性。通过员工调查、绩效评估、反馈收集等方式获取员工对激励机制的反馈，并及时对机制进行调整和改进。

6. 持续改进

激励机制需要持续改进和优化。根据组织和员工的需求变化，不断调整和改进激励机制，以确保其与变化的环境和目标保持一致。

六、知识产权战略控制

知识产权战略控制是确保知识产权战略目标顺利实现的过程，包括对战略实施进程的监测、评估和调整。重要的是要确保知识产权战略控制的过程是系统化和持续的，能够及时发现问题、纠正偏差，并采取适当的行动来实现战略目标。知识产权战略控制需要领导人员的积极参与和责任担当，并与战略实施团队紧密合作，以确保战略的顺利实施。

（一）控制的特征及功能

1. 控制的特征

（1）目标导向性

控制的核心是确保组织或项目达到既定的目标。控制活动始终与目标的实现紧密相关，通过监测和调整，确保行动朝着预期目标的方向发展。

（2）反馈循环

控制是一个反馈循环的过程，涉及收集和分析实际情况的信息，与预期目标进行比较，并采取必要的纠正措施。反馈循环确保了管理者可以持续跟踪和调整活动，以实现预期结果。

（3）连续性

控制是一个持续进行的过程，而不仅仅是一次性的活动，需要在整个管理过程中持续进行，以确保目标的实现和绩效的改进。控制又是一个循环的过程，随着时间的推移，需要不断地进行监测、评估和调整。

（4）灵活性

控制需要具有灵活性，以适应变化的环境和情况。管理者需要能够根据新的信息和情况做出调整，以确保目标的实现。灵活性使管理者能够适应不断变化的外部环境和内部要求。

（5）多层次性

控制涉及多个层次和范围，可以应用于整个组织，也可以应用于特定的项目、部门或流程。不同层次的控制可以相互协调，以确保整体目标的实现。

（6）问题解决导向

控制的目的是识别和解决问题。它的焦点是发现偏差、纠正错误和改进绩效。通过及时发现和解决问题，控制能够帮助组织保持在正确的轨道上，并持续提高绩效。

这些特征共同构成了控制的本质和功能，在管理实践中起到了重要的作用，以确保组织或项目能够朝着既定目标稳步前进。

2. 控制的功能

控制在管理过程中具有多种功能，对组织的运作和绩效管理起到重要作用。

（1）目标实现

控制确保组织能够朝着既定的目标方向前进。通过监测和调整，控制帮助管理者了解组织目标的实际达成情况，并采取必要的行动来确保目标的实现。

（2）问题识别和解决

控制通过监测和评估过程中的偏差和问题，帮助管理者及时发现和解决问题，有助于识别潜在的风险和挑战，并采取纠正措施来防止问题的进一步恶化。

(3) 资源优化

控制有助于管理者合理分配和利用组织的资源。通过对资源的监测和评估，控制可以帮助管理者识别资源的浪费或不足，并采取措施优化资源配置，以提高效率和效益。

(4) 绩效改进

控制可以促进绩效的改进和提高。通过持续监测和评估，控制可以帮助管理者了解绩效水平，并采取纠正措施来提高绩效，实现更好的业绩。

(5) 决策支持

控制提供了对组织运作的关键信息，为管理者的决策提供支持。通过收集和分析数据，控制可以提供决策所需的实时和准确的信息，帮助管理者做出明智的决策。

(6) 协调和整合

控制帮助协调和整合组织的各个部门和功能。通过控制，管理者可以了解各个部门和功能的绩效和贡献，并采取协调措施以确保整体目标的一致性和协同性。

通过这些功能，控制可以提高组织的效率、效益和绩效，帮助管理者实现组织目标，并适应变化的环境和要求。发挥控制功能是管理过程中的重要环节，与规划、组织和领导相互关联，共同推动组织的成功。

(二) 控制的原则和分类

1. 控制的原则

控制是管理过程中的一个重要环节，需要遵循一些基本的原则，以确保有效和成功的控制。

(1) 目标一致性原则

控制的目标应与组织的目标保持一致。控制措施和指标应直接关联到组织的战略目标和关键绩效指标，以确保控制的有效性和相关性。

(2) 例外原则

根据例外原则，管理者应重点关注超出正常范围的情况和偏差，而不是每个细节都进行控制。通过监测关键指标和设置阈值，管理者可以更有效地发现和解决异常情况。

(3) 实时性原则

控制应该是实时的，及时地对组织的活动进行监测和评估。实时性有助于快速发现问题并及时采取纠正措施，以防止问题的进一步扩大和影响。

（4）灵活性原则

控制应具有灵活性，能够适应变化的环境和要求。灵活性意味着控制应能够调整和适应不断变化的情况，以确保控制措施的有效性和适应性。

（5）一致性原则

控制应在整个组织中保持一致性。各个部门和功能应遵循相同的控制原则和标准，以确保组织内部的协调一致性和整体目标的一致性。

（6）参与性原则

控制应涉及利益相关方和团队成员的参与。参与性原则意味着管理者应与员工合作并共同制定控制措施和指标，以增加员工的参与感和责任感。

（7）经济效益原则

控制的成本应与其实现的效益相平衡。控制措施和活动应经济有效，确保投入的成本不超过所获得的价值和效益。

这些原则提供了指导和框架，帮助管理者设计和实施有效的控制措施。根据组织的特定情况和要求，可以灵活地应用这些原则，并结合实践经验进行调整和优化。

2. 控制的分类

（1）按时间特性分类

实时控制：对组织活动进行即时监测和调整，以实现实时控制。

周期性控制：按照一定的时间间隔进行控制，如每月、每季度或每年的定期控制。

（2）按控制对象分类

组织控制：对整个组织的目标、策略和绩效进行控制。

部门控制：对特定部门或功能的目标和绩效进行控制。

过程控制：对特定业务过程或流程的执行和绩效进行控制。

（3）按控制方法分类

预防性控制：通过设定和执行预防措施，防止问题和偏差的发生。

检测性控制：通过检测和监测实际情况，发现问题和偏差，并及时采取纠正措施。

（4）按控制层级分类

战略控制：对组织的战略目标和发展方向进行控制。

战术控制：对组织中间层的执行计划和行动进行控制。

操作控制：对具体操作和任务的执行进行控制。

(5) 按控制方式分类

行为控制：通过设定规则、政策和程序，指导和规范员工的行为和活动。

结果控制：通过对实际结果和绩效进行评估和比较来进行控制。

(6) 按控制范围分类

内部控制：组织内部的控制措施，旨在确保内部运作的合规性、高效性和可靠性。

外部控制：由外部实体、机构或法规对组织进行控制，例如审计、监管机构的控制。

这些分类方式提供了不同视角和维度对控制概念的理解。在实践中，可以根据组织的需求和特定情境，结合不同的分类方式，设计和实施适合的控制策略和方法。

(三) 控制的过程和结果

1. 控制的过程

(1) 设定标准和目标

首先应确定控制的标准和目标，涉及确定期望的绩效水平、关键指标和阈值，作为衡量和评估绩效的依据。

(2) 建立测量和监测机制

建立适当的测量和监测机制，以收集实际情况的数据和信息，包括设立绩效指标、使用仪表板、报告系统、调查研究、观察等方法。

(3) 比较和分析

将实际数据与设定的标准进行比较和分析，有助于确定绩效的偏差和差异，并识别问题和机会。

(4) 识别问题和偏差

通过比较和分析，识别出绩效偏差和问题，可能是绩效低于预期、超出范围或不符合要求等情况。

(5) 采取纠正措施

基于识别出的问题和偏差，采取必要的纠正措施，包括调整计划、重新分配资源、改进流程、提供培训等，以纠正问题并改进绩效。

(6) 监督和跟踪

持续监督纠正措施的执行情况，并跟踪绩效的改进。这可以通过定期评估、定期会议、报告和反馈机制来实现。

（7）调整和优化

根据监督和跟踪的结果，进行必要的调整和优化，可能涉及调整控制标准、改进控制方法、调整目标等，以确保控制的有效性和适应性。

（8）持续改进

控制是一个持续不断的过程，需要不断地进行监测、评估和调整。持续改进是确保控制持续有效的关键，可以基于反馈和学习经验来改进控制过程和方法。

这些控制的过程形成了一个控制循环，管理者可以根据实际情况和需求，在控制的过程中灵活应用，并不断优化和改进。通过有效的控制过程，组织能够实现目标、提高绩效，并适应变化的环境和要求。

2. 控制实施结果

（1）目标达成程度

控制的最终目标是确保组织能够达到既定的目标。评估控制的实施结果应关注目标的达成程度。通过对比实际结果和预期目标，评估控制措施的有效性和成效。

（2）绩效改进

控制的目的之一是促进绩效的改进。评估控制的实施结果时，可以考察绩效的改进情况，包括关键指标的提升、过程的优化、效率的提高等方面的改进。

（3）问题解决

控制措施的实施应能够解决问题和偏差。评估控制的实施结果时，可以看是否解决了先前存在的问题，并避免了未来的偏差和风险。

（4）资源利用效率

有效的控制应能够优化资源的利用。评估控制的实施结果时，可以考察资源的利用效率，如时间、人力、物资等的合理利用程度。

（5）持续改进

控制是一个持续不断的过程，其实施结果应反映在持续改进方面。评估控制的实施结果时，可以看控制过程中是否有持续改进的迹象，是否有新的改进措施和实践。

（6）组织学习

控制过程中的反馈和经验总结应能够促进组织的学习。评估控制的实施结果时，可以看控制是否促进了组织的学习和知识积累。

通过评估上述六个方面，可以得出关于控制实施结果的综合评价，有助于提供反馈和指导，以改进控制策略和方法，进一步提高控制的效能和效果。

(四) 控制处理和控制系统

1. 控制处理

(1) 控制目标

控制目标是指在控制过程中所追求的结果或期望的绩效水平，是对组织或项目的预期结果进行明确定义和设定的依据。

实现目标一致性：控制目标的主要目的是确保组织的行动和结果与既定目标的一致性。通过控制，可以确保各个层级、部门和个人的工作都与整体目标保持一致。

达到绩效标准：确保组织在各个方面的绩效达到或超过预期标准，包括质量标准、效率标准、时间标准等。

降低风险和偏差：通过监测和纠正措施，控制可以帮助预防潜在的风险和偏差，并及时采取措施进行修正，从而降低风险和偏差的发生。

优化资源利用：控制目标可以包括确保资源的有效利用，如人力资源、物质资源和财务资源等。通过控制，可以确保资源的合理分配和最大化利用。

提高决策质量：通过监测和评估结果，可以提供有关决策的准确和及时的信息，以支持管理层的决策制定过程，提高决策的质量。

改进组织学习能力：控制目标可以促进组织的学习和持续改进。通过控制，可以识别和纠正问题，并将其作为学习的机会，以改进组织的业务和流程。

这些控制目标可以根据组织的特定需求和战略目标进行定制和细化。同时，控制目标也应与组织的整体目标和价值观相一致，并与战略规划和执行计划相协调。通过明确和追求这些控制目标，组织可以在实施过程中达到更高的效能和绩效水平。

(2) 控制组织

控制组织是指通过一系列管理措施和方法，对组织的运作、活动和绩效进行监督、评估和调整，以确保组织能够达到预定的目标和绩效要求。

制定明确的组织结构：建立清晰的组织结构，包括明确定义的职责、权限和沟通渠道，有助于确保组织内部的有效沟通和协作，并提供明确的责任和权力分配。

设定明确的目标和绩效指标：确立明确的组织目标和绩效指标，以衡量组织的绩效和成就。组织目标和绩效指标应与组织的使命、愿景和战略一致，并可以量化和可衡量。

建立绩效评估体系：建立有效的绩效评估体系，包括定期的评估、考核和反馈机制。通过对绩效的定期评估和反馈，可以发现问题和改进机会，并采取必要的纠正措施。

建立内部控制机制：建立内部控制机制，包括内部审计、风险管理、流程监控等，有助于确保组织的运作符合法规要求，减少风险和损失，并提高内部运作的效率和透明度。

实施管理信息系统：采用适当的管理信息系统，以支持组织的决策和控制过程，包括数据收集、处理和分析，以及生成有关组织绩效和运营的报告和指标。

制定和执行管理政策和程序：建立和执行适当的管理政策和程序，以规范组织的运作和行为，包括制定操作规程、流程和工作流程，以确保工作的一致性和效率。

持续监控和改进：持续监控组织的运作和绩效，并进行持续改进。这可以通过定期的审查和评估，与利益相关者的沟通和反馈，以及不断学习和适应变化来实现。

通过上述控制组织的方法和实践，可以确保组织的有效管理和高效运作，有助于提高组织的绩效和成果，并实现组织的长期可持续发展。

（3）控制进度

控制进度是指在项目或任务执行过程中，通过监督和管理，确保工作按计划进行，并及时采取措施纠正任何偏差，以保持项目进度的合理性和及时性。

制定详细的进度计划：在项目开始之前，制定详细的进度计划，包括任务分解、工作包和里程碑的设定，以及任务之间的依赖关系，有助于明确项目的时间要求和工作安排。

监督任务执行：定期监督和跟踪任务的执行情况，包括检查任务的启动、进展和完成情况。这可以通过进度会议、工作报告、工作日志等方式进行。

分析和评估进度偏差：对任务的实际进展与计划进度进行分析和评估，识别任何进度偏差或延迟。这可以通过比较计划与实际完成日期、任务进展报告和关键路径分析等方法来进行。

确定偏差原因：识别导致进度偏差的原因，包括任务资源不足、任务依赖关系问题、变更请求等，有助于了解问题的根源，并采取相应的纠正措施。

采取纠正措施：根据偏差原因，采取必要的纠正措施，以恢复进度并确保项目按时完成，可能包括重新分配资源、调整任务优先级、加快进度等。

重新评估和调整进度计划：根据实际情况，重新评估项目的进度计划，并进行必要的调整，包括重新安排任务、修改里程碑日期等。

持续监控和报告：持续监控项目的进度情况，并及时报告给相关利益相关者。这可以通过定期的进度报告、项目仪表板和沟通渠道来实现。

通过上述控制进度的方法和实践，项目管理者可以确保项目按计划进行，及时发现和解决进度偏差，并确保项目的成功交付，有助于优化资源利用、提高项目绩效，并满足利益相关者的期望。

（4）控制效果

控制效果是指在控制过程中所实现的结果或影响。评估控制措施的有效性和效果，以确定是否达到预期的控制目标。以下是一些常见的控制效果：

问题解决和纠正：控制的一个主要目标是解决问题和纠正偏差。控制效果可以通过评估是否成功解决了先前存在的问题和偏差来衡量，包括纠正行动的执行情况和问题的解决程度。

风险降低：控制措施的实施应有助于降低风险的发生和影响。评估控制效果时，可以考察是否成功减少了风险的潜在影响，并采取了相应的风险管理措施。

绩效改进：控制措施的目的之一是促进绩效的改进。评估控制效果时，可以观察绩效是否得到了改善，如工作效率的提高、质量标准的达到、成本控制的优化等。

资源利用效率：有效的控制应有助于优化资源的利用。评估控制效果时，可以考察资源的利用效率，如时间、人力、物资等的合理利用程度。

决策支持：控制的实施应能够提供决策支持的信息。评估控制效果时，可以观察控制过程中是否提供了准确、及时的信息，以支持管理层的决策制定过程。

组织学习：控制过程中的反馈和经验总结应能够促进组织的学习。评估控制效果时，可以观察是否有持续的学习机制和知识积累，以改进组织的业务和流程。

评估控制效果的过程应基于实际数据和证据，以客观的方式进行。这可以通过定期的评估、绩效指标的追踪和比较、利益相关者的反馈等方法来实现。评估控制效果，可以确定控制措施的有效性，并为进一步的改进和调整提供依据。

2. 控制系统

（1）系统的构成

目标和目的：系统的目标和目的是系统存在的原因和期望的结果，描述了系统所追求的目标和期望的绩效水平。

组成部分：系统由各个组成部分或要素组成，是系统的子系统、部门、功能、角色或资源等，各组成部分或要素之间相互关联、相互作用以实现系统目标。

关系和相互作用：系统的组成部分或要素之间存在着相互关系和相互作用。这些关系可以是层级关系、协作关系、依赖关系、信息流动等，决定了系统的各组成部分或要素的协同工作和互动方式。

输入和输出：系统接收来自外部环境的输入，并通过内部处理过程，产生相应的输出。输入可以是物质、能量、信息、人力资源等，输出可以是产品、服务、决策、反馈等。

过程和流程：系统的运行依赖于一系列的过程和流程。这些过程和流程描述了系统内部的活动、任务、程序和方法，以实现输入到输出的转换和价值创造。

反馈和控制：系统通过反馈机制和控制措施来监测和调整系统的运行。反馈提供了关于系统绩效和状态的信息，而控制则用于对系统进行调整和纠正，以实现预期的目标和要求。

环境：系统存在于一个外部环境中，与环境之间相互作用和影响。环境可以包括社会、经济、技术、政治等因素，对系统的运行和发展产生重要影响。

这些组成部分或要素共同作用，构成了一个系统的整体结构和功能。系统的设计和管理需要综合考虑这些组成部分或要素之间的相互关系和影响，以确保系统能够有效运行、达到预期目标，并适应变化的环境。

（2）系统的特征

整体性：系统是由多个相互关联的组成部分或要素组成的整体。这些组成部分通过相互作用和协同工作来实现共同的目标。系统的整体性强调了系统的各组成部分或要素之间的互动和相互依赖性。

目标导向：系统存在的目的是实现预定的目标和期望的结果。系统的设计和运行都应以实现这些目标为导向。目标导向性使得系统具有明确的方向和目标，以便为系统的各个组成部分或要素提供指引和驱动力。

开放性：系统与外部环境相互作用和影响，接收来自外部环境的输入，并通过内部处理过程将其转化为输出。同时，系统对外部环境也产生一定的影响和反馈。系统的开放性使得它能够适应和应对变化的环境。

复杂性：系统可以由多个组成部分、多个关系和多个过程组成，使其具有一定的复杂性。系统中的组成部分之间存在着相互关联和相互作用，使系统的行为和结果可能不是简单的因果关系。

自组织性：系统具有一定的自组织能力，可以通过内部反馈和调整机制来自行调整和适应环境的变化。自组织性使得系统能够在一定程度上自我修复、自我调节和自我优化。

动态性：系统是一个动态的实体，处于不断的变化和演化之中。系统的状态和行为随着时间的推移而发展和变化，这就需要对系统的监测、评估和调整。

边界：系统与外部环境通过边界进行界定和区分。边界确定了系统的范围和内外关系，以及系统内部的关注重点和边界之外的因素。

这些特征共同定义了一个系统的本质和属性。了解和理解这些特征有助于有效地设计、管理和优化系统，以实现系统的预期目标和要求。

七、知识产权监督管理

知识产权监督管理是指对知识产权领域进行监督和管理的一系列活动和措施。其目的是确保知识产权的有效保护、合法使用和合规运营。知识产权监督管理需要依法依规进行，确保知识产权的合法权益得到保护，促进创新和知识产权的可持续发展。相关机构、部门和组织应负责进行监督和管理，并与利益相关者进行合作和沟通，共同推动知识产权监督管理工作的落实和提升。

（一）监督的功能

1. 合规性监督

监督确保知识产权管理和运营的合规性，即符合相关法律法规、政策和规定的要求。通过监督，可以确保知识产权活动的合法性和规范性，防止违法行为的发生。

2. 保护监督

监督确保知识产权的有效保护，包括监督侵权行为的查处和打击，保护权利人的合法权益，维护市场秩序和公平竞争环境。

3. 质量监督

监督确保知识产权的质量和有效性，包括监督知识产权的申请和审批过程，确保符合知识产权保护的要求和标准。

4. 效率监督

监督确保知识产权管理的高效运行，包括监督审批程序的效率和速度，优化流程和减少冗余，提高知识产权管理的效率和服务质量。

5. 监督公正性

监督确保知识产权管理的公正性和透明性，包括监督知识产权审批和纠纷解决的公正性，防止不当行为和腐败现象的发生。

6. 引导和改进监督

监督提供反馈和指导，以促进知识产权管理的不断改进和提升。通过监督，可以发现问题和弊端，并提出改进建议和措施，推动知识产权管理的进一步发展。

通过有效的监督，可以保护知识产权的权益，维护公平竞争环境，促进创新和知识产权的合理利用。监督功能的发挥需要相关机构、部门和组织的配合和合作，以确保监督工作的有效性和可持续性。

(二) 监督的原则

监督在知识产权管理中应遵循一些基本原则，以确保监督工作的有效性、公正性和合规性。

1. 合法性原则

监督应基于法律法规和政策的要求，以确保监督工作的合法性和合规性。监督机构和人员应遵守法律法规，行使监督权力时必须符合法定权限和程序。

2. 客观公正原则

监督应客观、公正、中立地进行，不偏袒任何一方。监督机构和人员应遵循公正原则，不受个人或组织的影响，坚持客观公正的态度和立场。

3. 透明度原则

监督过程应具有透明度，对外公开、可追溯。监督机构和人员应公开工作流程、准则和结果，接受外界的监督和评价。

4. 效率原则

监督应高效、及时地进行，以达到预期的监督目标。监督机构和人员应合理利用资源，确保监督工作的高效性和效果。

5. 公众参与原则

监督应鼓励和促进公众的参与和监督。监督机构和人员应与公众建立互动机制，接受公众的意见和建议，并及时回应公众关切。

6. 持续改进原则

监督应不断进行改进和提升。监督机构和人员应总结经验教训，改进监督方法和手段，以适应不断变化的环境和需求。

7. 风险导向原则

监督应关注风险和问题的发现和解决。监督机构和人员应有针对性地进行监督，重点关注潜在的风险和问题，并采取相应的监督措施和预防措施。

这些原则为监督机构和人员提供了指导和规范，确保了监督工作的合法性、公正性和有效性。监督机构和人员应遵循这些原则，开展监督工作，以推动知识产权管理的规范和发展。

(三) 监督的类型

1. 层级监督

层级监督是指上级对下级进行监督和管理。在组织或机构内部，上级领导对下属部门或个人进行监督，确保其履行职责和达到预期目标。

2. 同级监督

同级监督是指相同层级的组织或机构之间相互进行监督。同级监督可以促进合作、竞争和互相学习，确保各方遵守规则和约定。

3. 交叉监督

交叉监督是指不同组织或机构之间相互进行监督。例如，独立的监管机构对行业或领域进行监督，确保各方遵守相关法律法规和行业规范。

4. 内部监督

内部监督是指组织或机构内部自行进行的监督。例如，企业内部的内部审计部门对内部业务和运营进行监督，确保内部控制的有效性和合规性。

5. 外部监督

外部监督是指由独立的外部机构或第三方进行的监督。例如，政府监管机构对市场行为进行监督，确保公平竞争和维护公共利益。

6. 自我监督

自我监督是指个人或组织自我约束和管理。例如，行业组织自行制定行业准则和行为规范，自我监督业务活动。

7. 社会监督

社会监督是指公众或社会组织对组织或机构进行的监督。社会监督可以通过舆论监督、公众举报和社会评估等形式进行，推动组织的透明度和责任担当。

这些类型的监督可以相互交织和重叠，不同的监督类型可以根据具体的情况和需求进行选择和应用。有效的监督机制可以促进合规、维护公共利益和提高组织的绩效和信誉。

(四) 监督的策略

监督的策略可以根据监督的目标、对象和环境来确定。

1. 检查和审核

通过定期或不定期的检查和审核活动，对被监督对象的业务、活动、文件和记录进行全面审查。检查和审核可以帮助发现问题和不符合要求的情况，并提出改进建议。

2. 报告和反馈

向被监督对象提供监督报告和反馈，详细描述发现的问题、改进的建议和监督结果。报告和反馈应准确、客观，并提供具体的行动计划和建议。

3. 指导和培训

提供指导和培训，帮助被监督对象理解监督要求、规范和标准，并提供正确的操作方法和技能。指导和培训可以增强被监督对象的意识和能力，促进合规和提高绩效。

4. 风险评估和预警

进行风险评估，识别可能存在的风险和问题，并及时提出预警。风险评估和预警可以帮助被监督对象及时采取措施，避免风险和问题的发生，保证业务的稳定和合规。

5. 协商和调解

通过协商和调解，解决监督过程中可能出现的分歧和纠纷。协商和调解可以帮助建立合作关系，解决问题，并促进共同理解和共赢的结果。

6. 惩罚和处罚

对于严重违规和违法行为，采取相应的惩罚和处罚措施。惩罚和处罚可以起到警示作用，促使被监督对象遵守规则和要求，维护监督的权威和公正性。

7. 公众参与和舆论监督

鼓励公众参与监督过程，并接受舆论监督。公众参与和舆论监督可以增加监督的透明度和公正性，促进被监督对象的自我约束和责任担当。

这些策略可以根据具体的监督对象和环境进行调整和应用。有效的监督策略应综合考虑不同的因素，包括监督目标、资源可用性和监督对象的特点，以提高监督的效果和影响力。

(五) 监督的程序

监督的程序是指在进行监督活动时所要遵循的一系列步骤和流程。下面是一般性的监督程序，具体的程序可能因监督对象、监督目标和监督机构而有所差异。

1. 确定监督目标

明确监督的目标和范围，确定需要监督的重点领域或对象。监督目标可以根据相关法律法规、政策和规定来进行确定。

2. 制订监督计划

制订详细的监督计划，包括监督活动的时间、地点、内容、方法和参与人员等。监督计划应考虑监督资源的可用性和监督目标的重要性。

3. 收集信息和数据

收集相关的信息和数据，包括监督对象的文件、记录、业务数据以及其他相关材料。信息和数据的收集可以通过文件审查、实地调查、访谈等方式进行。

4. 分析和评估

对收集到的信息和数据进行分析和评估，识别问题、风险和不符合要求的情况。分析和评估可以使用各种工具和方法，如统计分析、比较分析、风险评估等。

5. 制订监督措施

根据分析和评估的结果，制订相应的监督措施和行动计划。监督措施应具体、可行，并有针对性地解决问题和提出改进建议。

6. 实施监督活动

根据监督计划和制定的监督措施，进行实际的监督活动，包括现场检查、数据采集、访谈、问卷调查等具体的监督手段和方法。

7. 监督结果反馈

将监督的结果进行整理和归纳，并及时向相关方提供监督报告和反馈。监督报告应包括问题的描述、改进建议、风险提示以及监督措施的跟进计划等内容。

8. 跟踪和复核

对监督结果的执行情况进行跟踪和复核，确保监督措施的有效性和问题的解决。必要时，可以进行监督结果的复核和再次评估。

9. 改进和提升

根据监督过程中的经验教训和反馈意见，进行监督工作的改进和提升，包括制定更有效的监督方法、加强监督人员的培训和提高监督效能等措施。

监督程序的实施需要根据具体情况进行调整和灵活运用，以确保监督活动的有效性和合规性。同时，监督的程序应与相关法律法规、政策和规定保持一致，并注重公正、客观和透明。

第三节 知识产权许可制度的运营

一、知识产权许可制度的含义和内容

(一) 知识产权许可制度的含义

知识产权许可制度是指在知识产权法律框架下,授权知识产权所有者向他人提供许可使用知识产权的一种制度。知识产权许可制度允许知识产权所有者将其拥有的专利、商标、著作权、工业设计或其他知识产权权利授权给他人使用,以获得相应的许可费用或其他形式的利益。

通过知识产权许可制度,知识产权所有者可以将其创新、技术或品牌价值转化为经济利益,同时也促进了知识产权的传播和利用。知识产权许可制度为企业和个人提供了合法获得知识产权使用权的途径,有助于推动创新、促进技术转移和市场竞争。

在知识产权许可制度下,知识产权所有者可以根据自身需要和策略,选择向他人授予独占性或非独占性的许可。独占性许可通常是以独家许可的形式进行,只向特定的许可方提供使用权,并限制其他人使用该知识产权。非独占性许可则允许多个许可方同时使用知识产权。

知识产权许可制度对知识产权所有者和许可方都具有重要意义。对知识产权所有者而言,知识产权许可制度可以帮助其实现知识产权价值最大化,扩大市场影响力,增加收益来源。对许可方而言,可以获得对知识产权的合法使用权,避免侵权风险,并在合理的条件下获取技术、品牌或其他方面的优势。

知识产权许可制度在不同国家和地区的法律规定和具体要求可能存在差异。因此,在进行知识产权许可活动时,应遵守相关法律法规和合同约定,并确保合法性、公平性和有效性。

(二) 知识产权许可制度的内容

1. 专利许可

专利许可是指专利权人授予他人在一定条件下使用专利权的权利。通过专利许可,专利权人可以将其拥有的专利技术、发明或创新转让给他人,让

他人在特定范围内使用、制造、销售或利用该专利。

专利许可可以是独占性的或非独占性的。独占性许可是指专利权人向许可方授予专利的独占使用权,其他人不得在授权范围内使用该专利。非独占性许可是指专利权人向多个许可方授予专利的使用权,许可方之间没有排他性。专利许可通常需要通过许可协议来明确双方的权利和义务。

专利许可可以为专利权人带来经济利益,同时也能促进技术的传播和应用,推动创新和合作。对于许可方而言,可以获得合法使用专利的权利,避免侵权风险,提升自身竞争力。在进行专利许可时,双方应遵守法律法规,明确权益和义务,确保合法性和合规性。

(1)交叉许可

交叉许可是指两个或多个相互拥有专利权的企业之间互相交换专利使用许可的一种许可形式。在交叉许可中,每个企业都向其他企业授予对其专利的许可,并获得其他企业授予的专利使用许可权。

交叉许可的主要目的是实现技术的共享和互惠,促进技术的进步和市场竞争。通过交叉许可,企业可以在自己的领域内获得其他企业的专利技术,从而弥补自身技术短板,提升产品或服务的质量和竞争力。同时,交叉许可也有助于减少专利侵权纠纷的风险,提高合作伙伴之间的信任和合作关系。

在交叉许可的过程中,双方可以就许可的范围、期限、费用等进行协商和约定。通常情况下,交叉许可是基于平等互利的原则进行的,每个企业都可以根据自身的需要和战略考虑,选择需要获取的专利和提供的专利。交叉许可通常与特定领域或特定技术相关,旨在实现技术互补、协同创新和市场拓展。

交叉许可的好处包括以下四个方面:

技术互补和创新:企业可以通过交叉许可获得其他企业的专利技术,弥补自身技术短板,促进技术的共享和创新。

降低专利风险:通过交叉许可专利,企业可以避免专利侵权纠纷的风险,减少法律诉讼成本和时间。

增强市场竞争力:交叉许可可以使企业在市场上拥有更多的专利技术,提升产品或服务的质量和竞争力,获得更多商机和利润。

加强合作关系:通过交叉许可,企业之间建立了相互依赖和信任的合作关系,有助于进一步的合作和共同发展。

在进行交叉许可时,企业应根据自身的需求和战略考虑,选择合适的许可对象和条件，并制定明确的许可协议，确保双方的权益得到保护。此外，也应注意遵守相关的法律法规，确保交叉许可的合法性和合规性。

（2）专利池许可

专利池许可是指将多个相关的专利归集到一个池子中，由专利池的管理者代表池中的专利权人与许可方进行集体许可谈判和许可管理的一种许可形式。在专利池许可中，多个专利权人将各自的专利授权给专利池，许可方通过与专利池进行许可协商，可以获得池中多个专利的使用权。

专利池许可的主要目的是促进技术的共享、扩大技术的应用和推动市场竞争。通过将多个相关的专利整合到一个池中，许可方可以更方便地获取多个专利的使用许可，避免了逐个与专利权人进行许可谈判的复杂性和成本。同时，专利池许可还有助于避免专利的碎片化和专利侵权的风险，提高了专利的使用效率和市场竞争力。

专利池许可通常由专利池管理者负责协调和管理，专利池管理者可以是一个独立的组织、机构或专利持有者自行组成的合作体。专利池管理者负责收集、管理和授权池中的专利，并与许可方进行许可谈判和管理。许可方通常需要支付一定的许可费用给专利池管理者，作为对专利使用权的补偿。

专利池许可的好处包括以下五个方面：

降低许可谈判成本：通过与专利池进行集体许可谈判，许可方可以减少与多个专利权人逐个许可谈判的复杂性和成本。

提高许可效率和便利性：专利池许可使许可方可以一次性获取多个专利的使用权，简化了许可程序和流程。

避免专利碎片化：将多个相关的专利整合到一个池中，避免了专利的碎片化和许可方需要逐个寻找和许可的情况。

减少专利侵权风险：通过专利池许可，许可方可以避免因使用未经许可的专利而面临侵权纠纷的风险。

促进技术共享和合作：专利池许可有助于促进技术的共享和合作，加强专利权人之间的合作关系和技术交流。

在进行专利池许可时，需要制定明确的许可协议，明确专利池的管理机制、许可条件和权益保护等方面的内容。此外，专利池许可也需要遵守相关的法律法规和竞争法规定，确保专利池许可的合法性和合规性。

（3）专利强制许可

专利强制许可是指在特定情况下，国家或专利权机关根据公共利益的需要，强制专利权人向他人授予专利的使用许可权，即使专利权人不同意也会被迫许可他人使用专利。

专利强制许可的主要目的是平衡专利权和公共利益之间的关系，确保专利的合理使用和技术的普及。在一些情况下，专利权的滥用或专利持有者对专利的合理使用设置了过高的门槛，导致无法充分利用专利技术，抑制了技术创新和市场竞争。为了保护公共利益和促进技术的发展，国家或专利权机关可以采取强制许可措施，强制专利权人向符合条件的他人授予专利的使用许可权。

专利强制许可一般需要满足一定的条件和程序，包括但不限于以下几种情况：

紧急情况：当国家面临紧急情况，如公共卫生危机或国家安全等，需要迅速获取特定专利技术时，可以考虑强制许可。

反垄断和反竞争行为：当专利权人滥用专利权利进行垄断或阻碍竞争时，可以采取强制许可来恢复市场竞争。

公共利益需要：当社会公共利益需要使用特定专利技术以促进社会发展、保护环境、提供公共服务等时，可以考虑强制许可。

专利强制许可的实施一般需要通过法律或专利法规定的程序进行，以确保程序的透明性和公正性。在强制许可的过程中，需要对专利权人进行合理的补偿，以保护其合法权益。

专利强制许可是一种相对特殊的措施，国家或专利权机关在决定采取强制许可之前通常会充分考虑和权衡各种因素，确保对专利权人和公共利益的平衡和保护。同时，专利强制许可的实施也应符合相关的法律法规和国际协议的规定，以确保合法性和合规性。

（4）根据公共利益需要的强制许可

根据公共利益需要的强制许可是指在特定情况下，基于社会公共利益的考虑，国家或专利权机关可以强制专利权人向他人授予专利的使用许可权。根据公共利益需要的强制许可的目的是满足社会的重大需求，保护公众利益，促进社会发展和为社会的发展带来福祉。

根据公共利益需要的强制许可通常发生在以下几种情况：

国家安全：当某项专利技术对国家安全至关重要时，国家可以通过强制许可的方式确保对该项专利技术的访问和使用。

紧急卫生危机：当面临重大的公共卫生威胁，如流行病或传染病暴发时，国家可以强制专利权人授予他人使用相关的医药技术，以满足紧急需求。

基础设施建设：在基础设施建设领域，如交通、能源、通信等，当某项专利技术对于公众利益和国家发展至关重要时，国家可以采取强制许可措施以确保技术的合理使用和基础设施建设的顺利进行。

环境保护：当某项专利技术对环境保护、可持续发展和生态平衡具有重要意义时，国家可以强制专利权人许可他人使用相关技术，以推动环境保护和可持续发展。

根据公共利益需要的强制许可的实施需要遵循法律和法规的规定，并确保程序的公正、透明和合理补偿专利权人。此外，国际协议和贸易规则对于强制许可也有一定的限制和规定，需要进行合法性和合规性的评估。

需要强调的是，根据公共利益需要的强制许可通常是一种紧急且特殊的措施，国家或专利权机关在决定采取强制许可之前会充分权衡各种因素，确保公共利益和专利权人的合法权益得到平衡和保护。

（5）制造和出口专利药品的强制许可

制造和出口专利药品的强制许可是指在某些情况下，国家或专利权机关根据公共利益的需要，对专利药品的制造和出口进行强制许可，即使该药品已被授予专利保护。

制造和出口专利药品的强制许可通常在以下几种情况被采取：

公共卫生紧急情况：当面临严重的公共卫生紧急情况，如大规模疾病暴发或传染病流行时，国家就可以采取强制许可措施，以确保生产足够的药品供应来应对紧急需求。

药品价格和可及性问题：当专利药品的价格过高或供应不足时，有可能导致公众无法获得必要的治疗药物时，国家就可以考虑强制许可，以降低药品价格或增加药品供应。

国家自主药品生产能力：为了确保国家具备自主的药品生产能力和药品供应的安全性，国家可以在必要时采取强制许可措施，以建立本土的药品生产能力。

在进行制造和出口专利药品的强制许可时，国家通常会遵循相关的法律法规和国际协定的规定，并采取透明、公正和合理的程序。制造和出口专利药品的强制许可可能涉及对专利权人进行合理的补偿，并确保合规性和合法性。

制造和出口专利药品的强制许可是一种在特殊情况下采取的措施，国家或专利权机关在决定采取强制许可之前会充分考虑公共利益、专利权人权益和相关法律的约束。同时，国际贸易规则和协议也对制造和出口专利药品的强制许可有一定的规定和限制，需要进行评估和符合相关规定。

2. 商标许可

（1）商标许可的意义

商标许可是指商标权人（许可人）与他人（被许可人）达成协议，允许被许可人在一定条件下使用商标的权利。商标许可对于商标权人和被许可人都具有重要的意义。

对商标权人而言，商标许可有以下几种意义：

利润获取：商标许可可以为商标权人带来额外的收益。商标权人可以向被许可人收取许可费用、使用费或特许权使用费，以实现利润的获取。

品牌推广：通过商标许可，商标权人可以扩大其品牌的影响力和知名度。被许可人在使用商标的过程中，可以将商标与其产品或服务联系起来，有效地推广和宣传商标品牌。

市场渗透：商标许可可以帮助商标权人进入新的市场或扩大现有市场的份额。通过将商标授权给被许可人使用，商标权人可以利用被许可人的资源和渠道扩大市场渗透。

风险分担：商标许可可以将商标的使用风险分担给被许可人。被许可人在使用商标的过程中承担一定的责任和风险，减轻了商标权人的经营压力。

对被许可人而言，商标许可也有以下几种意义：

品牌使用权：商标许可允许被许可人使用商标，使其可以在市场上使用商标标识自己的产品或服务，有助于被许可人建立自己的品牌形象和识别度。

技术支持：商标许可通常伴随着商标权人提供的技术支持和经验分享。被许可人可以从商标权人那里获取有关产品开发、生产和营销方面的专业知识和指导。

市场信誉：通过获得知名品牌的商标许可，被许可人可以借助商标权人的市场信誉和声誉，提高其产品或服务的市场接受度和信誉度。

市场准入：商标许可可以帮助被许可人进入特定市场，尤其是对于那些拥有专利、技术或渠道限制的市场，通过获得商标许可，被许可人可以更容易地进入这些市场。

总体而言，商标许可对商标权人和被许可人都具有重要的意义。商标许可既能为商标权人带来经济利益和品牌推广，又为被许可人提供了使用权、市场准入和技术支持等优势,实现了双方的共赢。

(2) 商标许可的种类

独占许可：在独占许可下,商标权人将商标的独占使用权授予给被许可人,其他人无权使用该商标。独占许可常见于特许经营或特许加盟模式,被许可人独占地在特定地区或行业中使用商标。

非独占许可：在非独占许可下,商标权人可以同时将商标使用权授予多个被许可人。这就意味着商标权人可以与多个企业合作,在不同地区或行业中使用商标。

排他许可：排他许可是指商标权人在特定地区或行业中只授予一个被许可人使用商标的权利。排他许可可以用于限制市场竞争,确保被许可人在特定领域中享有商标的独家权利。

非排他许可：非排他许可允许商标权人与多个被许可人合作,在特定地区或行业中共同使用商标。非排他许可常见于多个企业合作开展联合营销活动或产品系列。

产品许可：产品许可是指商标权人授权被许可人在指定产品上使用商标。被许可人只能在指定产品上使用商标,而不能在其他产品上使用。

服务许可：服务许可是指商标权人授权被许可人使用商标提供特定的服务。被许可人可以将商标与其提供的服务相关联。

区域许可：区域许可是指商标权人将商标的使用权限制在特定地理区域内,授予被许可人在该区域内使用商标。

时间许可：时间许可是指商标权人将商标的使用权限制在特定时间范围内,授予被许可人在该时间段内使用商标。

商标许可的种类可以根据双方的协商和合同约定进行调整。在商标许可协议中,应明确商标的使用范围、地域、时间、授权费用、品质控制和终止条件等关键条款,以确保许可关系的合法性和可持续性。

(3) 商标许可中的问题

品质控制问题：商标权人在许可协议中通常会要求被许可人对其使用商标的产品或服务质量进行控制,以保持商标的声誉和品质。问题可能出现在被许可人未能符合商标权人的品质标准或未能保持一致的产品或服务质量上。

合同履行问题：许可协议中的合同条款和义务应当被双方严格遵守。问题可能出现在合同条款未能得到履行,例如,被许可人未按照约定支付许可费用或未履行其他合同义务。

监督和违约问题：商标权人在许可协议中可能需要对被许可人的使用情况进行监督和审核。问题可能出现在商标权人未能有效监督被许可人的使用，或被许可人违反了许可协议的约定。

侵权问题：商标许可中涉及商标的使用权，因此，侵权问题是一个潜在的风险。问题可能出现在被许可人未能在授权范围内正确使用商标，或者被许可人的行为导致商标权被他人侵犯。

终止和纠纷解决问题：商标许可协议的终止条件和纠纷解决机制应当明确约定。问题可能出现在当许可协议终止时，双方无法达成一致，或者在纠纷解决方面存在分歧。

为避免这些问题出现，商标许可协议的签订应当充分考虑双方的权益和合作条件。商标许可协议应明确规定品质控制、合同履行、监督机制、侵权责任等方面的条款，确保双方权益的平衡和保护。此外，定期的沟通和合作，以及及时解决潜在问题，也有助于避免和解决可能出现的问题。在需要解决纠纷时，可以通过协商、调解、仲裁或诉讼等途径进行解决。

（4）特许经营中的商标许可

在特许经营中，商标许可是一种常见的许可形式。特许经营是指商标权人（特许人）授予他人（特许经营人）使用商标、经营特定产品或服务的权利，并在经营过程中提供相关的指导、支持和监督。

在特许经营中的商标许可具有以下几种特点：

品牌授权：商标权人授权特许经营人使用其商标，使特许经营人可以在市场上使用特许经营人自己的品牌，并将其与商标权人的品牌相关联。

业务模式许可：商标权人将其商标、商业模式、经营理念等权利授予特许经营人，并提供相应的运营指导和支持，以确保特许经营人在经营中符合商标权人的标准和要求。

标准化运营：商标权人在特许经营中通常会制定一系列的标准和规范，包括产品质量、服务标准、店面形象等，以保持品牌的一致性和形象的统一。

费用支付：特许经营人需要向商标权人支付一定的许可费用或特许经营费用，作为使用商标和经营特许经营品牌的权利。

监督和支持：商标权人通常会对特许经营人的经营活动进行监督和支持，以确保特许经营人在经营过程中遵守规定，并提供必要的指导和培训。

通过特许经营的商标许可，商标权人可以扩大品牌的影响力和市场份额，利用特许经营人的资源和渠道扩展市场。特许经营人则可以借助商标权人的品牌知名度和业务模式，快速进入市场并获得一定的经营指导和支持。

在特许经营中，商标许可的具体内容和条款需要通过特许经营协议来明确规定，包括商标的使用范围、期限、地域限制、质量标准、费用支付等。特许经营协议应当确保双方的权益和义务得到平衡和保护，同时保持商标权人品牌形象和特许经营人的经营自主性。

3. 著作权许可

著作权许可是指著作权人（许可人）将拥有的著作权授权给他人（被许可人）以特定的条件和范围使用的行为。著作权许可允许被许可人在一定的限制和约束下使用著作权作品，例如，复制、发行、展示、演奏等。著作权许可可以用于各种情况，例如音乐、文学、艺术作品的许可、软件许可等。通过著作权许可，著作权人可以授权他人使用其作品，从中获取经济利益。被许可人可以获得使用著作权作品的权利，以满足其商业或个人需求。

著作权许可的具体条款和内容应通过著作权许可协议来明确规定，以确保双方的权益得到保护。著作权许可协议中应包括许可的具体范围、费用支付、保护措施、违约责任等重要条款。双方应在协商中达成一致，并确保遵守相关著作权法律法规的规定。

（1）著作权集体管理组织对外许可

著作权集体管理组织是代表多个著作权人的组织，负责管理和授权著作权作品的使用。在某些情况下，著作权集体管理组织可以代表著作权人对外进行许可，即向第三方授权使用其管理的作品。

著作权集体管理组织对外许可的过程通常包括以下几个步骤：

授权委托：著作权人将其著作权作品的管理和授权权利委托给著作权集体管理组织，即通过签订委托协议来确立双方的权益和义务。

授权范围：著作权集体管理组织与著作权人协商确定授权范围，包括哪些作品可以被授权以及授权的使用方式和条件。

许可协议：著作权集体管理组织与第三方进行许可协商，签订许可协议。许可协议中明确规定了被许可方使用作品的范围、期限、地域限制、使用费用等条款。

许可管理：著作权集体管理组织负责监督和管理许可的执行情况，确保被许可方按照许可协议规定使用作品，并收取相应的许可费用。

许可费分配：著作权集体管理组织收取的许可费用会根据协议约定进行分配，一部分归著作权人所有，另一部分用于组织运营和服务的提供。

著作权集体管理组织对外许可可以帮助著作权人更有效地管理和授权自己的作品,特别是在大规模和复杂的著作权管理情况下,可以提供集中的管理和授权服务,简化了著作权人与第三方之间的许可谈判和协商过程,同时确保著作权人的权益得到保护。

著作权集体管理组织的许可行为应当遵守相关的著作权法律法规,并保证透明、公正、合理地管理和分配许可费用。

(2) 著作权法定许可

著作权法定许可是指在特定条件下,根据著作权法规定,无须著作权人的事先同意或许可即可使用著作权作品的一种许可方式。著作权法定许可是为了平衡著作权人权益和公众利益而设立的。

根据不同国家的著作权法规定,著作权法定许可可能涵盖以下几种情况:

合理使用:著作权法规定了一些特定情况下,即使未经著作权人许可,他人也可以合理使用著作权作品,包括个人学习、研究、评论、新闻报道、教育、科学研究等非商业性目的的使用。

备份或私人使用:根据著作权法规定,个人有权备份或私人使用已经合法获得的著作权作品,包括制作个人备份副本、在合理范围内进行私人传播、观看或听取。

图书馆和档案馆使用:著作权法允许图书馆、档案馆等机构在特定条件下为学术、研究和文化目的使用著作权作品,例如为读者提供阅读、借阅、复制等服务。

残障人士使用:著作权法规定残障人士可以在合理范围内使用著作权作品,以满足其特殊需求。例如,为视觉障碍者提供特殊格式的作品,如盲文或音频。

公共利益使用:某些情况下,著作权法允许政府或其他公共机构在特定条件下使用著作权作品,以满足公共利益需求,如国家安全、社会教育、文化遗产保护等。

著作权法定许可的范围和条件在不同国家之间可能存在差异。著作权法定许可并非无限制的,通常受到某些限制和条件的约束,以平衡著作权人的权益和公众的合理使用需求。具体的著作权法定许可规定应根据相应国家的著作权法律来确定。

二、知识产权许可限制条款的垄断

在许多国家,包括反垄断法在内的法律和法规都旨在保护市场竞争,防止不正当的竞争限制和垄断行为。这些法律禁止使用合同或协议的方式，通过限制市场竞争来损害消费者利益。

在知识产权许可合同中，特别是针对专利和技术的许可，确实存在一些限制性条款，如限制定价、销售数量、市场开发等。这些限制可能会对市场竞争产生不利影响，限制其他竞争对手的进入和创新。因此，监管机构通常会审查此类许可合同，以确保其符合反垄断法律的规定。

在某些情况下，知识产权许可合同中的限制条款可能被认定为违反反垄断法律。当监管机构或法院认定合同限制竞争的效果超过其合理需要时，这些条款可能被视为无效，并可能导致相应的处罚和罚款。

因此，对于知识产权许可合同，合同双方应意识到反垄断法的适用，并确保合同的条款不会违反相关法规。此外，监管机构也应对此类许可合同进行审查，并确保在市场竞争中得到充分保护。这样可以促进创新、鼓励公平竞争，并最大限度地保护消费者的利益。

(一) 搭售问题

搭售是指将两个或多个产品捆绑在一起出售的商业行为。在知识产权许可合同中，搭售通常指将被许可方购买或使用某一知识产权产品（主产品）的许可与购买或使用另一知识产权产品（附属产品）的许可相结合。

搭售在某些情况下可能会引发反垄断问题。当搭售行为导致市场上其他竞争对手无法公平竞争或限制消费者的选择权时，就可能违反了反垄断法的规定。

以下是一些与搭售相关的问题和考虑的因素。

1. 市场力量

搭售行为是否掌握了市场上的关键资源或具有支配地位，从而影响其他竞争对手的进入和竞争。

2. 消费者利益

搭售行为是否限制了消费者的选择权，使其被迫购买或使用不需要的产品，从而限制了消费者的自由和福利。

3. 技术相关性

搭售的产品是否存在技术上的合理关联，即主产品和附属产品之间是否具有功能上的依赖性。

4. 竞争影响

搭售行为是否妨碍了其他竞争对手进入市场或在市场上公平竞争。

在审查搭售行为时，反垄断机构通常会考虑上述因素，并根据相关的反垄断法律和经济学原则进行评估。一些国家的法律可能对搭售行为有特定的规定和限制，例如，要求证明搭售行为只有对市场竞争具有实质性的不利影响，才会被评估为违反反垄断法。

搭售并非一定会违反反垄断法律。在某些情况下，搭售可能对消费者和市场有利，例如，通过提供更多的产品选择或提供更高质量的整体解决方案。因此，评估搭售行为是否违反反垄断法律应考虑到具体情况和市场环境。

（二）回授问题

回授问题是指在知识产权许可或技术转让等合作关系中可能出现的问题，涉及被许可方或合作伙伴将技术或知识应用到实际生产或创新中，然后向技术提供方或许可方提供反馈的过程。

以下是回授问题可能涉及的一些方面的问题。

1. 技术适应性回授问题

被许可方在实际应用中可能会遇到技术适应性问题，例如，需要对技术进行定制或改进以适应自身的生产环境和需求。这就需要及时建立有效的回授机制，以便技术提供方能够了解并对应进行调整。

2. 问题解决和技术支持

被许可方在使用技术或知识的过程中可能会遇到问题或需要技术支持。建立有效的回授机制可以使技术提供方及时了解到这些问题，并提供必要的支持和解决方案。

3. 创新和改进回授问题

在技术转让或许可关系中，被许可方有可能在实际应用中对技术进行创新或改进。建立有效的回授机制可以帮助技术提供方了解被许可方的创新成果，并在必要时进行合作或共享。

4. 信息不对称问题

如果回授机制不畅通或不及时，那么可能会导致信息不对称的问题，使技术提供方无法准确了解到被许可方的实际需求和问题，从而影响合作关系的效果和进展。

解决回授问题的关键在于建立一个有效的沟通和反馈机制,使双方能够及时、准确地交流信息,并根据反馈进行相应的调整和改进。解决回授问题可以通过合同约定回授义务和机制,明确双方的责任和义务,并建立良好的合作关系和沟通渠道来实现。同时,双方应保持积极的合作态度和开放的心态,以促进技术的应用和创新,实现共同的利益。

(三) 价格问题

在知识产权许可或技术转让等合作关系中,价格问题是一个重要的考虑因素。许可方或技术提供方需要确定合理的价格,而被许可方或技术获取方需要评估价格的合理性和可承受性。

以下是与价格问题相关的一些考虑因素。

1. 市场定价

许可方或技术提供方需要考虑市场需求、竞争环境和其他市场因素,确定一个具有竞争力的价格。这就需要对市场进行调研和分析,以确保价格的合理性。

2. 技术价值

技术或知识的价值是确定价格的重要因素之一。许可方或技术提供方需要评估其技术在市场上的竞争力和创新性,以及对被许可方或技术获取方的商业价值和潜在收益。

3. 许可范围和使用权

许可方可以根据许可的范围和使用权的限制来确定价格。如果许可范围广泛且使用权灵活,那么价格可能相对较高。相反,如果范围较窄或使用权有限,那么价格可能较低。

4. 附加服务和支持

除了技术本身之外,许可方可能还提供一些附加服务和支持,如培训、技术支持、更新和升级等。这些额外的服务和支持可能对价格产生影响。

5. 谈判和协商

在确定价格时,许可方和被许可方可以进行谈判和协商,以达成双方都能接受的价格,包括考虑双方的利益、风险分担和合作关系的长期发展等因素。

在价格问题上,双方需要进行充分的沟通和协商,以达成互利共赢的结果。许可方应根据市场和技术价值来确定合理的价格，并考虑被许可方的承受能力。被许可方则需要评估价格是否符合其商业需求和预期收益。最终，价格的确定应基于双方的共同利益和合作关系的长远发展。

(四) 地域问题

地域问题在知识产权许可或技术转让中也是一个重要的考虑因素，涉及许可方或技术提供方对特定地域的授权范围和限制，以及被许可方或技术获取方在特定地域的权利和义务。

以下是与地域问题相关的一些考虑因素。

1. 地域限制

许可方或技术提供方可以对许可范围进行地域限制，即将许可的地域范围限定在特定国家或地区。地域限制可以说是由于市场需求、技术适应性或其他因素所决定的策略。

2. 地域授权范围

许可方或技术提供方可以根据其商业战略和市场需求，决定授予被许可方或技术获取方在特定地域的使用权、销售权或生产权的范围。

3. 地域竞争

被许可方或技术获取方需要考虑所获得的技术在特定地域的竞争环境和市场潜力，需要评估是否存在竞争对手、市场需求和可行性等因素，以决定是否接受地域限制。

4. 国际差异

在跨国许可或技术转让中，地域问题涉及不同国家或地区的法律、法规、文化和商业环境的差异。许可方和被许可方需要了解并遵守各自所处地域的相关规定和要求。

5. 合规性和合作关系

地域问题还涉及合规性和合作关系的管理。双方应确保许可或转让的行为符合相关地域的法律、法规和政策，并建立良好的合作关系和沟通渠道。

在处理地域问题时，双方需要充分沟通和协商，以确定适当的地域范围和限制。许可方或技术提供方应考虑市场需求和商业战略，同时尊重被许可方或技术获取方在特定地域的商业利益和能力。被许可方或技术获取方则需要评估所获得权利的地域限制对其商业计划的影响，并决定是否符合其长期发展和市场扩展的需求。最终，地域问题的解决应建立在双方共同利益和合作关系的基础上，以实现互利共赢的目标。

三、许可制度的应用

（一）专利许可的应用

专利许可是指专利权人将其所拥有的专利权授权给他人使用或实施的行为。在知识产权领域中，专利许可具有广泛的应用，给专利权人和被许可方带来了许多好处和机会。

技术转移和合作：专利许可可以促进技术的转移和合作。专利权人可以通过许可将技术转让给其他公司或组织，从而使技术得到更广泛地应用和开发，有助于推动技术进步和创新，促进产业发展。

市场竞争和合作共赢：专利许可促进了市场竞争和合作共赢。被许可方获得专利权人的技术授权后，在市场上就具备了竞争优势。同时，专利权人也可以通过专利许可收取许可费用或获得其他经济利益，从而实现合作共赢。

产品扩展和实现多元化：专利许可可以帮助公司进行产品扩展和实现多元化。通过许可他人使用专利技术，公司可以进一步开发和推出新产品，满足不同市场的需求，拓展业务领域。

国际业务和市场进入：专利许可可以帮助企业进入国际市场。通过与国外企业进行专利许可合作，企业可以获取对方的专利技术，从而在国际市场上获得竞争优势和商机。

知识产权价值的实现：专利许可可以帮助专利权人实现其知识产权的价值。通过授权他人使用专利技术并获得相应的许可费用，专利权人可以获取经济回报，增加知识产权的价值和利益。

专利许可的应用既有利于专利权人和被许可方，又对技术进步和产业发展具有积极的推动作用。专利许可促进了技术的流动和创新，推动了市场竞争和合作，为企业带来了更多的商业机会和发展空间。

（二）商标许可和著作权许可的应用

商标许可和著作权许可在知识产权领域中也有广泛的应用，允许商标权人和著作权人将其商标或著作权授权给他人使用，为各方带来了多种好处和机会。

1. 商标许可的应用

品牌扩张和市场进入：商标许可可以帮助企业扩展品牌影响力和市场覆盖范围。通过授权他人使用自己的商标，企业可以进入新的市场，扩大销售渠道，增加品牌知名度和市场份额。

产品品质和标准控制：商标许可可以确保授权方对被许可方使用商标的产品品质和标准进行控制。商标权人可以通过许可合同规定质量标准、使用规范等，保持品牌形象的一致性和高品质。

授权费用和经济回报：商标许可可以为商标权人带来经济回报。商标权人收取许可费用，作为授权使用商标的回报，以增加其知识产权的经济价值。

2. 著作权许可的应用

作品传播和推广：著作权许可可以帮助著作权人将其作品传播给更广泛的受众。通过许可他人使用作品，著作权人可以扩大作品的影响力和传播渠道，提高作品的知名度和可见性。

商业利益和利润分享：著作权许可可以为著作权人带来商业利益和利润分享。著作权人收取许可费用，作为对被许可方使用作品的回报，并分享作品所带来的经济利益。

创意合作和衍生作品：著作权许可可以促进创意合作和衍生作品的创作。著作权人授权他人在原作基础上进行创作，产生新的衍生作品，丰富作品的形式和内容。

商标许可和著作权许可的应用为各方提供了合作和发展的机会，促进了品牌扩张、市场进入、创意合作和经济回报，推动了知识产权的有效利用和价值实现。同时，许可合作也需要双方充分协商和明确权益，确保合作关系的顺利进行和合规性。

(三) 排他型许可技巧的运用

在知识产权领域，有限排他策略可以采用许可授权、合作共享、开放创新等形式。通过许可他人使用自己的知识产权，可以扩大市场影响力、增加收益和利润。与此同时，开放创新和合作共享也可以促进创新和技术进步，带来更多的合作机会和资源共享。然而，具体采取何种策略应该根据具体情况进行综合评估和决策。有时，完全排他的策略可能是保护自身权益和商业利益的最佳选择。而在某种情况下，开放和共享的策略可能更适合创造更广泛的价值和利益。

重要的是要进行仔细地分析和权衡,考虑到商业目标、市场环境、竞争态势和法律法规等因素,制定出最为适合自身利益和长期发展的知识产权策略。

1. 完全排他型许可

完全排他型许可是指知识产权所有者对某项知识产权采取完全排他的控制和限制,不授权给其他人使用或实施。在完全排他型许可下,知识产权所有者保留了对知识产权的独占权,不与他人分享或授权使用。

完全排他型许可的特点包括以下四个方面:

独占权:知识产权所有者享有对知识产权的独占权,可以自由决定如何使用和授权该知识产权,以及与谁进行合作。

限制竞争:完全排他型许可限制了其他人或企业在该知识产权范围内的活动,从而降低了市场上的竞争程度。

保护权益:完全排他型许可可以确保知识产权所有者对其创造的知识产权享有完全的控制权,包括保护其商业利益和知识产权的价值。

商业利益:完全排他型许可可以使知识产权所有者获得更多的商业利益,因为知识产权所有者可以直接控制和收取许可费用或销售收入。

尽管完全排他型许可可以提供对知识产权的最大控制和保护,但也可能面临一些挑战和限制。例如,完全排他型许可可能限制了创新和技术转移的机会,阻碍了市场的竞争和合作。因此,在实施知识产权许可策略时,需要进行综合考虑和评估,根据实际情况确定最适合的许可方式,以实现商业目标和长期利益的平衡。

2. 开放式许可

开放式许可是指知识产权所有者对其知识产权采取开放和非排他性的授权方式,允许任何人自由使用、共享和创造衍生作品。开放式许可的核心理念是鼓励创新、知识共享和合作,以促进社会的进步和发展。

开放式许可的特点包括以下四个方面:

非排他性:开放式许可不限制知识产权的使用和授权,任何人都可以自由获取和使用相关知识产权。

共享和合作:开放式许可鼓励知识共享和合作创新,允许他人基于已有的知识产权进行创作、改进和衍生。

开放创新:开放式许可可以促进开放创新生态系统的形成,鼓励各方共同参与、贡献和分享知识,推动创新的快速发展。

社会价值：开放式许可追求社会价值最大化，通过知识的广泛传播和共享，促进社会的发展、教育、科学研究等领域的进步。

开放式许可采用多种模式，例如开放源代码许可（如 GPL、MIT 等），知识共享许可（如 CC 许可），开放数据许可等。这些许可模式鼓励共享、合作和创新，为各方提供了更大的自由度和灵活性，推动了开放式创新的发展。

尽管开放式许可有其优势和价值，但也需要权衡利益和考虑某些实际情况。知识产权所有者需要仔细评估和选择适合自己和组织的许可模式，以实现商业目标、保护权益，并与其他权益相关方进行合作和协商。

第六章

知识产权运营体系的平台架构

第一节 知识产权运营公共服务中心平台基础知识

专利作为一项重要的资产和创新成果,具有资本性质,其交易和流通可以促进创新活动和经济发展。为了实现这一目标,政府可以发挥主导作用,建立全国性的知识产权运营公共服务中心平台。这个平台的定位是搭建公开透明的知识产权交易市场,提供信息披露、交易程序和交易方式等方面的统一规则,以确保交易的公正和效率。政府在建立知识产权运营公共服务中心平台时,需要制定相关政策和法规,确保平台的公正运行和有效监管。此外,还需要加强与行业组织、专业机构和知识产权相关部门的合作,共同推动专利交易市场的健康发展。

建立高度市场化、专业化的知识产权运营公共服务中心平台,有助于促进专利的有序流转和创新投资回报,进一步推动知识产权的价值实现和经济的创新发展。

一、知识产权运营公共服务内涵

知识产权运营公共服务是指由政府或政府主导的机构提供的公共服务,旨在支持和促进知识产权的有效管理、保护和运营。知识产权运营公共服务的内涵包括以下七个方面:

(一) 信息服务和咨询

提供关于知识产权的信息、法律法规解读和咨询服务,帮助公众了解知识产权的基本概念、申请流程、维权方法等。

(二) 登记和注册

提供知识产权登记和注册的服务,包括专利、商标、著作权等的申请、审查和登记,确保权益的合法性受到保护。

(三) 知识产权评估

提供知识产权价值评估、技术评估和专利检索等服务,帮助企业和个人评估其知识产权的价值和技术竞争力。

(四) 知识产权交易和许可

提供知识产权交易平台和许可服务,促进知识产权的交易、许可和合作,帮助企业实现知识产权的商业价值。

(五) 知识产权保护和执法

提供知识产权保护和执法的服务,包括侵权投诉受理、调查取证、法律诉讼等,维护知识产权权益的合法性和有效性。

(六) 教育和培训

提供知识产权相关的教育、培训和宣传活动,加强公众和企业对知识产权的认识和意识,提高知识产权的保护和运用水平。

(七) 国际合作和交流

促进与国际知识产权组织和其他国家的合作和交流,加强国际知识产权体系的互联互通,提升知识产权的保护和运营水平。

通过提供这些公共服务,知识产权运营公共服务中心平台可以帮助企业和个人更好地管理和运用知识产权,促进创新、提升竞争力,同时维护知识产权的合法权益,保护创新者的权益。知识产权运营公共服务中心平台在推动知识产权的价值实现、促进经济发展和社会进步方面起着重要作用。

二、知识产权运营公共服务中心平台建设路径

(一) 构建合理的市场参与机制

构建合理的市场参与机制是推动市场经济发展和保障公平竞争的重要举措。在构建专利运营市场体系时,可以考虑以下几个方面来确保市场参与机制的合理性。

1. 准入机制

设立明确的准入条件和标准，确保市场参与者具备一定的资质和能力，防止低质量、低信誉的机构进入市场，以保证市场的健康运行。

2. 信息披露和透明度

加强市场信息的披露和透明度，提供准确、全面的市场信息，使市场参与者能够充分了解市场状况和交易机会，以降低信息不对称的风险。

3. 竞争机制

建立健全的竞争机制，促进市场参与者之间的竞争，防止垄断和不正当竞争行为的发生，保护市场的公平竞争环境。

4. 契约权利和义务

明确市场参与者的契约权利和义务，建立合理的合同和协议，确保交易双方的权益得到保护，同时规范市场参与者的行为。

5. 监管和监测机制

建立有效的监管和监测机制，加强对市场参与者和交易行为的监管，防范市场风险和违规行为的发生，维护市场秩序和公平竞争。

6. 法律保护和救济机制

健全法律保护和救济机制，提供有效的法律保护和救济途径，帮助市场参与者维权和解决纠纷，确保其合法权益得到维护。

7. 国际合作和交流

加强与国际知识产权组织和其他国家的合作和交流，吸收国际经验和最佳实践，促进市场参与机制的国际化和标准化。

通过构建合理的市场参与机制，可以促进市场的公平竞争、提高市场效率、保护市场参与者的合法权益，推动专利运营市场的健康发展和繁荣。

(二) 建立统一的市场运营规则

建立统一的市场运营规则是构建健康、公平、透明的市场环境的重要举措。以下是建立统一的市场运营规则的几个关键要点。

1. 立法和法规

制定和完善相关的法律法规，明确市场运营的基本原则和规范，确保市场参与者的权利和义务得到法律保障。

2. 行业标准和规范

制定统一的行业标准和规范,规定市场参与者的行为准则和操作规程,提高市场运作的规范性和可预测性。

3. 交易规则和程序

设立统一的交易规则和程序,包括交易撮合、交易方式、合同签署和履行等环节,确保交易的公平、公正和透明。

4. 信息披露和公开透明

加强市场信息的披露和公开透明度,确保市场参与者能够及时获得准确、全面的信息,降低信息不对称的风险。

5. 监管和执法机制

建立有效的监管和执法机制,加强对市场运营的监督和管理,严厉打击违规行为,维护市场秩序和公平竞争环境。

6. 纠纷解决机制

建立快速、有效的纠纷解决机制,提供独立、公正的仲裁或调解服务,帮助市场参与者解决合同纠纷和争议。

7. 培训和宣传教育

加强市场参与者的培训和宣传教育,提高他们对市场运营规则的认知和理解,增强遵守规则的意识和能力。

通过建立统一的市场运营规则,可以促进市场的健康发展,提升市场参与者的信任度和合作意愿,推动知识产权市场的繁荣和创新的蓬勃发展。

(三) 建设必要的市场准入制度

建设必要的市场准入制度是确保市场健康有序运行的重要措施。以下是建设必要的市场准入制度的关键要点。

1. 制定准入标准和条件

设定明确的准入标准和条件,包括资质要求、技术能力、财务实力等方面的要求,以筛选出具备一定实力和资质的市场参与者。

2. 制定申请和审批程序

制定申请和审批程序,明确准入的流程和步骤,确保准入过程的透明、公正和高效。

3. 信息披露和公示

加强准入信息的披露和公示，提供申请人的资质和申请进展等信息，让相关利益方充分了解准入情况。

4. 监管和评估

建立健全的监管机制，对准入企业进行监管和评估，确保其在市场运营过程中遵守相关规定。

5. 行业协会和自律组织的参与

鼓励行业协会和自律组织参与必要的市场准入制度的建设和管理，共同制定行业自律规范，提高市场的管理水平和行业的竞争力。

6. 审查和监察机制

建立审查和监察机制，对准入企业进行定期或不定期的审查和监察，发现和处置准入过程中的违规行为。

7. 法律保护和救济机制

健全法律保护和救济机制，为被拒绝准入或准入受限的企业提供申诉和救济途径，维护其合法权益。

建设必要的市场准入制度有助于优化市场结构，提高市场参与者的质量和能力，推动市场的公平竞争和创新发展。同时，也能够提升市场的透明度和可预测性，吸引更多的投资者参与市场活动，促进经济的繁荣和可持续发展。

（四）完善相关的市场政策法规

完善相关的市场政策法规是促进市场发展和维护市场秩序的关键举措。以下是完善相关的市场政策法规的一些重要方面。

1. 制定市场准入规定

制定明确的市场准入规定，明确市场参与者的资质、能力和条件，防止低质量、低信誉的企业进入市场，以保护市场的健康发展。

2. 加强市场竞争监管

制定和完善反垄断法律和法规，防止垄断和不正当竞争行为的发生，保护市场的公平竞争环境。

3. 规范市场交易行为

制定和完善市场交易规则和行为准则，包括信息披露、交易程序、合同签订和履行等方面，确保市场交易的公平、公正和透明。

4. 加强知识产权保护

完善知识产权相关的法律和法规，加强知识产权的保护，防止侵权行为的发生，鼓励创新和知识产权的合理利用。

5. 建立监管机制

建立健全的市场监管机制，加强对市场活动的监管和管理，及时发现和处置市场违法违规行为，维护市场的秩序和稳定。

6. 加强国际合作和交流

加强与国际知识产权组织和其他国家的合作和交流，吸收国际经验和最佳实践，提高市场政策法规的国际化和标准化水平。

7. 完善投资和退出机制

完善投资和退出机制，鼓励市场参与者进行投资，同时提供便利的退出渠道，降低投资风险，促进市场的活跃和发展。

通过完善相关的市场政策法规，能够提供法律保障和规范市场行为，营造良好的市场环境，促进市场经济的健康发展和可持续增长。

三、知识产权运营公共服务中心平台发展目标

在建设和运营知识产权系统过程中，确实需要借鉴国内外的知识产权竞争实践经验，以满足中国的现实需要和发展需求。建设和运营知识产权系统需要结合国内外经验，充分利用中国的体制优势和资源优势，融入互联网创新思维，构建创新生态系统，以推动知识产权的创造、保护、运用和价值实现，为中国的经济发展和创新驱动提供支持。

（一）开源、多维、立体协作

运用先进的大数据和云服务技术，将专利运营相关的信息资源集中在互联网平台上，以实现信息公开化、透明化和便利化。通过大数据分析和智能化引导机制，消除供需双方之间的信息壁垒，缩短技术与服务供应链，打通产业链和资本链，促进专利布局和知识产权金融发展。

（二）运用互联网思维构建创新生态系统

结合互联网思维，审视创新的未来发展趋势，重新定义创新行为与知识

产权的价值联系。通过信息社会的知识产权治理模式和新型社会服务模式，为创新企业提供丰富且充满活力的核心要素，以专利运营为核心构建开放、多元、共生的创新生态系统。

(三) 直接服务创新主体并催生新的创新服务业态

通过直接服务高校、科研院所、科技企业、公共平台和中介机构等创新主体，推动新的创新服务业态的涌现，促进创新的服务产品和服务模式的发展。将产权作为纽带，连接所有的创新者和各类创新投资主体，提高创新资源的配置效率，推动创新成果的产权化和知识产权的产业化，形成适于创新资源配置和产权流动的体制机制。

这些方面的发展目标将使知识产权系统更加开放、透明和高效，促进创新活动和创新投资的繁荣，推动知识产权的产业化和经济的创新驱动。同时，发展目标的实现也需要政府、企业、高校、科研院所和中介机构等各方的积极参与和协作，共同推动知识产权系统的建设和发展。

全国性的知识产权运营公共服务中心平台的建设不可能是一蹴而就的，而应是分阶段的。具体来说，可分为起步阶段、培育阶段和成熟阶段。首先，在起步阶段构建初步的专利运营业务平台。其次，在培育阶段建设相对完善的专利运营市场体系。最后，在成熟阶段形成可持续发展、自我创新的专利运营生态环境。

四、知识产权运营公共服务中心平台业务体系

知识产权运营公共服务中心平台作为专利运营的第四方平台，在信息化的方式下提供服务，包括披露专利运营交易信息、开展专利运营交易业务和监测专利运营交易过程。构建一个支撑性的业务体系是确保知识产权运营公共服务中心平台能够发挥其服务优势、信息优势和资本优势的关键。一般而言，知识产权运营公共服务中心平台业务体系应基于用户和交易的数据逻辑结构，并在业务类别、数据交互、信息通信、产品展示等方面进行分层次的构建。同时，知识产权运营公共服务中心平台体系还需关注信息安全、数据冗余以及系统扩展性等要求，以确保知识产权运营公共服务中心平台的稳定运行和可持续发展。

(一) 运营业务要素

在知识产权运营公共服务中心平台的外部结构中，核心业务要素主要包

括以下三个方面。

（1）市场主体。专利权人、企业、高校、科研院所、产业平台、金融机构等专利运营参与方。

（2）市场客体。专利权、许可权、使用权、担保权、收益权等专利资产标的物。

（3）市场媒介。专利信息服务机构、法律服务机构、评估机构、经纪人等提供专业服务的机构。

在知识产权运营公共服务中心平台的内部结构中，核心业务要素包括以下三个方面：

（1）市场组织架构。建立规范的市场组织结构，包括平台管理机构、运营团队和决策机构等，确保平台的高效运作和良好管理。

（2）交易规则。制定透明、公平、公正的交易规则，包括交易流程、交易标准、交易费用等，为市场参与者提供明确的交易指引。

（3）运行制度。建立完善的运行制度，包括信息披露制度、资金清算制度、纠纷解决机制等，确保市场的透明度、安全性和稳定性。

这些核心业务要素的建设和运作将有助于知识产权运营公共服务中心平台成为专利运营市场的核心载体，提供市场参与者之间的交流、合作和交易的场所，推动专利资产的有效流转和优化配置。

（二）业务体系结构

业务体系结构是指知识产权运营公共服务中心平台的各个业务系统之间的组织结构和协调关系。

1. 市场接入系统

市场接入系统作为整个业务体系的入口，负责与市场参与者进行连接和交互。市场接入系统提供用户注册和认证、信息发布和查询、交易委托和匹配等功能，确保市场参与者能够顺利进入平台并参与业务活动。

2. 交易业务系统

交易业务系统是知识产权运营公共服务中心平台的核心业务系统，负责管理专利许可、转让和授权等交易活动。交易业务系统包括交易流程管理、交易合同管理、交易监测和结算等功能，为市场参与者提供安全、高效的交易环境。

3. 信用业务系统

专注于专利权质押、专利信托和专利证券化等信用交易业务。信用业务系统提供信用评估、风险管理、信用产品设计和交易结构化等功能,以促进基于专利资产的信用交易的发展。

4. 资产信息系统

负责管理和提供专利资产的信息和数据服务。资产信息系统包括专利资产登记管理、权属变更、信息披露和价值评估等功能,为市场参与者提供全面的专利资产管理支持和决策依据。

5. 市场监管系统

用于监督和管理知识产权运营公共服务中心平台的市场行为和参与者的合规性。市场监管系统负责制定和执行市场规则、监测交易活动、处理纠纷和投诉,并进行市场风险管理和市场信用评估。

以上是一个基本的业务体系结构示例,可以根据实际情况和业务需求进行调整和扩展。每个业务系统都具有特定的功能和职责,彼此之间紧密协作,形成一个有机整体,以支持专利运营市场的发展和专利资产的优化配置。

(三)基本业务系统

1. 市场接入系统

市场接入系统负责管理用户的注册和认证过程,确保只有合法的市场参与者才可以进入平台。市场接入系统提供了用户身份验证、账户管理、权限设置等功能,以确保平台的安全性和可信度。市场接入系统还提供了信息发布和查询功能,让市场参与者可以浏览和搜索专利运营相关的信息。

2. 交易业务系统

交易业务系统是知识产权运营公共服务中心平台的核心业务系统,负责管理专利的许可、转让和授权等交易活动。交易业务系统提供了交易流程管理、合同管理、交易监测和结算等功能。市场参与者可以在系统中发布交易委托,系统会根据需求和供给进行匹配,确保交易的顺利进行。交易业务系统还可以提供交易合同的生成和管理,确保交易双方的权益得到保护。

3. 信用业务系统

信用业务系统专注于专利权质押、专利信托和专利证券化等信用交易业务。信用业务系统提供信用评估、风险管理、信用产品设计和交易结构化等功能，以促进基于专利资产的信用交易的发展。信用业务系统可以根据市场参与者的信用状况和风险承受能力，为其提供相应的信用额度和产品选择，提高市场参与者的融资能力。

4. 资产信息系统

资产信息系统负责管理和提供专利资产的信息和数据服务，包括专利资产登记管理、权属变更、信息披露和价值评估等功能。市场参与者可以在系统中查询和浏览专利资产的详细信息，以便做出决策和参与交易。资产信息系统还可以提供专利资产的价值评估和预测，帮助市场参与者了解专利资产的潜在价值和风险。

5. 市场监管系统

市场监管系统负责监督和管理知识产权运营公共服务中心平台的市场行为和参与者的合规性。市场监管系统制定和执行市场规则，监测交易活动，处理纠纷和投诉，并进行市场风险管理和市场信用评估。市场监管系统确保平台的公平性、透明度和稳定性，保护市场参与者的权益，维护市场的健康发展。

以上是知识产权运营公共服务中心平台的基本业务系统，每个系统都具有独立的功能和职责，同时也需要相互协作和衔接，以提供全面的专利运营服务。这些基本业务系统应具备可实现性、可操作性和可扩充性，以适应不断变化的专利运营需求和业务创新的发展趋势。

第二节 知识产权运营公共服务中心平台功能定位

一、知识产权运营公共服务中心平台主体功能

（一）落实专利运营扶持政策

要落实专利运营扶持政策，可以考虑以下几种措施。

1. 制定政策法规

政府可以出台相关的法律法规，明确专利运营的定义、目标和政策支持措施，为专利运营提供法律保障和政策依据。

2. 资金支持

政府可以设立专利运营扶持基金，向专利运营机构和创新企业提供财务支持，包括资金补贴、项目投资等形式，鼓励开展专利运营活动。

3. 建立专业服务机构

政府可以支持建立专业的专利运营服务机构，提供专利评估、技术转移、市场推广等服务，帮助企业进行专利运营，并提供相关咨询和培训。

4. 宣传推广

政府可以加大对专利运营的宣传力度，提高企业和创新者对专利运营的认识和意识，鼓励企业和创新者积极运用和管理知识产权。

5. 优化知识产权保护环境

政府可以加强知识产权保护力度，建立健全的知识产权法律制度和执法机构，维护专利权益，为专利运营提供良好的环境和保障。

6. 加强国际合作

政府可以积极参与国际专利运营合作，与其他国家和地区分享经验、交流技术，促进国际专利运营市场的互联互通。

通过以上措施的落实，可以促进专利运营的发展，提高企业的创新能力和竞争力，推动知识产权的转化和商业化，实现专利运营的扶持和促进效果。

(二) 推动平台权威公信体系建设

1. 建立权威认证机构

设立专门的权威认证机构，负责对知识产权运营公共服务中心平台进行评估和认证，确保具备公信力和可靠性。

2. 完善信息披露机制

要求知识产权运营公共服务中心平台向用户公开披露平台信息，包括平台的运营模式、业务规则、交易流程等，确保信息透明、准确可信。

3. 建立监管机制

建立专门的监管机构或部门，对知识产权运营公共服务中心平台进行监督和管理，确保平台按照规定运营，保护用户权益。

4. 强化安全保障措施

加强平台的网络安全和数据保护措施，确保用户信息和交易数据的安全性，防止信息泄露和不当使用。

5. 建立信用评价体系

建立用户评价和信用评级机制，对平台用户进行评价和信用评级，提供参考信息，增加平台的信誉和公信力。

6. 加强行业自律

促使知识产权运营公共服务中心平台主动遵守行业规范和道德标准，自觉维护公信力，加强行业内部合作和交流。

通过以上措施的综合推动，可以逐步建立起知识产权运营公共服务中心平台的权威公信体系，提升平台的声誉和影响力，增加用户的信任度，以推动平台健康稳定发展。

(三) 推进专利运营在线备案及信息公开

要推进专利运营在线备案及信息公开，可以采取以下几种措施。

1. 建立在线备案平台

建立专门的在线备案平台，供专利运营机构进行备案登记，包括机构的基本信息、业务范围、资质认证等。

2. 强制备案要求

制定相关法规或政策，要求专利运营机构进行在线备案，并设立备案期限和处罚措施，确保机构按时完成备案手续。

3. 提供信息公开渠道

通过在线备案平台或其他专门渠道，公开专利运营机构的备案信息，包括机构的名称、联系方式、经营范围等，供公众查询和核实。

4. 完善信息公开制度

建立专利运营机构信息公开制度，要求机构按规定公开其业务信息、交易数据、运营报告等，提高透明度和公信力。

5. 加强监管和执法力度

加大对专利运营机构的监管和执法力度，对未备案或提供虚假信息的机构进行严厉处罚，维护市场秩序和公平竞争。

6. 提供信息查询和举报渠道

建立信息查询和举报平台，供公众查询专利运营机构的备案信息，并接收对不当行为的举报，加强市场监管和舆情管理。

通过以上措施的落实，可以实现专利运营在线备案及信息公开的目标，提高市场的透明度和规范性，保护权益相关方的合法权益，促进专利运营市场的健康发展。

(四) 规范专利运营流程

要规范专利运营流程，可以采取以下几种措施。

1. 制定专利运营管理规定

制定专门的法规或政策，明确专利运营的管理要求和流程，包括备案要求、交易流程、信息披露等方面的规定。

2. 设立标准化操作指南

编制详细的标准化操作指南，明确专利运营的各项具体步骤和流程，确保每个环节都按照规定进行操作。

3. 加强内部管理

专利运营机构应建立健全的内部管理制度，明确岗位职责，制定规范的工作流程，加强对员工的培训和监督，确保流程的规范执行。

4. 强化信息披露要求

要求专利运营机构在交易过程中及时、准确地披露相关信息，包括交易对象、交易条件、交易价格等，保障信息透明度和公平竞争。

5. 加强风险管理和合规审查

专利运营机构应加强风险管理意识，建立风险评估和控制机制，对交易对象进行合规审查，避免违规操作和风险事件的发生。

6. 加强监督和执法力度

相关监管部门要加强对专利运营市场的监督和执法力度，对违规行为进行查处和惩处，维护市场秩序和公平竞争。

通过以上措施的落实，可以规范专利运营流程，提高市场的规范性和透明度，保护权益相关方的合法权益，以促进专利运营市场的健康有序发展。

(五) 统筹专利运营业务协作

要实现专利运营业务的统筹协作，可以采取以下几种措施。

1. 建立协作机制

建立专利运营机构之间的合作机制，包括签订合作协议、设立合作机构或联盟等，明确各方的合作目标、责任分工和合作方式。

2. 加强信息共享

建立信息共享平台，促进专利运营机构之间的信息共享，包括专利信息、市场信息、交易信息等，提高业务协作的效率和质量。

3. 推动资源整合

鼓励专利运营机构进行资源整合，共同开展合作项目或共享资源，提高专利运营的综合能力和竞争力。

4. 促进业务互补

专利运营机构可以通过业务互补的方式实现协作，例如一方提供技术支持，另一方提供市场拓展，共同开展专利运营活动，实现互利共赢。

5. 加强沟通和协调

建立定期的沟通和协调机制，包括会议、研讨会等形式，及时解决合作中的问题和难题，确保业务协作的顺利进行。

6. 提供支持和服务

建立专门的支持和服务机构，为专利运营机构提供必要的培训、咨询、法律支持等，促进业务协作的顺利进行。

通过以上措施的实施，可以促进专利运营机构之间的协作与合作，实现资源优化配置，提高专利运营业务的效率和质量，来推动专利市场的健康发展。

(六) 构建风险监控防范机制

为构建风险监控防范机制，可以采取以下几种措施。

1. 风险识别与评估

建立风险识别和评估机制，定期对专利运营业务中存在的风险进行识别和评估，包括市场风险、法律风险、技术风险等方面。

2. 风险监测与预警

建立风险监测和预警系统，对专利运营市场的动态进行监测，及时发现和预警可能存在的风险，以便采取相应的防范措施。

3. 内部控制和管理

加强内部控制和管理，建立健全的运营管理制度，明确各岗位职责和权限，加强对内部操作和决策的监督和审查，确保专利运营业务的合规性和风险防范。

4. 风险防控措施

根据不同的风险类型，制定相应的防控措施，例如，制定合规操作指南、加强合同管理、加强知识产权保护等，以减少风险的发生和影响。

5. 建立应急机制

建立专门的应急机制，以应对突发风险事件的发生，包括制定应急预案、组织应急演练等，保障专利运营业务的稳定和安全。

6. 加强合作与共享

与其他相关机构和部门加强合作与共享，共同应对风险挑战，共享信息资源和经验教训，提高风险防范的整体效能。

通过以上措施的综合应用，可以有效构建风险监控防范机制，提高专利运营业务的风险管理能力，降低风险对业务的影响，以确保专利运营市场的稳定和可持续发展。

二、知识产权运营公共服务中心平台基本定位

在专利运营市场中，制度保障、服务创新和信息支撑是相互关联、相互依存的要素，共同构成了知识产权运营公共服务中心平台的主体功能，为市场主体提供全方位的支持和服务。制度保障是为专利运营市场提供法律、政策和规章制度的保障，确保市场的规范运行和参与主体的合法权益，包括建立健全的知识产权法律体系、制定专利运营相关的规章制度、明确权利保护机制等。服务创新是为市场参与主体提供多样化、专业化的专利运营服务，满足不同的需求，包括专利评估、技术转移、市场推广、法律咨询等各类服务，为市场参与主体提供全方位的支持和帮助。信息支撑是通过信息化平台，提供全面、准确、及时的专利运营信息支持。通过整合和分析大量的专利运

营相关数据和信息，为市场参与主体提供市场动态、专利交易信息、技术分析等方面的支持，帮助决策和投资。这三个要素相互作用、相互支持，构成了知识产权运营公共服务中心平台的内在运行机制。信息支撑为制度保障和服务创新提供了基础和依据，制度保障为专利运营市场提供了框架和规则，服务创新则为市场参与主体提供了实质性的支持和帮助。通过有效整合和协调这三个要素，知识产权运营公共服务中心平台能够提供全方位的支持和服务，促进专利运营市场的健康发展，推动创新驱动经济的发展。

在当今的大数据时代，信息的获取和分析能力对于专利运营者来说至关重要。专利运营涉及大量的专利信息、市场动态、技术趋势等各种数据，对于决策和投资来说都具有重要的参考价值。在信息支撑的基础上，提升制度供给和服务供给能力是确保专利运营体系健康发展的重要因素。制度保障包括相关法律法规、规章制度等，为专利运营市场提供明确的规范和保障。服务供给则涵盖了专业化的专利运营服务，包括评估、转让、许可等，能够满足不同市场主体的需求。在信息、制度和服务三者相互支持的基础上，可以构建一个完善的专利运营体系。这就需要建立一个以信息为基础、制度为框架、服务为支撑的平台架构，通过运行规则和业务体系的设计，促进专利运营模式的多元化发展和持续创新。

通过提升信息供给、制度供给和服务供给能力，专利运营体系能够更好地适应市场的需求变化和创新趋势，为专利运营者提供全面的支持和帮助，推动专利运营市场的健康发展，促进知识产权的价值实现和创新经济的繁荣。

（一）信息供给

在构建以知识产权运营公共服务中心平台为支撑的创新生态系统中，交易信息供给是非常重要的。专利运营市场的正常运行需要充分的信息传递和交流，以便市场参与者能够获取到相关的交易信息，做出明智的决策。知识产权运营公共服务中心平台可以扮演信息供给的角色，通过互联网和大数据技术，汇集、整合和发布专利运营相关的交易信息，包括但不限于专利的许可、转让、担保等交易信息，涉及专利的技术、法律状态、评估价值等详细信息。知识产权运营公共服务中心平台可以提供高效、便捷的信息查询和交流平台，使市场参与者能够及时获取所需的交易信息，并与其他参与者进行沟通和交互。

为了确保交易信息的准确性和可信度，知识产权运营公共服务中心平台可以采取多种措施。例如，建立严格的信息披露机制，要求交易参与者提供真实、完整的交易信息，并进行验证和核实。同时，知识产权运营公共服务中心平台也可以设立评估机构或专家团队，对交易信息进行专业的评估和审查，提供独立的信息认证和价值评估服务。此外，知识产权运营公共服务中心平台还可以提供定制化的信息供给服务，根据市场参与者的需求，提供个性化的交易信息推送和定期报告，帮助他们更好地了解市场动态和趋势，做出更明智的决策。

通过充分的交易信息供给，知识产权运营公共服务中心平台可以促进专利运营市场的流动性和透明度，提升市场的效率和公平性。市场参与者能够更全面地了解市场的机会和风险，选择适合自己的交易对象，并进行有效的交流和协商。这将为促进市场的活跃度和健康发展，为创新生态系统的繁荣作出贡献。

1. 专利运营在创新生态演进中的作用

开放式创新、非线性创新和创新组织的平台化都是为了适应快速变化和复杂性的创新环境而采取的应对策略。开放式创新强调企业与外部合作伙伴的互动和合作，通过共享知识、技术和资源来实现创新。开放式创新模式可以提高创新效率、加速技术转移和市场推广，促进创新的多元化和协同性。非线性创新则指出创新过程不再遵循传统的线性路径，而是更具有不确定性和跳跃性。颠覆性的技术创新和新兴的创新模式经常出现，推动了新的商业模式和市场机会的出现。非线性创新要求企业具备敏捷性和灵活性，能够及时应对变化和抓住新兴机会。创新组织的平台化强调企业在创新过程中采用平台化的组织方式，将内部和外部的创新资源整合起来，形成多元化的创新生态系统。创新组织的平台化可以促进创新资源的共享和协同，提高创新的效率和质量。通过建立开放的创新平台，企业可以更好地适应变化、应对风险，并加速创新的推动。这些趋势特征对于构建以中心平台为支撑的创新生态系统具有重要的指导意义。知识产权运营公共服务中心平台作为创新生态系统的核心，应当具备开放性、灵活性和平台化的特点，能够促进各类创新主体之间的协作和互动，提供多样化的创新资源和服务，支持创新的快速迭代和适应性调整，以推动创新生态系统的繁荣和可持续发展。

专利运营通过确立创新成果的产权归属、提供产权交易和保护机制，促进了创新的共享和转化，激励了企业进行持续的创新投入。在开放式创新中，多个创新主体之间进行合作和共享，而专利运营可以帮助界定不同创新主体之间的产权边界，明确各方的权益和责任，降低合作成本，促进协同创新的进行。非线性创新的不确定性要求更加明确的产权保护和交易机制，以应对颠覆性创新和快速变化的技术环境。专利运营可以提供知识产权权利人对创新成果的明确权益，鼓励企业进行创新投资，同时通过专利的交易和许可，促进技术的快速转移和商业化应用。创新组织的平台化需要清晰的产权归属和交易机制，以保护各方的创新投入和知识贡献。专利运营可以在创新生态系统中提供有效的产权保护和交易服务，为创新主体提供更大的信心和动力，使得创新生态系统更加稳定和可持续。

通过有效的专利运营，创新成果的产权交易市场得以扩大，促进了创新投资的回报和再投资，形成了良性的创新循环。同时，市场的信息披露和监督机制可以确保创新投资的合法性和公正性，维护创新者的权益，提高创新投资的效率和效果。因此，专利运营在创新生态系统中具有重要的作用，通过产权激励和保护，促进了创新资源的流动和利用，推动了创新生态系统的进化和发展。

2. 以知识产权运营公共服务中心平台为基础的创新生态系统

知识产权运营公共服务中心平台作为组织核心，通过整合交易信息和提供公益性服务，为创新者和投资者提供一个集中的平台，使他们能够更便捷地相互连接和合作。知识产权运营公共服务中心平台还可以规范服务标准，确保各市场主体在专利运营过程中遵守一定的规则和准则，提高交易的效率和公平性。同时，知识产权运营公共服务中心平台还可以统筹推进业务协作，促进不同市场主体之间的合作与互助。通过知识产权运营公共服务中心平台的组织和协调，不同市场主体可以共同参与专利运营，形成协同效应，加速创新成果的流转和商业化。此外，知识产权运营公共服务中心平台还可以开展人才培养等活动，提供培训和支持，帮助创新者和投资者提升专业能力和创新素质，促进创新生态系统的健康发展。

综上所述，将知识产权运营公共服务中心平台视为创新生态系统的组织核心，通过整合交易信息、提供公益性服务、规范服务标准、推进业务协作和开展人才培养等方式，促进了创新者和投资者的互联互通，形成了协同创新的经济联合体，推动了创新生态系统的发展和创新价值的创造。

在信息时代，各种技术力量的结合，如大数据、智能化、移动互联网和云计算等，为基于专利运营的创新生态系统的发展提供了新的机遇和挑战。知识产权运营公共服务中心平台可以依托社交媒体和移动应用等技术手段，提供高效的社交和商业交互，促进创新者和投资者之间的互动和合作。同时，云计算技术为知识产权运营公共服务中心平台提供了便捷和廉价的计算和信息传递基础设施，使创新者和投资者能够快速获取所需的计算资源和信息，加快创新过程。这种跨地域的联通、移动性的普及以及强大的计算和数据处理能力，大大缩小了发明创意和市场行动之间的距离。专利运营作为创新系统的重要商业模式，能够更快速地将创新成果转化为商业价值，并在市场中展现新的特性和功能。

因此，知识产权运营公共服务中心平台借助社交媒体、移动计算、云计算和大数据等技术的融合，使专利运营在创新生态系统中发挥着重要的作用。中心平台加速了创新者和投资者之间的互动和合作，提供了便捷的计算和信息传递基础设施，促进了创新成果的商业化，并推动创新生态系统不断进化和创新特性的展现。

知识产权运营公共服务中心平台的体系架构具备适应创新生态系统演进的能力，提供了从发明创造阶段到市场阶段的全生命周期的专利运营服务，覆盖权利归属检索、权利范围确认、权利价值评估、权利流转轨迹追踪、权利要求设计和权利组合布局等各个环节。通过知识产权运营公共服务中心平台的支持，企业可以在创新过程中更好地管理和流转知识产权，从创新成果中获得更大的价值。知识产权运营公共服务中心平台上的大数据分析能力可以提供全面的市场情报和技术分析，帮助企业评估专利权的价值，并指导专利权的转移和流转策略。利用大数据进行专利运营将改变传统的创新成果市场转化模式。通过知识产权运营公共服务中心平台的信息整合和数据分析，企业可以更准确地了解市场需求和竞争态势，调整创新成果的市场定位和商业化策略。同时，知识产权运营公共服务中心平台可以提供专利运营的相关服务和支持，帮助企业实现创新成果的快速转化和商业化。

因此，知识产权运营公共服务中心平台的体系架构能够根据创新生态系统的演进需求，提供全生命周期的专利运营服务，并利用大数据开展专利运营，从而改变传统的创新成果市场转化模式，促进创新的价值实现和产业的发展。

3. 知识产权运营公共服务中心平台在创新生态系统中的业务形态

知识产权运营公共服务中心平台直接对接发明人、服务专利申请人和知识产权权利人，并且利用行政审批的公信力形成用户黏性，是一种有效的方式。知识产权运营公共服务中心平台的核心业务形态确实可以建立在直接对接真实用户和业务流量的基础上。通过与专利授权审查和登记相关的用户建立联系，平台可以吸引并服务广大的专利申请人和知识产权权利人，为他们提供专利运营的会员服务。这种基于真实用户和业务流量的平台模式具有多重优势。首先，知识产权运营公共服务中心平台可以直接了解用户需求，并为用户提供更贴近实际的服务；其次，行政审批的公信力可以增强知识产权运营公共服务中心平台的信任度，吸引更多用户参与和使用；最后，知识产权运营公共服务中心平台可以利用与用户的紧密联系来建立用户网络和社群，形成良好的口碑和用户黏性。

随着知识产权运营公共服务中心平台发展壮大，可以通过提供充分的专利运营信息供给来吸引更多的卖家和买家，形成庞大、稳定且活跃的用户群体。这将进一步提高知识产权运营公共服务中心平台的市场影响力和吸引力，促进专利运营市场的发展和繁荣。因此，建立在真实用户和业务流量基础上的平台模式非常具有潜力，可以为专利运营市场提供丰富的用户资源和活跃的交易环境。

为了促进专利运营市场的活跃度，需要完善专利运营交易规则，提高交易的成功率。完善专利运营交易规则可以通过加强数据处理和云计算技术来实现。知识产权运营公共服务中心平台可以提供更精准的专利信息分析，帮助创新者和投资者更好地对接供需关系。同时，可以开发新的知识产权金融产品，为专利运营提供更多样化的融资渠道和服务。通过这样的业务扩展和技术创新，知识产权运营公共服务中心平台能够更好地满足创新者和投资者的需求，提供更高效、便捷和精准的专利运营服务。同时，连接不同地域、不同行业的创新者和投资者，促进他们之间的合作与交流，加速创新成果的转化和商业化。因此，将社区网络、大数据和云计算等技术与专利运营相结合，构建专利运营服务网络，有助于推动专利运营市场的发展，促进创新者和投资者之间的协同合作，实现知识产权价值的最大化。

未来的知识产权运营公共服务中心平台应该致力于全面连接创新要素，包括信息、人才和资本，以满足各类创新者、服务机构和投资主体对专利运营的信息需求，并促进创新资源的有效配置和市场交换。通过利用知识产权运营公共服务中心平台的大数据分析和云计算能力，市场主体可以实现创新业务的在线管理，提高效率和便利性。监管部门可以借助知识产权运营公共服务中心平台的功能履行市场监管职能，确保市场秩序的正常运行和公平竞争。重要的是，未来的知识产权运营公共服务中心平台应该实现市场的开放性和包容性，让所有市场主体无论大小，都能平等参与创新互动和产权交易，有助于促进创新者之间的合作与交流，加速创新成果的转化和商业化。

总体而言，未来的知识产权运营公共服务中心平台应该致力于打破信息壁垒，提供全面的创新要素连接和专利运营服务，以推动创新生态系统的发展和创新资源的高效配置。通过大数据分析和云计算的支持，知识产权运营公共服务中心平台将成为创新者和投资者的重要合作平台，促进创新成果的孵化、推广和商业化，为创新生态的繁荣作出贡献。

(二) 制度供给

1. 界定专利运营行为

法律的制定可以明确专利运营的范围和方式，为市场主体提供明确的法律依据和规则，保障各方的合法权益。在专利运营市场中，明确法律框架可以确保专利运营参与各方的权益得到认可。法律的明确规定可以为专利权人、专利运营机构和投资者等提供法律保护，建立公平竞争的市场环境，促进专利运营市场的健康发展。通过法律的制定，清晰地划定合法和非法市场行为的边界，防止不正当竞争和侵权行为的发生。合法市场行为应该遵守法律规定的范围和要求，而非法行为则会受到法律的制裁和惩罚，维护市场秩序和公平竞争的环境。

法律的制定和执行是推动专利运营市场法治化的关键。通过建立健全的法律体系，可以保障市场的正常运行，促进专利运营市场的规范化和有序化发展。法治化的专利运营市场能够为各方提供更加稳定和可靠的交易环境，促进专利资产的有效流转和创新经济的繁荣。

2. 明确专利运营方式

完整、严格的制度确实对于专利运营市场的正常运行至关重要。完整、严格的制度可以确保专利运营行为的合法性，维护运营主体的合法权益，并促进市场的规范化和健康发展。

在制度方面，自愿登记、资产评估、公开竞价、公示公证等程序是非常重要的环节。这些程序可以确保专利运营交易的公平、公正和透明，防止信息不对称和不当竞争的发生。通过自愿登记，可以让市场主体自愿将自己的专利运营信息进行登记，提供给其他参与方进行参考和交易。资产评估则可以对专利进行价值评估，为交易提供参考依据。公开竞价和公示公证等程序可以确保交易过程的公开透明，保护参与方的合法权益。此外，为适应专利运营模式的不断创新，制度规则也需要不断调整和创新。随着专利运营模式的发展和变化，可能会涌现出新的运营方式、内容、程序和机构，需要相应地建立适合规范化要求的制度规则。通过监测市场需求、借鉴国内外经验、与专业机构合作等方式来推动制度的适应性调整和创新。

综上所述，专利运营市场的法治化需要完善的制度来保障运营行为和运营主体利益的合法性。同时，为了适应市场发展和创新，制度规则也需要不断调整和创新，才能确保专利运营市场的稳定、有序和健康发展。

3. 提供产权交易功能

多层次、立体型的专利运营网络协作系统确实是专利运营市场发展的趋势。这样的网络化体系可以促进专利运营市场的互联互通和协同发展，提供更广泛的参与机会和更全面的信息支持。在这个网络化的专利运营市场体系中，知识产权运营公共服务中心平台、特色试点平台和区域性平台起到重要的骨架作用。知识产权运营公共服务中心平台作为核心枢纽，负责整合和提供专利运营信息、制度和服务供给，连接各类专利运营机构和市场参与者。特色试点平台和区域性平台则在特定领域或地区发挥引领作用，推动专利运营的创新实践和合作发展。这样的网络体系通过互联网和大数据分析技术，实现专利运营信息的快速传递和交流。各类市场参与者可以依托网络平台获取和共享各种专利运营信息，包括专利权信息、市场需求信息、交易数据等，有助于聚合分散的创新和投资行为，使不同地区、不同行业的专利运营主体能够相互了解和合作，实现更广泛的专利运营。

总之，建立多层次、立体型的专利运营网络协作系统能够促进专利运营市场的发展和创新。通过互联网和大数据技术的支持，实现专利运营信息的共享和传递，提高市场参与者的交流和合作效率，推动跨地区、跨行业的专利运营活动，为专利权人、企业和投资主体提供更多的机会和选择，促进创新资源的高效配置和价值实现。

(三) 服务供给

在专利运营市场体系中，知识产权运营公共服务中心平台的作用是连接专利运营市场的各个主体，并提供必要的信息和服务，以实现创新资源的优化配置。将知识产权运营公共服务中心平台定位为专利运营对接资本市场的基础性设施，有助于推动专利运营市场的发展，优化创新资源的配置，提升市场的流动性和信任度，为创新者和投资者搭建了一个高效、透明的交易平台。

1. 增强专利运营的市场服务功能

非标准化的权益资本市场确实在专利运营市场中具有重要的作用,并且随着知识产权金融服务、股权转让、权益证券化等新型业务的发展,知识产权运营公共服务中心平台的服务功能需要不断创新和增强。

为了促进知识产权运营公共服务中心平台的创新发展和服务产权流动的功能,以下有一些关键方面可以考虑。

(1) 拓展业务范围

除了传统的专利权许可转让之外,知识产权运营公共服务中心平台可以扩大业务范围,涵盖知识产权金融服务、股权转让、权益证券化等新兴业务,为专利运营市场的参与者提供更多的选择和机会,促进创新资源的优化配置。

(2) 强化金融服务能力

作为非标准化权益资本市场,知识产权运营公共服务中心平台需要具备强大的金融服务能力,包括风险评估、投资咨询、资金清算等,提供更全面、专业的金融服务,吸引更多的投资者和资金进入专利运营市场。

(3) 提升信息披露和监管能力

为了增强知识产权运营公共服务中心平台的信任度和市场透明度,需要加强信息披露和监管机制。知识产权运营公共服务中心平台应提供准确、全面的信息披露,加强市场监管,确保交易的公平、公正和合规性。

(4) 创新技术应用

借助新技术如大数据、人工智能、区块链等,知识产权运营公共服务中心平台可以提供更精准、高效的服务。例如,利用大数据分析来进行市场预测和风险评估,利用区块链技术确保交易的安全性和可追溯性。

综上所述,知识产权运营公共服务中心平台作为非标准化权益资本市场的核心,应致力于不断创新和提升服务功能,拓展业务范围,强化金融服务能力,加强信息披露和监管,以及应用创新技术,从而促进专利运营市场的发展,优化创新资源的配置,以实现专利运营市场体系的整体功能。

2. 改进专利运营的价格形成机制

确立符合交易预期的专利运营的价格形成机制是确保专利运营资源配置功能完善的关键。为此,可以考虑以下六个方面。

(1) 市场评估

建立科学、客观的市场评估方法,对专利进行价值评估。通过考虑专利的技术水平、市场潜力、竞争环境等因素,确定专利的合理价格范围。

(2) 拍卖机制

引入拍卖机制作为一种交易方式,通过竞价形式确定专利的最终价格。拍卖机制可以提高市场竞争,使买方和卖方在公平、透明的环境下进行交易,从而实现价格的合理形成。

(3) 竞标机制

采用竞标方式进行专利交易,买方通过提出报价来竞争获取专利。竞标机制可以鼓励买方提供更高的价格,同时提高专利的交易效率和流动性。

(4) 定价模型

建立合理的定价模型,根据专利的特征和市场需求,通过计算和分析确定专利的价格。定价模型可以考虑专利的技术价值、市场前景、竞争程度等因素,为专利的定价提供科学依据。

(5) 数据支持

利用大数据分析和市场情报,提供全面的市场数据和趋势分析,帮助参与者了解市场行情和参考价格,从而做出更准确的交易决策。

(6) 监管机制

建立监管机制,对专利价格形成过程进行监督和管理,防止价格操纵和不正当竞争行为的发生。监管机制可以提高市场的透明度和公平性,维护市场秩序和交易安全。

通过改进专利运营的价格形成机制,可以促进专利运营资源的合理配置和流动,提高市场效率和参与者的利益。同时,也有助于吸引更多的买方和卖方参与专利交易,推动专利市场的发展和创新资源的有效利用。

3. 强化专利运营的产品和服务创新

强化专利运营的产品和服务创新是推动专利运营市场发展的关键。

(1) 创新交易模式

开展创新交易模式,如拍卖、竞标、许可证明等,以适应不同类型的专利交易需求。创新交易模式可以促进更高效、更公平的专利交易,以增加市场的流动性。

(2) 开发新型产品和服务

开发针对专利运营市场需求的新型产品和服务,如专利估值工具、专利运营策略咨询、专利风险评估等。新型产品和服务可以提供更全面、准确的专利信息和分析,帮助市场主体做出更明智的决策。

(3) 推动知识产权金融创新

结合金融工具和专利运营，开展知识产权金融服务，如专利质押融资、专利证券化等。创新的知识产权金融产品和服务可以为专利权人提供资金支持，促进专利资产的价值实现。

(4) 强化信息服务

提供更全面、准确的专利信息服务，包括专利检索、专利分析、市场情报等。利用大数据和人工智能技术，提供定制化的信息服务，满足市场主体对专利信息的精准需求。

(5) 提供培训和指导

开展专利运营的培训和指导活动，提升市场主体的专业能力和运营水平。通过组织研讨会、培训课程和专家指导，帮助市场主体了解专利运营的最新趋势、政策法规和最佳实践。

通过强化专利运营的产品和服务创新，知识产权运营公共服务中心平台可以提供更多元化、创新化的专利运营支持，满足市场主体的不同需求，促进专利运营市场的发展和专利资源的优化配置。同时，与行业和企业进行合作，共同推动专利运营的创新发展，提高专利运营的市场竞争力和价值创造能力。

第三节 知识产权运营公共服务中心平台运行规则

一、建设运营方式

采用政府和社会资本合作方式（PPP）进行知识产权运营公共服务中心平台的建设和运营是一个可行的选择。政府和社会资本合作模式可以充分利用社会资本的管理经验和技术优势，提高知识产权运营公共服务中心平台的运营效率和服务质量，减轻政府的财政压力。在政府和社会资本合作的框架下，可以建立投资、管理和运营相结合的机制，确保知识产权运营公共服务中心平台的建设和运营能够顺利进行。通过政府和社会资本合作，可以整合资源、提高管理效率，推动知识产权运营公共服务中心平台的建设和运营。政府和社会资本合作模式有助于实现公共服务的优化和提升，提高专利运营市场的发展水平和质量，推动创新生态系统的健康发展。同时，这种合作模式还能够促进公共资源的合理配置和社会资本的参与，以实现政府与市场的良性互动。

(一) 建设方式

按照"政府引导、市场运作、利益共享、风险共担"的原则，特许经营的方式可以是一种有效的建设和运营模式。根据描述的方式，可以采取以下几种步骤和措施。

1. 政府引导

政府在项目实施过程中起到引导和监管的作用，制定相应的政策和规划，为项目提供必要的支持和资源。

2. 牵头机构的指定

政府指定一个牵头机构负责项目的设计、建设、运营等工作，并与其他合作方组建项目公司。

3. 合作方的选择

通过协商和竞争机制，从共建单位授权机构和社会投资机构中选择合适的合作方，形成项目公司的合作团队。

4. 签署契约

牵头机构与各合作方之间签署项目建设合同和特许经营协议等契约，明确各方的权责利，并规定项目的管理、运营、监管等事项。

5. 运营管理团队的选择

专业运营管理团队通过社会公开招标的方式确定，确保团队具备专业素质和管理能力，能够有效地运营知识产权运营公共服务中心平台。

6. 监管职能强化

专利行政主管部门在项目实施过程中加强监管职能，确保项目按照约定的规定进行建设和运营，并及时解决问题和纠纷。

以上步骤和措施可以有效地实现政府与市场主体的合作，确保知识产权运营公共服务中心平台的建设和运营按照规划和契约进行，实现利益共享和风险共担。同时，政府的引导和监管可以保证项目的合规性和公共利益，促进知识产权运营公共服务中心平台的可持续发展。

(二) 运营方式

特许经营制度在知识产权运营公共服务中心平台的专利运营公共产品生

产方面是一种可行的制度安排。特许经营制度可以引入竞争因素,确保企业之间公平竞争获得特许经营权,防止垄断情况的发生。政府将授予知识产权运营公共服务中心平台在一定时间和范围内享有生产并经营专利运营公共服务产品的权利,并允许其收取适当的费用以实现投资回报。在特许经营制度中,确保公共服务产品质优价廉的关键是加强价格管制。政府可以对公共服务产品的价格进行管制,以确保企业向消费者提供质优价廉的产品,防止过高的收费。另外,政府作为掌握大量有价值的专利运营信息的持有方,应该将这些公共资源视为全社会共有而不是企业所有。企业在特许经营制度的前提下,应免费或以低价向社会提供专利运营公共服务产品,而不以营利为目的。

为了避免经营企业过度追求市场收益,政府可以定期核算其服务成本,并向社会公示。在必要时,政府可以采取政府购买服务的方式来支持企业免费提供专利运营公共服务产品,以确保企业的经营行为符合公共利益,为社会提供质量高、价格适中的专利运营公共服务。

总之,特许经营制度结合价格管制和政府购买服务的方式,可以在知识产权运营公共服务中心平台的专利运营公共产品生产中确保公平竞争、质优价廉、符合公共利益的运营模式。特许经营制度可以最大限度地满足社会对专利运营公共服务的需求,并确保公共资源的合理利用和公平分配。

二、项目风险控制

合理分担风险是确保知识产权运营公共服务中心平台建设运营顺利进行的重要前提。在知识产权运营公共服务中心平台建设运营过程中,各种风险如政策风险、技术风险、财务风险和营运风险等都存在。通过设计合理公平的风险管控机制、建立监管体系和合同体系,以及加强信息披露和透明度,可以有效分担和管理知识产权运营公共服务中心平台建设运营过程中的各类风险,可以确保知识产权运营公共服务中心平台的稳定运营,促进知识产权运营公共服务中心平台的可持续发展,以保护各方利益的合法权益。

(一) 风险分担

在平台建设运营过程中,风险分担是至关重要的一项工作,旨在合理分配和降低各方面临的风险。以下是一些常见的风险分担原则和措施。

1. 合作协议

在合作协议中,明确各方的权利和责任,包括风险承担方面的约定,明确不同风险类型和后果，规定各方在面临风险时的责任和应对措施。

2. 投资回报与风险挂钩

投资方承担的风险越大，获得的投资回报也相应增加。通过投资回报与风险挂钩，激励各方积极管理和控制风险，以确保公平分配回报。

3. 分散风险

将风险分散到多个参与方，减少单一方所面临的风险。例如，知识产权运营公共服务中心平台可以吸引多家投资方参与，共同承担运营风险。

4. 保险和担保

通过购买适当的保险和利用担保机制来降低风险。例如，购买财产保险、责任保险或专业责任保险，以及利用担保机构提供的担保服务。

5. 风险管理措施

各方应采取适当的风险管理措施，包括制订风险管理计划、建立风险监测和控制机制、定期评估和更新风险管理策略等。

6. 不可抗力的风险共担

对于不可抗力因素所造成的风险，各方应共同承担，合理分配相关损失。

7. 监管和合规

政府在知识产权运营公共服务中心平台建设运营过程中承担监管和合规职责，确保各方遵守相关法律法规，规避违规行为所带来的风险。

综上所述，风险分担需要根据实际情况和合作关系的特点来制定，确保各方的权益得到充分保护。合理的风险分担机制有助于知识产权运营公共服务中心平台建设运营的顺利进行，降低各方所面临的风险，促进合作的可持续发展。

(二) 利益共享

在知识产权运营公共服务中心平台建设运营中，不同主体之间的利益诉求确实存在差异，但在实现平台可持续发展的同时，也需要平衡各方的利益。

对于政府而言，确保知识产权运营公共服务中心平台提供公益性服务、具备公信力是其首要任务。政府在知识产权运营公共服务中心平台建设过程中需要关注社会效益的最大化，确保公共产品和服务的质量和效率。同时，也需要控制成本，确保资源的合理利用。

对于社会资本和战略投资者而言，他们期望获得与其投入和承担的风险相匹配的投资回报。这就需要知识产权运营公共服务中心平台运营方在商业模式设计中充分考虑投资者的利益，确保平台的盈利能力和可持续性。

知识产权运营公共服务中心平台运营方作为具体的经营主体，其利益诉求在于获得更多优质低价的公共产品和服务。为了满足这一需求，平台运营方需要不断地提升运营效率，降低成本，并提供高质量的专利运营服务，以吸引更多用户和投资者的参与。

在实践中，平衡各方利益的关键在于建立有效的合作机制和合理的利益分配机制。政府应制定相关政策和规定，为知识产权运营公共服务中心平台运营提供必要的支持和引导；社会资本和战略投资者应在合规范围内积极参与知识产权运营公共服务中心平台建设和运营，并合理获取回报；知识产权运营公共服务中心平台运营方应努力提供优质的公共产品和服务，实现用户的满意和投资者的回报。

通过多方合作、良好的沟通和协商，可以实现各方利益的平衡和共赢，推动知识产权运营公共服务中心平台建设运营的可持续发展。

(三) 回报机制

回报机制是指在知识产权运营公共服务中心平台建设运营中，各参与主体获得相应回报的规则和机制。为了吸引社会资本的投资和参与，需要建立合理的回报机制，以确保各方的利益获得合理保障。以下是一些常见的回报机制。

1. 投资回报率（ROI）

投资方通过资金投入获得相应的回报率，这是最常见的回报机制之一。投资回报率可以是固定的，也可以根据知识产权运营公共服务中心平台运营状况和业绩进行调整。

2. 分红机制

知识产权运营公共服务中心平台获得盈利后，可以按照一定比例将利润进行分红，回报给参与平台建设运营的投资方。

3. 收费模式

知识产权运营公共服务中心平台可以通过收取使用费、服务费或手续费等方式获取回报。这些费用可以基于平台提供的专利运营服务的具体内容和价值进行定价。

4. 特许经营费用

知识产权运营公共服务中心平台作为特许经营者，可以向特许经营合作方收取一定的特许经营费用，作为其参与平台运营的回报。

5. 平台租金

如果知识产权运营公共服务中心平台拥有园区或办公空间，可以通过租赁这些空间来获取租金收入。

6. 广告收入

知识产权运营公共服务中心平台可以通过向合作伙伴提供广告展示和推广服务，获得相应的广告收入。

7. 交易手续费

知识产权运营公共服务中心平台作为专利运营交易的中介平台，可以收取交易参与方的交易手续费作为回报。

8. 其他收入来源

根据知识产权运营公共服务中心平台的具体运营情况和业务模式，还可以通过其他形式的收入来源获得回报，例如，知识产权的授权费用、技术咨询服务收费等。

在制定回报机制时，需要综合考虑各方的利益诉求和平衡，确保回报机制的公平性和可持续性。同时，监管部门也需要对回报机制进行监管和监督，以保障公共利益和市场秩序。

(四) 合同管理

知识产权运营公共服务中心平台建设运营合同体系是确保平台建设和运营各方权益得到保护的重要工具。以下是一些合同类型和事项，可以在知识产权运营公共服务中心平台建设运营合同中进行明确。

1. 项目合同

明确项目的基本信息、合作内容、合作期限等，包括知识产权运营公共服务中心平台的资产权属、股权结构、资本责任和风险分配等权利义务。

2. 股东合同

适用于多股东合作的情况，明确各股东之间的权益比例、决策机构、利润分配等内容。

3. 融资合同

针对知识产权运营公共服务中心平台的融资需求，明确融资方式、金额、利率、还款方式等，确保平台获得必要的资金支持。

4. 履约合同

明确各方在知识产权运营公共服务中心平台建设和运营过程中的履约责任和义务，包括投资竞争、建设履约、运营维护等方面。

5. 调整衔接合同

针对合同变更、合同展期、提前终止、应急处置等情况，明确各方之间的协调和衔接方式。

在制定合同时，需要充分考虑各方的权益和责任，确保合同内容的公正、明确和可执行性。合同的签订和履行应符合相关法律法规的要求，并受到监管部门的监管和监督。合同的完整性和稳定性对于知识产权运营公共服务中心平台的长期发展至关重要，需要细致考虑各种情况并做出合理安排，以确保各方利益的平衡和保障。

三、知识产权运营公共服务中心平台治理体系

知识产权运营公共服务中心平台的治理体系是确保平台有效运行和规范管理的重要组成部分。通过建立健全的平台治理体系，可以有效提升平台的管理水平、规范运作，确保平台在服务专利运营市场中发挥应有的作用，并为各方利益相关者提供可靠的服务和保障。同时，政府部门应加强对平台的监管和指导，确保平台的合规运营和社会效益的实现。

（一）非营利性定位

纯粹公共产品具有完全的非排他性和非竞争性，需要由政府提供并免费提供给市场主体。准公共产品则具有一定的排他性和竞争性，可以由市场机构提供，并可收取适当费用。在专利运营体系中，知识产权运营公共服务中心平台可以承担提供免费或廉价的公共产品的角色，满足市场主体的一般性基础需求。这些公共产品可以包括专利运营信息服务、市场监测与分析、法律政策解读等。知识产权运营公共服务中心平台通过政府和市场的合作生产方式，确保这些公共产品的供给充分且具备一定的质量和可靠性。而针对市场主体的个体偏好和专门需求，专利运营机构可以提供高端的专利运营产品和服务，并根据市场定价机制收取相应的费用。这些高端产品可以包括专利

价值评估、专利交易撮合、专利运营战略咨询等,满足市场主体的个性化需求。

通过知识产权运营公共服务中心平台和专利运营机构的协同作用,可以更好地满足市场主体的需求,提供多样化的公共产品和专利运营服务,促进专利运营市场的健康发展。

(二) 市场化路径

1. 明确平台的功能定位

确保政企分开可以促进市场机制的有效运行,并减少政府对市场的干预。下面是可以帮助实现这一目标的一些措施。

(1) 建立独立的法人治理体系

知识产权运营公共服务中心平台应具备独立的法人地位,遵循现代企业制度的要求,确保企业的独立运营和决策权。建立独立的法人治理体系可以确保企业的经营决策更加市场化和专业化。

(2) 建立有效的内部治理机制

知识产权运营公共服务中心平台应建立健全的内部治理结构,包括董事会、监事会和高级管理团队等。建立有效的内部治理机制可以确保企业内部决策的透明性、合规性和高效性。

(3) 强化市场监管职能

知识产权运营公共服务中心平台作为市场基础设施,应履行市场监管职能,确保市场公平竞争、信息透明和合规运作。政府应加强监管力度,建立有效的监管机制和法规框架,对知识产权运营公共服务中心平台的运作进行监督和评估。

(4) 促进市场化竞争

政府应鼓励并引导多家企业参与知识产权运营公共服务中心平台的建设和运营,打破垄断,增加市场竞争性,确保市场资源的有效配置和优化。

(5) 加强信息披露和公开透明

知识产权运营公共服务中心平台应定期公开企业信息、财务状况和运营情况,向社会各方提供充分的信息披露,以增加市场信任度和透明度。

通过以上措施,可以建立起一个现代化、市场化的知识产权运营公共服务中心平台,实现政企分开、市场运作的目标,为专利运营市场的发展提供坚实的基础。

2. 完善平台的治理结构

采用公司制治理是知识产权运营公共服务中心平台市场化运作的基本前提，是确保知识产权运营公共服务中心平台的独立性和有效决策的重要手段。以下是对完善平台的治理结构要点的进一步说明。

(1) 公司制治理

将知识产权运营公共服务中心平台建设为独立的企业法人，可以确保知识产权运营公共服务中心平台具有独立的运行和决策机制。作为独立的法人实体，知识产权运营公共服务中心平台可以自主进行人事任免和制定运行决策，增强其市场化运作的灵活性和高效性。

(2) 选聘经营管理人员

知识产权运营公共服务中心平台可以从全球市场上选聘经营管理人员，引入具有丰富经验和专业知识的人才，为知识产权运营公共服务中心平台的市场化运作提供专业化管理和战略决策支持。同时，建立有效的激励机制，如允许管理层有条件持股，可以将管理层与知识产权运营公共服务中心平台的业绩和回报绑定，激励优秀人才的留任和绩效提升。

(3) 公司内部治理

在公司内部治理方面，知识产权运营公共服务中心平台应注重培养市场功能和企业信用，完善投融资决策机制，建立风险控制体系，提高项目管理能力和科学决策水平，有助于提升平台的运营效率和风险管理能力，增强市场参与者对平台的信任和合作意愿。

(4) 引入社会资本和战略投资者

知识产权运营公共服务中心平台可以引入社会资本和战略投资者，聚合各方资源，推进股权结构多元化，进一步完善企业法人治理结构。通过建立内部制衡机制，可以防止不合理的让利或利益输送，确保平台运作的公正和公平性。

综上所述，公司制治理是知识产权运营公共服务中心平台市场化运作的基本前提，通过引入专业管理团队、激励机制和社会资本参与，可以优化公司治理结构，提高市场活力和运营效率，为知识产权运营公共服务中心平台的可持续发展奠定坚实基础。

3. 强化平台的监管体系

(1) 立法和政策支持

政府应出台相关法律法规和政策文件，明确知识产权运营公共服务中心平台的定位、职责和监管要求。这些法规和政策文件应当涵盖平台的组织结构、经营范围、运营规则、信息披露要求等方面，以确保平台的合规运作和监管的有效性。

（2）监管机构设立

政府应设立专门的监管机构或部门，负责对知识产权运营公共服务中心平台的监管和监督工作。监管机构应具备专业的知识产权和市场监管能力，能够有效监督平台的运营情况、业务合规性和服务质量。

（3）监管措施和工具

监管机构应制定相应的监管措施和工具，包括但不限于监督检查、数据分析、风险评估、投诉处理等。监管措施和工具可以帮助监管机构及时发现问题、预防风险，并采取相应的监管措施进行干预和调整。

（4）监管信息披露

知识产权运营公共服务中心平台应按照监管机构要求进行信息披露，包括财务信息、经营信息、服务质量等方面的披露。监管机构应确保信息披露的及时性、准确性和透明性，以便监管机构和社会公众了解平台的运营情况和风险状况。

（5）合作与监管衔接

监管机构应与其他相关部门建立有效的合作与衔接机制，包括但不限于知识产权管理机构、金融监管机构等，实现监管资源的共享和信息的交流，加强对知识产权运营公共服务中心平台的全面监管。

通过以上措施，政府可以加强对知识产权运营公共服务中心平台的监管，确保平台的合规运营和公共服务的质量，保障市场的公平竞争和用户的权益保护。同时，监管体系的建设也可以促进知识产权运营公共服务中心平台的发展和市场的健康运行。

（三）治理模式

1. 组织架构

董事会由董事组成，负责制定和执行公司的战略计划、监督公司的运营和管理工作。董事会的成员应具备专业知识和经验，能够为公司提供有效的指导和决策。监事会是对董事会和公司管理层的监督机构，由监事组成。监事会负责监督公司的财务状况、内部控制和合规性，并向股东会报告公司的经营情况。股东会、董事会和监事会的设立是公司治理结构的重要组成部分，确保公司的决策和管理合法、合规，并保护股东的权益。

在知识产权运营公共服务中心平台的治理中，股东会应根据股东的权益比例进行表决，特别决议需要获得更高比例的表决权支持。董事会应定期召开会议，讨论并决策公司的重要事项。监事会应独立于董事会和管理层之外，履行监督职责，确保公司的运营符合法律法规和公司章程的要求。此外，股东会、董事会和监事会的成员应具备适当的独立性和专业背景，以确保其决策和监督能够真正符合公司和股东的利益。具体的组织架构和治理模式还需要根据知识产权运营公共服务中心平台的具体情况和相关法律法规进行进一步细化和完善。

2. 股权结构

知识产权运营公共服务中心平台的建设及运营主体是由投资控股有限公司、经营团队和其他投资者共同投资设立的。这种合作模式可以通过合资、合作等方式来实现。投资控股有限公司是主要的投资方，由政府或政府相关机构担任，承担着资金的提供和管理，对知识产权运营公共服务中心平台的发展战略和整体运营具有重要影响力。经营团队是负责平台的运营和管理的核心团队，具备丰富的经验和专业知识，能够有效地推动平台的发展，并提供必要的技术和资源支持。通过公开、公平、公正的程序选择最具管理优势的经营团队，可以确保平台的运营和发展具备专业性和高效性。其他投资者可以是其他机构或个人，他们参与投资并分享平台的发展收益，共同参与平台建设和运营。

这种组织架构可以为知识产权运营公共服务中心平台的建设和运营提供更广泛的资源和专业化管理，有助于平台的快速发展和持续运营。同时，平台应确保各投资方的权益得到合理保护，明确各方的权责和利益分配，通过合同或协议对合作关系进行明确规定。

四、市场准入制度

市场准入制度可以确保专利运营市场的健康发展，规范市场秩序，并提高市场交易效率。一种有效的做法是采取会员代理进场交易的模式，有助于扩大专利运营市场的容量和空间。市场服务主体需要通过特定的资格条件和程序申请成为知识产权运营公共服务中心平台的会员，获得市场准入资格，确保市场参与者具备一定的专业素养和合规要求，提高市场的专业性和可靠性。

市场准入制度还可以结合其他产权市场的有效做法，设立相关的准入标准、监管机制和执法措施，以确保市场的公平竞争和透明度。同时，政府还可以在市场准入制度中适度扶持和引导，例如，提供培训、资金支持等，促进市场主体的发展和创新能力。

建立市场准入制度需要综合考虑专利运营的特点、市场需求和监管目标，确保制度的合理性和可行性。政府可以与专利行政管理部门、市场监管机构等合作，共同制定和实施市场准入制度，推动专利运营市场的健康发展。

会员制度可以促进专利运营机构与知识产权运营公共服务中心平台之间的合作与互动，提高交易效率，帮助委托人消除信息障碍。

在知识产权运营公共服务中心平台中，可以将会员分为特别会员和一般会员，根据其权利和义务的不同内容进行区分。

特别会员通常是接受财政资金股权投资的专利运营机构，承担代理或自营的专利运营服务，并负责管理指定的国有专利资产的报价工作。特别会员在平台上拥有更多的权限和责任，能够直接参与专利运营的核心业务，并与政府相关部门合作管理国有专利资产。一般会员则是在知识产权运营公共服务中心平台成功注册的专利运营机构，为供需双方的专利资产经营提供与其业务资质相对应的中介服务，包括审计、评估、法律服务、拍卖、招投标、财务咨询、管理咨询、技术分析等。一般会员在平台上发挥中介作用，帮助专利持有人和买家之间进行交易。

通过会员制度，知识产权运营公共服务中心平台能够集中优势资源，提供专业的市场信息和服务，促进专利运营市场的健康发展。同时，会员制度也可以帮助提高市场的透明度和可信度，提供更多的选择和机会给专利持有人和买家。

需要注意的是，会员制度的具体细则和标准需要根据国家的法律法规和专利运营市场的实际情况进行制定，并确保公平、公正、透明的原则。此外，政府和知识产权运营公共服务中心平台还需要加强监管，确保会员的合规运营和服务质量，以维护专利运营市场的稳定和公信力。

建立集中统一的产权市场制度和完善会员制度是知识产权运营公共服务中心平台运行初期的重要目标。确实，会员制度对于确保市场运行的有效性和规范性起着关键作用。以下是一些建议来加强知识产权运营公共服务中心平台的监管体系和完善会员制度。

(一) 明确监管职责

政府应明确监管机构的职责,对会员的市场活动进行监管和监控。建立健全的监管机制,包括定期检查、监测和风险评估等,及时发现并解决问题。对于违法违规的会员,应采取相应的纠正措施和处罚,以保证清退和处理的透明和公正。

(二) 规范交易程序

建立规范的交易程序和准入机制,引导合格的交易主体进入市场。根据市场需求和运营交易主体的特点,创新服务产品,提升会员的专业化水平。通过完善交易流程、制定标准合同和规则,确保交易的公平、公正和透明。

(三) 完善会员制度

根据市场的发展情况和专业化需求,合理确定会员数量,并对会员资质和从业人员资格进行认定。加强会员的专业培训,提高其专业素养和服务能力。建立会员评价机制,对会员的服务质量和业绩进行评估和考核,为用户提供可靠的会员选择。

(四) 强化信息披露和透明度

知识产权运营公共服务中心平台应建立信息披露机制,及时向市场公布重要信息,确保市场的透明度和公信力。会员应提供真实、准确、完整的信息,使市场参与者能够了解会员的资质、经验和业绩,以便做出明智的决策。

(五) 强化监管协作

政府监管部门与知识产权运营公共服务中心平台应加强协作,共同制定监管规则和标准,共享信息和数据,建立起监管合作的机制。政府监管部门要及时提供政策指导和支持,确保市场的稳定和健康发展。

综上所述,强化知识产权运营公共服务中心平台的监管体系和完善会员制度对于专利运营市场的健康发展至关重要。这将有助于确保市场的公平竞争、透明度和稳定性,提高专利运营市场的整体效益和信誉。

五、运营交易规则

专利运营交易规则对于规范市场交易行为、维护交易市场秩序以及保护市场参与者的权益具有重要意义。竞价拍卖作为一种交易方式在专利运营中的应用确实具有一定的优势。以下是竞价拍卖方式的一些特点和优势：

消除信息不对称：由专利运营机构负责寻找潜在交易方，消除了交易双方因信息不对称而产生的成本。通过平台的开放性和专业服务，确保交易双方的信息公开和对等，提高市场的透明度。

公开透明的市场：竞价拍卖具有公开透明的特点，交易的所有参与者都可以了解到竞争对手的报价，有助于形成公平竞争的市场环境、提高市场的效率和促进价格的发现。

体现专利资产价值：通过竞价拍卖，交易参与者可以根据市场需求和竞争情况来确定专利资产的潜在价值。高竞价者胜出，能够更好地体现专利资产的市场价值。

提高交易效率：竞价拍卖具有一定的时间限制和紧迫感，能够促使交易参与者在较短时间内做出决策，提高交易的效率和速度。

然而，竞价拍卖方式也需要考虑一些潜在的问题，如参与者之间的协调行为、竞价策略的合理性、交易主体的实力差异等。因此，在引入竞价拍卖方式时，需要制定相应的规则和监管机制，确保交易的公平性和合规性。

总的来说，竞价拍卖方式在专利运营中的应用可以促进市场的竞争和价格的发现，为专利资产的交易提供更加公开透明和高效的方式。在实施竞价拍卖时，应考虑平台的角色、制定适当的运营交易规则和监管机制，并与其他交易方式相结合，以实现专利运营市场的发展和健康运行。

竞价拍卖方式在专利运营中的应用可以带来一些好处，例如，增加信息公开透明度、降低交易成本、客观评估专利价值等。然而，竞价拍卖方式也存在一些挑战和限制，导致实际成功率可能不高的情况。以下是一些可能导致竞价拍卖成功率不高的因素：

不同估值方法的差异：竞买者和知识产权权利人对专利价值的估算方法可能存在差异。竞买者通常会根据专利的未来收益预期来评估其价值，而知识产权权利人可能会根据市场和个人预期来进行判断。这种差异可能导致对专利价值的估计存在偏差，使得双方在竞价拍卖中难以达成一致。

缺乏市场评估和价格引导机制：在竞价拍卖方式中，缺乏成熟的市场评估和价格引导机制，使得专利权人可能过高地设定专利的价格，导致专利资产难以吸引到合适的交易对手，可能会降低竞价拍卖的吸引力和成功率。

专利资产流动性问题：某些专利可能存在较低的流动性，即使通过竞价拍卖形式进行交易，也可能面临交易对手匹配的困难，可能导致竞价拍卖的成功率较低。

针对上述问题，可以考虑以下措施来提高竞价拍卖的成功率：

加强专利市场评估机制：建立专业的专利市场评估机构，提供客观、科学的专利价值评估服务，减少评估差异，增加交易吸引力。

提供交易信息和指导：在竞价拍卖过程中，提供充分的交易信息和指导，帮助知识产权权利人和竞买者更好地理解专利的价值和市场情况，以便做出更合理的报价。

多样化交易方式：除了竞价拍卖方式之外，还可以探索其他交易方式，如谈判、竞争性议价等，以满足不同参与者的需求和偏好，提高专利交易的灵活性和成功率。

总的来说，尽管竞价拍卖方式在专利运营中具有一定的优势，但要提高其成功率，需要综合考虑专利市场评估、信息公开和交易方式多样化等因素，以促进专利资产的流动和市场的发展。

第七章

知识产权资本运营与价值评估

第一节 知识产权资本运营

一、知识产权资本化概述

(一) 知识产权资本化的概念

知识产权资本化是指将知识产权转化为具有经济价值和市场交易能力的资产,是对知识产权进行商业化运作和利用的过程,通过将知识产权作为一种资产形式,进行投资、交易、许可、转让等经济活动,以实现经济利益和价值最大化。

知识产权资本化的概念体现了对知识产权价值的认识和利用。传统上,知识产权主要被视为一种法律保护的权利,用于保护创新者的创造成果和知识产权的独占性。但是,随着知识经济的发展和技术进步,人们逐渐意识到知识产权本身也具有经济价值,并可以成为创新驱动和竞争力提升的重要资源。

知识产权资本化的过程涉及将知识产权进行评估、定价、交易和商业化运营等活动,包括确定知识产权的价值和市场需求,开展专利运营、技术转让、品牌授权等商业模式,通过市场化的手段将知识产权转化为经济利益和商业竞争力。

知识产权资本化对于创新者、企业和经济社会的发展具有重要意义。知识产权资本化可以激励创新活动和知识产权的保护,促进技术转移和合作,提高企业的市场竞争力和经济效益。同时,知识产权资本化也为投资者和市场参与者提供了一种多样化的投资和交易机会,推动知识经济的发展和知识产权市场的繁荣。

需要注意的是,知识产权资本化的过程中也存在一些挑战和风险,如评估和定价的不确定性、知识产权保护的复杂性、市场需求的变化等。因此,合理规划和管理知识产权资本化的过程，并加强相关法律、政策和监管的支持，是保障知识产权资本化有效运作和实现经济效益的关键。

(二) 知识产权资本化的重要性

知识产权资本化具有重要的经济和社会意义，对创新、经济发展和社会进步起着重要的推动作用。以下是知识产权资本化的几个重要方面。

1. 激励创新和知识产权保护

知识产权资本化鼓励创新者进行创新活动，并通过为创新提供经济回报的机制，激励更多的创新。知识产权保护能够使创新者获得对其创造的成果的独占权，从而促进创新的持续发展。

2. 提高企业竞争力和价值

通过将知识产权资本化，企业可以将创新成果和知识转化为具有经济价值的资产，进而提高其市场竞争力和商业价值。知识产权可以成为企业的核心竞争力，帮助企业在市场中获得差异化优势。

3. 促进技术转移和合作

知识产权资本化可以促进技术的转移和合作，通过许可和转让等方式将知识和技术传递给其他企业和组织，推动技术的广泛应用和商业化运作，有助于加快技术进步和创新成果的市场化，实现资源优化配置。

4. 创造经济价值和就业机会

知识产权资本化可以为创新者和知识产权持有者带来经济回报，创造新的商业机会和就业机会。通过商业化运作和知识产权交易，知识产权可以成为一种有价值的资产，为经济增长和就业创造动力。

5. 推动经济发展和社会进步

知识产权资本化对经济的发展和社会的进步起到推动作用。知识产权资本化可以促进创新生态系统的形成和良性循环，推动产业升级和结构调整，提高国家的创新能力和竞争力，推动经济发展进入知识经济时代。

总而言之，知识产权资本化对于创新者、企业和社会的发展具有重要意义。知识产权资本化可以激励创新、提高企业竞争力、促进技术转移和合作、创造经济价值和就业机会，推动经济发展和社会进步。因此，加强知识产权保护和资本化运作，建立健全的知识产权市场和法律制度，对于实现可持续发展和创新驱动经济具有重要的意义。

(三) 知识产权资本化的特点

知识产权资本化是将知识产权转化为经济价值和资产的过程。其特点主要包括以下几个方面。

1. 非实物性

知识产权是一种非实物资产，其价值主要来自所固化的知识、创造性的想法和创新性的成果，而不是具体的物质形态。知识产权资本化的过程是将这种非实物资产转化为可量化和可交易的经济价值。

2. 高度专业化

知识产权资本化涉及多个领域的专业知识，包括技术、商业、法律等方面。评估、管理和交易知识产权都需要具备相关领域的专业知识和经验，以确保对知识产权价值的准确把握和合理利用。

3. 可转移性

知识产权作为一种资产，具有可转移的特性。通过出售、许可使用、转让等方式进行交易，实现知识产权持有者的经济利益。知识产权资本化的目的就是通过合理的交易模式，将知识产权转化为金融资产，实现资产的增值和流动性。

4. 异质性

不同类型的知识产权具有各自的特点和价值。专利、商标、著作权等不同形式的知识产权在资本化过程中存在差异，需要根据其特点和市场需求进行相应的评估和管理。

5. 长期性和不确定性

知识产权的价值往往具有长期性，并且存在一定的不确定性。知识产权的市场需求和价值可能受到技术发展、市场竞争、法律环境等多种因素的影响。因此，在知识产权资本化过程中，需要考虑这些因素的变化和不确定性。

综上所述，知识产权资本化具有非实物性、高度专业化、可转移性、异质性以及长期性和不确定性等特点。充分认识和把握这些特点，可以更好地实现知识产权的价值最大化和经济利益的实现。

(四) 知识产权资本的风险

1. 资本本身的风险

(1) 市场风险

市场风险是指由于市场供求关系、经济环境、政策变化等因素引起的资本价值波动的风险。市场风险包括股票、债券、商品等资产价格的波动,可能导致投资本金的损失。

(2) 利率风险

利率风险是指由于市场利率的变化对借贷成本和投资回报率产生影响的风险。如果利率上升,那么投资者可能面临借贷成本增加和投资回报率降低的风险。

(3) 信用风险

信用风险是指借款人或债务人无法按时偿还债务或支付利息的风险。投资者面临的信用风险包括债券违约、公司破产等情况,可能导致资本受到损失。

(4) 流动性风险

流动性风险是指投资者在需要变现资本时,市场上没有足够的买家或没有足够的流动性,导致无法及时变现资产或以较低价格变现的风险。

(5) 法律和政治风险

法律和政治风险是指由于法律法规的变化、政治不稳定等因素对资本产权和市场环境产生的风险。政策调整、政府干预等因素可能对投资者的权益产生不利影响。

(6) 操作风险

操作风险是指由于操作失误、技术故障、内部控制不善等因素导致的资本损失的风险。操作风险包括错误的交易决策、内部失职等问题。

投资者在进行资本投资时,应充分认识和评估这些风险,并采取相应的风险管理措施,如分散投资、制定合理的投资策略、定期进行风险评估和调整投资组合等,以降低资本风险并实现可持续的投资回报。此外,投资者也可以通过购买保险、寻求专业投资咨询等方式来管理资本风险。

2. 资本运作的风险

(1) 投资风险

投资风险是指投资方的资金可能无法获得预期的回报或本金可能面临损

失的风险。投资风险涉及市场波动、行业变化、经济衰退等因素，可能导致投资失败或亏损。

(2) 资金风险

资金风险是指由于资金来源不稳定、资金供给紧张或资金管理不当等因素引起的资金流动性风险。资金风险可能导致运作方无法按时偿付债务、支付利息或满足资金需求，从而影响资本运作的顺利进行。

(3) 市场风险

市场风险是指由于市场供需关系、经济环境、政策变化等因素引起的资本价值波动的风险。市场风险包括股票、债券、商品等资产价格的波动，可能影响资本的价值和回报。

(4) 法律和政治风险

法律和政治风险是指由于法律法规的变化、政治不稳定等因素对资本运作产生的风险。政策调整、政府干预、法律纠纷等因素可能对资本运作的合法性、可行性和收益产生不利影响。

(5) 运营风险

运营风险是指由于经营管理不善、市场竞争激烈、技术故障等因素导致的运营失误和损失的风险。运营风险包括管理不善、生产问题、供应链中断等方面的风险，可能导致资本运作的失败或亏损。

(6) 外部环境风险

外部环境风险是指自然灾害、社会事件、战争冲突等不可控因素对资本运作产生的风险。外部环境风险可能导致资本运作中断、资产损失或其他不可预见的风险事件发生。

资本运作的风险需要投资方充分认识和评估，并采取相应的风险管理和控制措施，如多元化投资、定期风险评估、合理规划资金流动等。此外，合规经营、建立健全的内部控制和风险管理体系，以及依法合规操作也是降低资本运作风险的重要手段。

(五) 知识产权资本化的条件

1. 确定可资本化的因素

确定可资本化的因素取决于具体情况和资本化的对象。在知识产权资本化中，以下通常被考虑为可资本化的因素。

(1) 知识产权的所有权和法律保护

知识产权必须明确归属并受到法律保护，包括专利、商标、著作权等。

只有拥有明确的所有权和法律保护，才能够将其作为资本进行运作和交易。

（2）知识产权的价值和可变现性

知识产权应具备一定的市场价值，并能够通过运作、交易或其他方式进行变现，可以为企业带来收入、利润或其他经济利益。

（3）知识产权的市场需求和商业应用

知识产权必须满足市场的需求，有商业应用和潜在的商业价值，解决特定的问题，创造新的产品或服务，或为企业带来竞争优势。

（4）知识产权的稳定性和持续性

知识产权应具备一定的稳定性和持续性，能够在相对长期内产生经济效益，是可持续的资产，能够为企业带来持久的竞争优势。

（5）知识产权的市场可交易性

知识产权应该具备一定的市场可交易性，即能够在市场上进行交易和转让，通过出售、许可、转让等方式进行资本化操作。

（6）知识产权的管理和保护能力

知识产权的管理和保护能力也是资本化的关键因素。企业需要具备有效的知识产权管理体系和保护措施，以确保知识产权的价值不受侵害，并能够充分发挥其资本化的潜力。

以上因素并非绝对，具体情况还需要考虑所处行业、市场环境、技术发展等因素的影响。在实践中，知识产权资本化的可行性评估往往是综合考虑多个因素，并根据具体情况进行权衡和决策。

2. 权利主体合法

权利主体合法是指权利主体在获得相关知识产权时遵守了法律和规定的程序，具备合法的权利归属和享有权益的资格。合法的权利主体可以是个人、企业、组织或其他法律主体。

对于专利权、商标权、著作权等知识产权的权利主体来说，合法性通常需要满足以下几个方面的要求。

（1）符合知识产权法律和规定

权利主体在申请和取得知识产权时必须依照国家的知识产权法律和规定进行操作，包括遵守知识产权申请程序、提交必要的文件和证明材料，并按照规定缴纳相关费用。

（2）具备法律主体资格

权利主体应具备法律主体的资格，可以是自然人、法人或其他具备法律地位的实体。权利主体应该依法成立、注册或登记，并获得相关机关的认可和批准。

（3）无侵权行为

权利主体在取得知识产权之前不能侵犯他人的合法权益，包括不侵犯他人的专利、商标、著作权等权利以确保自己的知识产权申请和使用不会侵害他人的权益。

（4）不违反公序良俗和法律规定

权利主体的行为应符合公序良俗和法律的规定，不得从事非法、违法或损害社会公共利益的活动，尊重知识产权的法律保护，遵守合同约定，遵循商业道德和职业道德。

权利主体合法的身份和行为是知识产权保护和运作的基础。合法的权利主体可以享受知识产权带来的权益和收益，并依法行使和维护自己的知识产权权利。同时，合法性也是权利主体在与他人进行交易、许可或转让知识产权时的重要保障。

二、知识产权资本化的模式

（一）转让模式

知识产权的转让是一种常见且便捷的方式，用于实现知识产权的资本化。通过转让，权利人可以将其拥有的知识产权权利转让给他人，以获取一次性的利益。

知识产权转让的优点包括：

一次性收益：知识产权权利人可以通过转让一次性获得全部利益，避免了长期经营和运营的风险和不确定性。

风险分散：转让后，知识产权权利人不再承担知识产权可能贬值或受到侵权的风险，可以将风险转移给受让人。

专注于核心业务：转让可以使知识产权权利人专注于其核心业务，将知识产权交给专业的运营者或投资者进行开发和利用。

资金流动：通过转让，知识产权权利人可以获得一笔资金，用于其他投资或经营活动，提高资金利用效率。

受让人通过知识产权的转让可以获得以下优势：

全部权益：转让后，受让人完全获得该知识产权的所有权，可以独立使用、开发和经营该知识产权。

开发潜力：受让人可以根据自身需求和战略进行进一步的开发和利用，发掘知识产权的商业价值。

市场竞争力：通过获取他人的知识产权，受让人可以提升自身在市场上的竞争力，获得差异化和竞争优势。

需要注意的是，在进行知识产权转让时，双方应明确转让的范围、权益和条件，并签订相关的转让协议或合同，以确保双方权益的合法性和保护。

（二）担保模式

知识产权担保作为一种资本运作方式，在中国得到了政府的重视和支持。政策的制定和指导意见的发布旨在鼓励银行业对高新技术企业提供金融服务，并通过以知识产权作为抵押物的贷款形式来支持这些企业的发展。

根据相关政策，符合条件的企业可以将其拥有的知识产权作为抵押物来获得贷款。这种知识产权的担保模式使企业能够利用自身的知识产权价值来获得融资支持，提高了企业的融资能力和发展空间。

政策性银行在支持国家重大科技项目方面也积极探索以知识产权和其他无形资产作为抵质押的贷款试点工作。这种做法有助于促进科技创新和技术转移，鼓励企业将知识产权转化为真正的资本，增加了企业获取资金的渠道，提升了知识产权的价值和保护意识。

通过知识产权担保，企业能够更好地利用知识产权资产进行融资和运作，增强了企业的信用和市场竞争力，促进了知识产权的有效运用和保护，也为创新型企业提供了更多的融资选择，推动了知识产权资本化的进程。

（三）信托模式

知识产权信托作为一种资本运作工具，可以为知识产权权利人提供专业的管理和运营服务，有助于优化知识产权权利人的财务和经济利益。

通过将知识产权交由专业的信托机构管理，知识产权权利人可以将权利的运营和管理交给专业人士，专注于创作和创新，同时获得更好的经济回报。信托机构具备专业的知识产权管理和运营经验，能够帮助知识产权权利人更好地保护和运用知识产权，提高知识产权的价值和收益。

然而，中国的知识产权信托市场尚不完善和成熟，知识产权信托还处于起步阶段，相关法律法规和制度建设尚不健全，在实践中也缺乏成功的尝试。此外，知识产权信托的特殊性和复杂性也为知识产权信托市场的发展带来了挑战。

尽管如此,随着知识产权的重要性逐渐凸显,对知识产权的资本化需求不断增长,相信随着时间的推移,中国的知识产权信托市场将逐渐成熟和完善。政府、相关机构和专业机构可以共同努力,加强法律法规的制定和完善,推动知识产权信托市场的发展,为知识产权权利人提供更多选择和优质的服务。

(四) 证券化模式

知识产权证券化是将知识产权转化为流动性较强的财产权,并以资产证券的形式进行交易和融资的过程。知识产权证券化将知识产权这种具有价值的无形资产进行标准化、分割和打包,以便于投资和交易。

通过知识产权证券化,知识产权权利人可以将知识产权进行包装和切割,形成不同类型的证券产品,例如专利债券、技术专利基金等。这些证券产品可以在资本市场进行交易,吸引投资者的资金,并为知识产权权利人提供融资和资本回报的机会。知识产权证券化的过程是一种将知识产权从单一的权利状态转变为可以流通和交易的资产形式,进一步促进了知识产权的价值实现和经济活动的发展。

知识产权证券化的好处在于,提供了更多的融资渠道和机会,使知识产权的价值能够得到更充分地发挥。知识产权证券化为投资者提供了多样化的投资选择,促进了知识产权市场的流动性和活跃度。同时,知识产权证券化也为企业和创新者提供了更便捷和灵活的融资方式,帮助他们实现技术创新的商业化和市场化。

然而,知识产权证券化也面临一些挑战和风险,例如,评估知识产权价值的难题、知识产权证券化过程中的法律和监管问题等。因此,在推动知识产权证券化的发展过程中,需要建立健全的法律和监管框架,加强知识产权评估和交易市场的规范,以确保知识产权证券化过程的透明、公正和可持续发展。

知识产权证券化的程序一般如下:

综合评估:对待证券化的知识产权进行评估,确定其价值和融资潜力,并确定适合的知识产权证券化方式和结构。

权属核查:核查待证券化的知识产权的权属,确保没有权利争议或纠纷,以保证知识产权证券化过程的合法性和稳定性。

设立SPV：成立一个特殊目的机构（Special Purpose Vehicle，简称SPV），用于持有和管理待证券化的知识产权。SPV的设立可以实现破产隔离，将知识产权与发行人的其他资产隔离开来，降低风险。

信用增强：SPV可以采取措施增强知识产权证券的信用，例如，提供担保或向证券持有人提供保证。此外，信用评级机构可以对待发行的证券进行信用评级，为投资者提供评估和比较基准。

发行证券：经过前面的程序和准备工作，知识产权证券化过程中的最后一步就是发行证券。发行证券可以通过公开招股或私募的方式进行，吸引投资者的资金，将知识产权转化为可流通和交易的证券产品。

需要注意的是，知识产权证券化的具体程序和要求可能因国家和地区而异。在实际操作中，还需要遵守相关的法律、法规和监管要求，并确保透明度、合规性和风险管理。

(五) 知识产权资本的价值评估

1. 资本价值评估的因素

技术成熟度、技术开发成本、技术垄断程度和技术生命周期都是评估技术价值时需要考虑的关键因素。

（1）技术成熟度

技术的成熟度反映了技术的可行性和商业化潜力。成熟度越高，技术的应用和市场推广就更为可行，从而增加了技术的价值。

（2）技术开发成本

技术的开发成本对知识产权产品的估值有直接影响。高成本的技术开发通常意味着技术的独特性和市场竞争优势，在对知识产权产品进行估值时会更加重视。

（3）技术垄断程度

技术的垄断程度体现了技术的稀缺性和竞争优势。如果一项技术在市场上具有垄断地位或能够形成有效的技术壁垒，那么知识产权产品的估值可能会更高。

（4）技术生命周期

技术的生命周期指技术从开发到衰退的时间跨度。较长的技术生命周期意味着更长久的收益和商业化机会，在对知识产权产品进行估值时可能更具吸引力。

这些因素在技术价值评估中的重要性可能会因具体情况而异。评估人员需要综合考虑技术本身的特点、市场需求和竞争环境等因素，以制定合理的知识产权产品的估值方法和模型，并进行详细的分析和判断。

根据市场经济原理，当供小于求时，知识产权产品的价格和估值往往会上升，因为需求方愿意支付更高的价格来获取稀缺的产品。相反，当供大于求时，知识产权产品的价格和估值往往会下降，因为供应量超过市场需求，竞争加剧导致价格下降。

在知识产权市场中，供求关系也会对知识产权产品的估值产生影响。如果某种知识产权产品供应有限且市场需求旺盛，例如独特的技术专利或受欢迎的著作权作品，那么知识产权产品的估值可能会相对较高。相反，如果某种知识产权产品供应过剩或市场需求较弱，那么知识产权产品的估值可能会较低。

此外，同类知识产权产品的市场行情也会影响知识产权权利人对知识产权产品的估值。如果存在一个相对成熟稳定的交易市场，那么知识产权权利人可以参考该市场上类似知识产权产品的投资回报率、盈利情况和风险性等数据来评估知识产权产品的估值。知识产权产品的市场行情数据可以提供有关市场定价和市场预期的参考，对估值产生一定的影响。

综上所述，供求关系和市场行情是影响知识产权产品估值的重要因素，评估人员在进行知识产权产品的估值时需要综合考虑市场需求、供应情况、竞争状况以及相关市场行情数据等因素，以准确评估知识产权产品的价值。

预期收益是知识产权产品估值的关键因素之一，因为投资者通常会根据预期收益来评估知识产权产品的价值。如果一项知识产权有较高的预期收益，那么知识产权产品的估值可能会较高；相反，如果预期收益较低，那么知识产权产品的估值可能较低。预期收益与知识产权所涉及的市场规模、技术前景、市场需求等因素密切相关。此外，外部资金的支持也可以对知识产权产品的估值产生影响。如果一项知识产权能够获得外部资金的支持，例如政府的财政支持、风险投资等，那么可能提升知识产权产品的估值，因为外部资金的注入可以增加知识产权的开发和市场推广能力，进一步提高预期收益。

知识产权的权属完整性和无争议性对知识产权产品的估值也具有影响。如果知识产权的权属清晰、无争议，那么知识产权产品的估值可能较高；相反，如果存在权属争议或权利分割，那么知识产权产品的估值可能较低。知识产权的期限规定以及法律的完善程度也会对知识产权产品的估值产生影响。对于法定期限较长的知识产权，由于其保护时间更长，可能会被视为更有价值，知识产权产品的估值可能较高。此外，如果法律对某项知识产权的保护规定较为完善，表明对该知识产权的重视程度较高，侵权风险较小，可能提升知识产权产品的估值。

综上所述，经济因素对知识产权产品的估值具有重要影响。预期收益、外部资金支持、权属完整性和无争议性、期限规定和法律的完善程度等因素都会在知识产权资本化过程中对知识产权产品的估值产生影响，评估人员在进行知识产权产品的估值时需要综合考虑这些因素。

2. **价值评估的方法**

（1）基于市场比较法的估值方法

基于市场比较法的估值方法通过参考类似知识产权的市场交易价格来评估目标知识产权产品的价值。通过比较同类知识产权在市场上的交易价格，可以得出目标知识产权产品的大致价值范围。

（2）基于收益法的估值方法

基于收益法的估值方法通过评估知识产权所能产生的未来经济收益来确定其价值。常用的收益法包括贴现现金流法（DCF）和利润法。贴现现金流法基于预期未来现金流量，考虑时间价值，将未来现金流折现到当前值，来得出知识产权产品的估值。利润法则是基于知识产权对企业利润的贡献来进行估值。

（3）基于成本法的估值方法

基于成本法的估值方法通过评估知识产权的开发和取得成本来确定其价值。成本法主要考虑知识产权的研发、开发和取得成本，将这些成本作为基础，考虑折旧和摊销等因素，得出知识产权产品的估值。

（4）基于市场情况和需求的估值方法

基于市场情况和需求的估值方法通过分析市场对特定知识产权的需求和竞争情况来评估其价值。这种方法常用于评估专利等可转让的知识产权，在考虑市场需求、技术竞争等因素的基础上，确定知识产权产品的估值。

（5）基于专家意见的估值方法

基于专家意见的估值方法依靠专业的评估人员或评估机构的专业意见和经验来确定知识产权的价值。专家可以结合市场情况、技术水平、竞争环境等因素，综合判断并给出相应的估值。

不同的估值方法有各自的优缺点，适用于不同的情况和类型的知识产权。在实际应用中，常常会综合运用多种方法进行估值，以得出更全面准确的结果。此外，估值过程中还需要考虑风险因素、市场条件和特定情况等因素的影响，以保证估值结果的合理性和可靠性。

(六) 知识产权资本出资的主体

1. 自然人

在一般情况下，自然人创作的智力成果享有知识产权的权利，包括发明创造的专利权和著作作品的著作权等。自然人作为知识产权的权利人，可以根据自己的意愿选择将知识产权进行出资。

然而，对于涉及职务发明创造的情况，即指自然人在特定职务关系中创作的发明创造，权利归属可能受到限制。根据相关的法律规定和劳动合同、职务规定等约定，职务发明创造的权利可能归属于雇主或相关单位。因此，在自然人以职务发明创造进行出资时，需要考虑是否受到权利归属的限制。

对于其他类型的自然人创作的知识产权，权利归属通常归属于创作者本人。自然人可以作为知识产权的权利人自由行使权利，并将其作为出资的一种形式。

不同国家和地区对于知识产权的法律规定可能存在差异，因此，在进行知识产权出资时，需要遵守相应的法律和规定，并确保权利归属的合法性和清晰性。同时，也要考虑到知识产权出资可能涉及的合同、许可和授权等法律事项，以确保出资活动的合规性和权益的保护。

2. 法人或其他组织

一般情况下，法人或其他组织可以作为知识产权的权利人，拥有知识产权的权利，并可以选择将其进行出资。这些法人或其他组织可以通过自主创造、收购、转让等方式获得知识产权，并在商业活动中进行利用和出资。

然而，在一些特定情况下，如国家授权投资机构代表国家向公司出资的情况，权利归属可能受到限制。此外，特定法律或法规可能对特定类型的法人或组织在知识产权出资方面设定了限制或要求。因此，法人或其他组织以知识产权进行出资，需要遵守相关的法律规定，确保权利归属的合法性和清晰性。

同时，法人或其他组织以知识产权进行出资还需考虑其他因素。例如，知识产权的价值评估、经济收益预期、合同和授权等法律事项，以及与相关权利人的协商和许可等事宜。这些因素的综合考虑可以帮助法人或其他组织进行明智的知识产权出资决策，并确保出资活动的合规性和权益的保护。

3. 共有主体

共有主体是指多个主体共同享有某项权益或财产的权利。在知识产权领域，共有主体指的是多个个体或实体共同拥有某项知识产权，例如专利、商标或著作权。共有主体可以是自然人、法人或其他组织。当多个个体或实体在创作或发明某项知识产权时，可以共同成为该项知识产权的权利人。共有主体之间可以根据约定或协商确定各自的权益份额或使用权。

共有主体在知识产权管理和运营中也面临一些挑战和问题。例如，共有主体之间可能存在不同的意见或利益冲突，需要协商和达成共识。共有主体之间还需要明确各自的权利和义务，确保对知识产权的管理和利用符合法律规定。

在共有主体的情况下，知识产权的出资和运作可能需要更多的合作和协调，涉及权益分配、许可协议、收益分享等方面的安排。共有主体应当根据法律规定和相关协议明确各自的权益和责任，以确保知识产权的有效管理和充分利用。

(七) 高新技术产业资本化的问题

高新技术产业资本化的问题是一个涵盖多个方面的复杂问题。以下是一些可能影响高新技术产业资本化的问题和所面临的挑战：

1. 投资环境

对于任何形式的资本化，稳定、可预见和透明的投资环境是必要的。政策不稳定或法规不明确可能会阻碍投资者的决策。

2. 技术评估

高新技术的价值通常取决于其可能产生的未来收入，需要专业知识进行准确的评估。如果评估过于保守，那么可能会低估技术的价值；如果过于乐观，那么可能会导致过度投资和泡沫。

3. 风险投资

与传统产业相比，高新技术产业通常需要更长的研发周期和更大的初始投资，而且成功率可能不高。这就意味着需要有愿意承担高风险的投资者。

4. 知识产权保护

知识产权保护是高新技术产业资本化的关键因素。如果知识产权保护不力,那么可能会阻碍创新和投资。

5. 创新生态系统

资本化不仅仅是资金的问题,还需要有一个有利于创新的环境,包括优秀的人才、高质量的教育和研究机构,以及良好的企业文化等。

6. 退出机制

投资者需要有清晰和可行的退出机制,如 IPO 或并购。如果退出机制不明确或困难,那么可能会阻碍投资。

7. 公众的科学素养

公众对高新技术的理解和接受度也是一个重要的因素。如果公众对某项技术的理解有限,那么可能会阻碍这项技术的应用和商业化。

以上这些都是可能会影响高新技术产业资本化的问题,而解决这些问题则需要政策、法律、教育、投资和创新等多方面的合作。

三、知识产权资本运营

(一)知识产权资本运营概述

知识产权资本运营是将知识产权作为资产,以获得资本和其他收益的策略。这是对知识产权进行货币化的一种方式,可以让创新者获得更多的资金,推动科技进步。知识产权资本运营正是将知识产权(如专利权、商标权、著作权等)视为可以产生经济价值的资产,通过各种运营模式获得收益。要有效地进行知识产权资本运营,需要对知识产权的价值进行准确的评估,并且需要有合适的法律和金融机制来保护投资者和知识产权持有人的权益。同时,由于知识产权的特性,如易被复制、价值的不确定性等,知识产权资本运营也存在一定的风险,需要合理的风险管理策略。

(二)知识产权资本运营的成功要素

1. 优质的评价队伍

建设优质的评价队伍对于实施有效的知识产权资本运营、项目评估和其他各种类型的评估活动非常关键。以下是构建优质评价队伍的一些关键因素。

(1)专业知识

评价队伍的成员需要具有与其工作领域相关的专业知识和技能,包括知识产权法律、金融、市场研究、科技创新等方面的知识。

(2) 经验

评价团队成员需要具备实地评估和决策的经验。理论知识虽然重要，但没有实际经验的理论知识可能无法应对复杂的现实情况。

(3) 人际交往能力

评价团队的成员需要具备良好的人际交往能力，包括沟通、团队合作和协调能力。这些能力对于获取信息、理解不同的观点和构建共识非常重要。

(4) 道德和诚信

评价团队的成员需要具备高度的道德和诚信，需要能够公正、公平地进行评估，避免任何形式的偏见和利益冲突。

(5) 持续学习和适应变化

评价团队的成员需要具备持续学习和适应变化的能力。知识产权和金融市场都是快速变化的领域，评价团队需要能够跟上这些变化，持续更新知识和技能。

通过以上这些关键因素，建立一个优质的评价队伍，进行有效的知识产权资本运营和其他评估活动。

2. 清晰的评价对象

知识产权资本运营的目标确实是最大化知识产权的经济价值，将科技成果转化为经济利益。对于不同的实体（如公司或专业的知识产权运营机构），选择正确的业务领域和定位是非常重要的。

对于公司而言，知识产权是其竞争优势的一部分，其知识产权运营的重点可能在于通过专利许可、转让、实施和资本化运营来获取收益。这可能涉及将知识产权纳入其商业模式，通过产品销售、服务提供或许可协议来实现收益。

对于专业的知识产权运营机构而言，他们可能会在知识产权许可交易、知识产权权益融资、知识产权债务融资、知识产权诉讼和知识产权管理中选择一种或多种领域。他们的目标是为客户提供专业的知识产权服务，帮助客户实现知识产权的价值。

不论是哪种实体，明确自身定位并找到适合自己的知识产权运营策略都是成功的关键。通过了解自身的优势、市场的需求和知识产权的特性，可以制定出有效的知识产权运营策略，从而实现知识产权的最大价值。

3. 政府的大力支持

政府对知识产权运营的支持确实至关重要。政府的大力支持可以有多种形式,以下是一些主要的方式。

(1) 制定和执行法规

政府需要制定并执行适用于知识产权的法规,以保护创新者的权益,鼓励技术创新和知识产权运营。制定和执行的法规应包括知识产权的定义、注册、保护和使用的规定,以及针对侵权行为的法律救济机制。

(2) 提供资金支持

政府可以通过各种方式为知识产权运营提供资金支持,如提供财政补助、优惠贷款、税收优惠等。此外,政府还可以建立知识产权保险系统,为知识产权运营中的风险提供保障。

(3) 提供信息服务

政府可以提供知识产权信息服务,如提供知识产权数据库、市场信息、法规政策信息等,帮助企业和个人更好地进行知识产权运营。

(4) 建立公共服务平台

政府可以建立知识产权运营公共服务中心平台,提供专利申请、专利搜索、专利评价、知识产权交易等服务,为企业和个人提供便利。

(5) 培训和教育

政府可以开展知识产权培训和教育活动,提高公众对知识产权的认识,提升知识产权运营的能力。

(6) 促进国际合作

政府可以推动国际知识产权合作,参与国际知识产权组织的活动,保护在海外的知识产权,促进知识产权的全球运营。

这些政府支持的方式都可以推动知识产权运营的发展,促进科技创新和经济发展。

4. 合理的专利布局

合理的专利布局是知识产权战略的一个重要组成部分,尤其是对于技术导向的公司来说非常重要。以下是进行合理专利布局时应该考虑的一些主要因素:

(1) 业务需求和战略目标

企业的专利布局首先应该满足其业务需求和战略目标,包括保护核心技术、阻止竞争对手进入市场、获取许可费收入,或者为未来的业务扩展留出空间等。

(2) 技术发展趋势

企业的专利布局也需要考虑技术发展的趋势。这就需要对相关领域的技术发展进行研究和预测，确定可能的技术方向和重点，然后进行相应的专利布局。

(3) 竞争环境

企业的专利布局还需要考虑竞争环境，包括竞争对手的专利布局、市场动态等。企业可以通过分析竞争对手的专利情况，找出自己的优势和劣势，然后制定相应的专利布局策略。

(4) 法律和政策环境

专利布局还需要考虑法律和政策环境，包括各地的专利法规、政策倾向等。对法律和政策环境的了解可以帮助企业在全球范围内进行更有效的专利布局。

(5) 经济因素

专利布局还需要考虑经济因素，如专利申请和维护的费用、潜在的许可费收入等。企业需要在保护知识产权和控制成本之间找到一个平衡。

通过考虑以上这些因素，企业可以制定出一份合理的专利布局，从而实现其知识产权战略的目标，保护其技术创新，以获取更多的经济收益。

5. 充分的市场空间

充分的市场空间是一个企业在发展过程中极其重要的考量因素，能决定一个企业的发展潜力和可能达到的规模。充分的市场空间可以为企业的产品和服务提供广阔的销售前景，同时也能为企业的知识产权运营提供宝贵的机会。

对于知识产权运营而言，充分的市场空间意味着以下几点需求。

(1) 专利使用需求

在一个充分的市场空间中，企业的专利技术可能有更广泛的应用前景。这就有可能是来自公司自身的产品和服务，也可能是来自许可给其他公司使用的机会。

(2) 技术交易和许可

在一个充分的市场空间中，技术交易和许可的机会也就更大。企业可以通过将其专利技术许可给其他公司，从而获取许可费收入。

(3) 知识产权保护

在一个充分的市场空间中，企业有更大的动力去保护其知识产权。因为，知识产权保护可以帮助企业维持其市场地位，阻止竞争对手模仿其产品和服务。

(4)创新驱动

充分的市场空间也可以驱动企业的创新。在面临激烈竞争的大市场中,企业需要不断创新,提供更好的产品和服务,才能保持其竞争优势。这就需要企业不断地进行研发,生成新的知识产权。

因此,充分的市场空间对于知识产权资本运营来说非常重要。企业应该在了解市场需求和市场规模的基础上,制定出适合的知识产权资本运营策略。

第二节 知识产权价值评估

一、质押融资相关概念及特征

(一)质押融资相关概念

质押融资是一种借款方式,借款人通过将自己的资产作为担保质押给贷款人,从而获得贷款。如果借款人未能按时偿还贷款,那么贷款人就有权卖掉质押的资产以收回贷款。质押融资方式可以降低贷款人的风险,同时也可以帮助借款人获得贷款。

在知识产权领域,质押融资通常是指企业将自己的知识产权(如专利、商标、著作权等)作为担保,获得银行或其他金融机构的贷款。知识产权质押融资已经成为企业获得资金的一种重要途径,尤其是对于科技创新型企业来说。

(二)知识产权质押融资的特征

1. **高价值**

知识产权通常具有较高的价值,可以作为强大的质押资产。

2. **风险性**

知识产权的价值通常较难确定,同时知识产权的保护和实施也存在一定风险。因此,知识产权质押融资也存在一定的风险。

3. **专业性**

知识产权的价值评估和运营需要专业的知识和技能。因此,知识产权质押融资需要有专业的金融机构和知识产权服务机构的参与。

4. 创新性

知识产权质押融资是一种创新的融资方式，可以有效地解决科技创新型企业的资金问题。

知识产权质押融资对于推动知识产权的商业化和促进科技创新具有重要作用。

(三) 知识产权质押融资市场运作模式

1. 评估阶段

在进行知识产权质押融资之前，首先需要对知识产权的价值进行评估。这通常需要由专业的知识产权评估机构来进行，评估方法包括市场法、成本法、收益法等。

2. 申请阶段

企业在获取知识产权评估报告以后，就可以向金融机构申请知识产权质押融资。在这个阶段，企业需要提供详细的财务信息、业务计划、知识产权信息等。

3. 审核阶段

金融机构在收到申请后，会进行详细的审核，包括对企业的财务状况、经营情况、知识产权的有效性、可实施性等进行评估。

4. 质押阶段

审核通过后，企业将其知识产权质押给金融机构，以获得贷款。同时，企业还需要在知识产权管理部门登记质押情况。

5. 还款阶段

企业在贷款期限内需要按时偿还贷款。如果企业未能按时偿还贷款，那么金融机构有权卖掉质押的知识产权以收回贷款。

在这个过程中，各方的角色如下：

企业：作为知识产权所有者和贷款申请人，需要对自身的知识产权有清晰的认识，了解其价值，并能够有效地管理和运用其知识产权。

金融机构：作为贷款提供者，需要有足够的专业知识和技能对知识产权进行评估，并承担相应的风险。

知识产权评估机构：需要具备专业的知识产权评估技能，能够准确、公正地评估知识产权的价值。

政府和监管机构：需要提供良好的法律环境和政策环境，保护各方的合法权益，同时也需要对市场进行有效的监管。

知识产权质押融资市场的运作需要各方的共同合作，通过有效的机制保障各方的权益，从而推动市场的健康发展。

(四) 知识产权质押融资的市场风险

1. 评估风险

知识产权价值评估相较于传统的物质资产来说更为复杂和专业，因此，可能会存在一定的评估误差。如果评估过高，那么可能导致无法收回贷款本金的风险；如果评估过低，则可能阻碍了知识产权所有者获取适当融资的机会。

2. 实施风险

即使知识产权本身具有较高价值，但如果在实际运用中遇到困难，如技术难以转化为具体产品，或者市场接受度低，那么也可能导致知识产权的价值无法得到实现。

3. 法律风险

知识产权的保护、转让和实施等均受到相关法律的规定，如果法律环境变化，或者知识产权自身存在法律问题，如专利被宣告无效，那么可能导致知识产权质押融资的风险增加。

4. 市场风险

知识产权的价值在很大程度上取决于市场环境。如果市场环境发生不利变化，如市场需求减少，竞争对手出现等，那么可能影响到知识产权的价值。

5. 偿还风险

借款企业可能由于经营不善、市场变化等原因，而无法按时偿还贷款，这对于贷款机构来说无疑是一个风险。

因此，对于参与知识产权质押融资的各方来说，都需要对这些风险有充分的认识，并采取适当的风险管理措施。例如，金融机构需要对知识产权进行严格的评估，确保其价值，同时也需要对借款企业进行审查，以确保其偿还能力。政府和监管机构则需要建立健全相关的法律制度和监管机制，以保护各方的合法权益，降低市场风险。

二、知识产权价值评估的市场运用

(一) 交易对象的确定

在知识产权质押融资中,交易对象主要包括以下两个方面。

1. 贷款方(贷款人)

一般为金融机构,如银行、投资基金等,基于评估的知识产权价值提供贷款,收取利息,并在借款方无法偿还贷款时,有权处置质押的知识产权以收回贷款。

2. 借款方(贷款申请人)

通常为需要资金的企业,拥有一定价值的知识产权,通过将这些知识产权质押给贷款方来获取贷款,用于企业运营或扩大生产等。

交易对象的确定会受到多种因素的影响。对于贷款方来说,知识产权质押融资需要评估借款方的信用状况、知识产权的价值和可行性等。对于借款方来说,知识产权质押融资需要考虑贷款方的贷款条件(如利率、贷款期限等)、金融机构的信誉、对知识产权的认识和评估能力等。

同时,在知识产权质押融资的过程中,还可能涉及其他权益相关方,如知识产权评估机构、律师、知识产权管理部门等。他们在交易过程中起到重要的作用,如提供知识产权评估服务、提供法律咨询服务、管理知识产权登记等。

(二) 作价入股模式

知识产权作价入股模式是一种非常重要的知识产权运营和利用方式,也是知识产权资本化的重要途径之一。在作价入股模式下,知识产权所有者(通常是技术研发机构或个人)将自己拥有的知识产权(如专利、商标、著作权等)以一定的价值投入公司中,以此作为出资方式,从而获得公司的股权,来实现知识产权的价值转化。

知识产权作价入股的主要步骤包括以下几个方面。

1. 知识产权评估

通过专业的评估机构评估知识产权的价值。这是一个技术性和专业性很强的过程,需要考虑知识产权的种类、保护范围、有效性、实施可能性、市场潜力等多种因素。

2. 签订协议

知识产权所有者与公司签订作价入股协议，需要约定好知识产权的转让范围、方式、价格以及股权的分配比例等。

3. 公司注册变更

公司向工商管理部门申请注册变更，使知识产权所有者成为公司的股东。

4. 知识产权转让

知识产权所有者将知识产权转让给公司，公司将知识产权纳入公司资产。

通过知识产权作价入股，可以有效地实现知识产权的价值转化。对于知识产权所有者来说，可以通过获得股权分享公司的盈利；对于公司来说，可以通过获得知识产权提升自身的竞争力。同时，知识产权作价入股也有助于推动科技创新，推动知识经济的发展。

(三) 投资和融资

知识产权质押投资和融资是将知识产权作为担保资产，以获取投资或融资的方式。这种方式对于许多技术密集型企业来说，特别是创新型的中小企业，是一种重要的融资方式。其步骤包括以下几个方面。

1. 知识产权评估

企业需要将其拥有的知识产权进行评估，确定其经济价值。这一步通常需要由专门的知识产权评估机构来进行。

2. 融资申请

企业将评估后的知识产权作为担保，向银行或其他金融机构申请贷款。

3. 审批贷款

金融机构在接到申请后，会对企业及其知识产权进行审查，如果符合其风险控制标准，那么就会批准贷款。

4. 知识产权质押

企业将知识产权质押给金融机构，作为贷款的担保。

5. 获得贷款

企业获取贷款，用于投资或运营。

这种模式对于企业和金融机构来说都有好处。对于企业来说，可以将其拥有的知识产权转化为资本，获取需要的资金；对于金融机构来说，可以通过知识产权质押降低贷款风险。然而,这种模式也存在一定的风险,如知识产权评估难度大,知识产权实施和保护存在困难等。因此,企业和金融机构都需要充分了解和评估这些风险,才能有效地利用知识产权质押投资和融资。

(四) 侵权赔偿

侵权赔偿是指当一方侵犯他人的合法权益(包括知识产权)导致他人遭受损失时,侵权者需要对受害者进行赔偿的法律制度。在知识产权领域内,侵权赔偿主要针对的是知识产权侵权行为,如侵犯他人的专利权、商标权、著作权等。

侵权赔偿的具体金额通常由法院或其他有权决定的机构来判定,主要基于以下几个方面进行判定。

1. 直接损失

受害者因为侵权行为而直接遭受的经济损失,包括损失的销售额、利润等。

2. 间接损失

受害者因为侵权行为而间接遭受的经济损失,包括品牌名誉损失、市场份额流失等。

3. 侵权者的非法得利

如果侵权者通过侵权行为获得了经济利益,那么这部分利益也可能需要作为赔偿的一部分。

4. 合理的许可费

如果侵权者在侵权行为发生前,应当向受害者支付许可费用以合法使用受害者的知识产权,那么这部分费用也可能需要作为赔偿的一部分。

需要注意的是,对于侵权赔偿的规定在不同的法律系统中可能有所不同。在一些地方,还可能有对于侵权赔偿的最高限额或者惩罚性赔偿的规定。因此,在具体操作中,需要参考具体的法律规定和法院的判定。

三、知识产权质押融资参与主体及业务流程

(一) 参与主体

1. 资金需求方

即知识产权的所有者,通常为企业或创新者。他们寻求通过质押自身的

知识产权来获得所需的融资。

2. 资金提供方

通常为银行、投资机构或其他金融机构。他们根据评估的结果，决定是否向资金需求方提供贷款，以及确定贷款的具体金额、利率和期限等条件。

3. 评估/评价机构

评估/评价机构负责对知识产权进行专业的评估和评价，确定其价值。评估结果是资金提供方决定是否提供贷款，以及确定贷款条件的重要依据。

4. 风险缓释机构

风险缓释机构通常包括保险公司、担保公司等，可以提供一定的风险保障，以降低质押融资的风险。

5. 质押登记机关

在知识产权质押融资过程中，质押的知识产权需要在相关机关进行登记，公示质押信息，以保护知识产权所有者、贷款人和其他利益相关方的权益。

6. 其他利益相关方

可能包括政府机构、行业协会、法律服务提供者等，在知识产权质押融资过程中，这些其他利益相关方可能会提供各种支持和服务。

(二) 操作程序

1. 质押前期咨询

资金需求方需要向专业机构或法律顾问进行咨询，了解知识产权质押融资的相关法律法规和操作流程，以及知识产权质押融资的可能风险。

2. 知识产权评估

资金需求方请评估机构对所拟质押的知识产权进行价值评估，确定其质押价值。

3. 融资申请

资金需求方根据评估结果向资金提供方申请质押融资，并提供知识产权证书、评估报告等相关文件。

4. 审批质押融资

资金提供方对资金需求方的融资申请进行审批。审批内容通常包括资金需求方的信用状况、知识产权的评估结果等。

5. 签订质押合同

双方在达成一致后，签订知识产权质押合同，明确质押的知识产权、贷款金额、期限、利率、还款方式等内容。

6. 质押登记

根据当地法律法规，可能需要将知识产权质押情况在相关机关进行登记。

7. 贷款发放

资金提供方根据合同规定，向资金需求方发放贷款。

8. 贷款回收和质押解除

在贷款期限结束时，资金需求方需按时归还贷款，资金提供方解除知识产权的质押。

9. 违约和执行

如果资金需求方违约，那么资金提供方有权根据合同和相关法律法规，通过法律途径执行质押的知识产权，以保障其权益。

以上步骤可能因地域、法律法规和具体情况的差异而有所不同。

第八章

国家战略推动知识产权创新发展的路径

第一节 创新驱动发展战略和知识产权强国建设的契合路径[1]

一、创新驱动发展战略与知识产权的关联

(一) 实施创新驱动发展战略对知识产权工作提出的需求

1. 创新链对知识产权的支撑需求

科技创新和知识产权之间的关系是相辅相成,相互推动的。科技创新不断产生新的知识产权,而知识产权又通过保护创新成果,激励了进一步的科技创新。科技创新的过程可以被看作是一个连续的知识产权创造和应用的过程。在基础研究阶段,研究人员可以通过申请专利来保护他们的创新成果;在应用研究阶段,企业可以通过许可或购买他人的专利来加速产品的开发;在产品开发阶段,企业可以通过商标和著作权来保护其产品,防止被仿冒;在产品市场化阶段,企业可以通过将知识产权进行转让、许可或质押,来获取资金,从而推动进一步的研发活动。

总的来说,知识产权是科技创新的关键驱动力,能够鼓励研究人员和企业进行创新,也能够通过保护创新成果,帮助企业获取收益,从而推动科技的进一步发展。

2. 产业链对知识产权的支撑需求

知识产权对企业的价值链和产业链产生了深远影响,驱动了价值链和产业链的延伸、交叉和突变。

---

[1] 新时代十年,习近平总书记就知识产权工作作出一系列重要指示,深刻指出"创新是引领发展的第一动力,保护知识产权就是保护创新""加强知识产权保护,是完善产权保护制度最重要的内容,也是提高中国经济竞争力最大的激励"。

一方面，知识产权的创造和应用使企业有机会从价值链的低端移向高端，从而获取了更高的利润。通过持续的创新和知识产权保护，企业可以将自身定位在价值链的关键环节，如研发设计或品牌形象建设，从而取得竞争优势。

另一方面，知识产权也促进了不同价值链之间的协同创新。企业之间可以通过知识产权的许可或转让，共享创新成果，从而在价值链上形成协同效应。此外，知识产权还为企业提供了超越传统价值创造的可能性，比如通过知识产权的质押或证券化，企业可以获得额外的资金支持，进一步推动创新。

在产业链层面，知识产权的创造和应用则促进了各个产业链之间的融合，推动了产业链的延伸、交叉和突变。当企业的知识产权创新影响到其他企业时，便可以推动新兴产业的形成；当不同产业链的知识产权创新交叉时，便可以打破原有的产业界限，形成新的产业体系；当某一环节的知识产权创新显著时，就有可能导致价值链的变革，形成新的价值链条。

总的来说，知识产权在驱动企业创新的同时，也在推动价值链和产业链的发展和变革，不断塑造着新的经济格局。

3. *市场链对知识产权的支撑需求*

知识产权创造的成果需要通过市场链来实现价值，这是知识产权发挥其最大价值的重要途径。在这个过程中，市场需求和技术需求结合起来，通过市场链机制，知识产权的创新成果得以转化为具有市场价值的产品或服务。这种转化既能够满足用户的个性化需求，又有助于提升企业的竞争力和市场份额。

通过将知识产权优势转化为企业的核心竞争力，企业能够在市场中获得更大的竞争优势。这既有助于推动企业的经济增长，又有助于推动整个社会的经济发展。而在这个过程中，知识产权的有效管理和运用是关键。首先，企业需要确保知识产权的有效保护，防止被侵权；其次，企业需要通过知识产权许可、转让等方式，有效地将知识产权的价值实现；最后，企业需要通过知识产权的质押、证券化等方式，获取资金支持，以推动更多的创新活动。

因此，知识产权的创新、保护、运用和管理都是构建有效的市场链机制的重要环节，是推动知识产权向现实生产力转化，提升知识产权对经济增长贡献率的关键。

4. *资金链对知识产权的支撑需求*

知识产权质押融资的确是支持创新驱动发展的关键机制，解决了许多创新型企业在初期面临的资金短缺问题。知识产权质押融资可以使企业利用其拥有的知识产权，作为担保或资本以获取融资，不仅增加了企业的资金来源，还提高了知识产权的使用效率。

对知识产权质押融资产品创新的需求，需要一系列外部条件和公共政策的支持。包括以下几个方面。

(1) 法规的制定和完善

应制定和完善知识产权质押融资的相关法律法规，以明确知识产权质押融资的法律地位和保障措施，来提高知识产权质押融资的可操作性和安全性。

(2) 建设评估机制

应建设知识产权评估数据平台、专家库、数据库以及质押评估报备制度，提供一套完整的知识产权价值评估体系，帮助各方更准确地评估知识产权的价值，提高知识产权质押融资的效率和效果。

(3) 建立支持和协作机制

应建立知识产权管理部门、科技部门和法律人员的支持和协作机制，以保证知识产权质押融资的流程顺畅，提高知识产权质押融资的效果。

(4) 推广知识产权质押融资的意识

许多创新型企业可能对知识产权质押融资并不了解，需要有意识地进行推广和教育，让更多的企业了解和利用知识产权质押融资。

这些都是推动知识产权质押融资发展的重要步骤，可以帮助更多的创新型企业获取资金，推动创新驱动发展。

5. 服务链对知识产权的支撑需求

知识产权服务链条的有效运转是支撑创新驱动发展的重要前提条件。知识产权服务业是一个涵盖多个环节的完整产业链，包括知识产权获权确权、运用转化服务以及知识产权维权保障等环节。知识产权服务链条的有效运转对于促进创新驱动发展起着关键作用。在知识产权服务业中，涉及专利、商标、著作权、软件等的代理、转让、登记、评估、鉴定、咨询等方面的服务。

随着知识产权产业化的发展，知识产权服务链条应该包括前端服务、中端服务和后端服务。前端服务包括知识产权咨询、检索、评估等；中端服务包括知识产权代理、转让等；后端服务包括知识产权维权和保护等。这些服务环节相互关联，形成了一个完整的知识产权服务链条。在知识产权服务业良性运行的背景下，服务机构应加强自身建设，提高业务水平，加强行业自律性，并完善知识产权中介服务体系。服务机构应遵守国家法律法规和政府行政规章，规范运作，确保服务的合法性和可靠性。同时，服务机构还应促进服务主体之间的协同合作，打造高效率的知识产权保护和运用工作格局。

通过优化知识产权服务链条，可以提升知识产权的运用效率和保护水平，为创新驱动发展提供有力支撑。同时，知识产权服务链条的健康发展也有助于形成良好的市场环境，推动知识产权产业的繁荣和创新生态系统的形成。

(二) 知识产权支撑创新驱动发展战略的主要表现

1. 知识产权是技术创新的有效驱动力

创新者能够获得对其发明或创新的排他性权利，在一定时间和地域内享有专有权利，使得创新者能够在一定程度上控制和受益于其创新成果。这种排他性权利为创新者提供了经济回报和市场竞争优势的机会。知识产权保护不仅可以保障创新者的合法权益，还可以激发创新者的积极性。创新者意识到他们的创新成果能够受到法律保护，更有动力投入研发活动，并将其创新成果转化为实际的商业价值。

此外，知识产权保护还为创新者提供了一种在市场竞争中获得竞争优势的方式。拥有有效的知识产权可以帮助创新者建立品牌形象、控制市场准入、吸引投资和合作伙伴等。这些竞争优势能够鼓励创新者进行更多的研发活动，并促使他们更积极地推动创新成果的商业化。

知识产权保护是激励技术创新的重要手段之一。通过为创新者提供合法权益保护和经济回报机制，知识产权保护能够激发创新者的积极性，推动技术创新的持续发展。

2. 知识产权是激励创新驱动发展的基本保障

知识产权战略确实是对知识产权的创造、保护、运用和管理进行战略性规划和指导的过程，是国家创新驱动发展战略的重要组成部分，旨在通过有效地运用知识产权，促进创新活动的发展和产业的升级。

相对于创新驱动发展战略而言，知识产权战略更具操作性和方向性。知识产权战略明确了知识产权在创新活动中的基本功能，包括为创新活动提供产权界定和激励机制、为创新产业进行资源配置和市场交易、为创新成果提供产权保护和市场规范机制等。

知识产权作为一种新型的产权安排机制和创新激励机制，发挥着重要的作用。知识产权通过界定和保护创新成果的产权，提供激励机制，使创新者能够享受到合法的经济回报，从而推动创新活动的进行。同时，知识产权也为创新成果的转移转化提供了市场交易机制，促进了创新成果的商业化和市场化。

此外，知识产权还通过协调和保障技术创新和文化创新，激发社会创新活力。通过政策、法律和市场环境的支持，知识产权为创新活动提供了积极的激励，使社会资源、智慧和力量能够更多地投入创新活动中。

知识产权战略对于创新驱动发展具有重要保障作用。知识产权战略通过规划和指导知识产权的创造、保护、运用和管理，促进创新活动的发展，并推动产业的转型升级和价值链的提升。同时，知识产权战略通过激发社会创新活力，为创新活动提供了支持和保障。

3. 知识产权促进创新成果转化为现实生产力

对于推动创新主体运用知识产权在技术研发、产品化和市场化过程中起到关键作用。

首先，引导创新主体将知识产权分析和运用贯穿于整个创新过程中是非常重要的。创新主体可以利用知识产权分析来获取关于技术路线、技术发展策略和市场信息的支持，以做出科学权衡和选择。这有助于提高技术创新的起点，加速研发过程，促进关键核心技术的突破和新技术成果的产业化。

其次，要多渠道促进知识产权实现市场价值。这可以通过建立覆盖重点区域和产业的知识产权运营体系来实现。这样的体系应该具备清晰的定位、齐全的领域覆盖、突出的能力以及有序的竞争机制，帮助创新主体更好地实现知识产权的市场化转化，获得经济价值。

另外，培育具有较强国家化经营能力的知识产权运营机构也是非常重要的。知识产权运营机构可以提供专业化的知识产权服务，帮助创新主体在知识产权运营方面做出正确决策并实施有效的策略。知识产权运营机构在知识产权运营体系中发挥着关键的作用，可以提供专业的知识产权评估、转让、许可和维权等服务，为创新主体提供全方位的支持。

引导创新主体将知识产权分析和运用贯穿创新过程，促进知识产权实现市场价值，以及培育具有国家化经营能力的知识产权运营机构，这些措施都有助于加强知识产权在创新驱动发展中的作用，提升创新效果和经济价值。

二、创新驱动发展战略与知识产权强国建设契合路径

（一）激励知识产权创造，提升创新能力

随着知识产权保护的加强，外部技术引进的成本逐渐增加，对自主创新

的需求变得更为迫切。依赖引进知识产权而缺乏自主创新能力的企业面临着倒闭风险,这不仅对企业自身造成损失,也会导致社会福利的减损。

因此,加大基础研究的力度、加强关键技术领域的核心专利开发是非常重要的。基础研究是科技创新的源头,只有通过自主创新、在关键技术领域取得突破,才能在未来的国际竞争中立于不败之地。国家需要加大对基础研究的支持,鼓励科学家们进行前沿性、颠覆性的研究,为技术创新提供坚实的基础。

同时,高质量的专利也是支持自主创新的重要手段。高质量的专利具备较高的技术创新水平,体现了企业或个人在技术领域的独特贡献。通过有效的专利保护和运用,可以确保创新者获得合法的经济回报,鼓励其继续进行创新活动。高质量的专利不仅对企业自身有利,也对经济和社会带来显著的效益。

最终,实现关键领域的突破和推动中国制造向中国创造、中国速度向中国质量、中国产品向中国品牌的转变,需要依靠专利创新的支撑。专利创新是国家创新驱动发展的重要组成部分,它对推动技术创新、提升质量和品牌形象具有重要作用。

加大基础研究的力度、加强关键技术领域的核心专利开发,以及依靠专利创新支撑实现关键领域的突破,是促进自主创新、提升国家竞争力的重要举措。只有通过自主创新,我国才能在国际竞争中立于不败之地,实现经济和社会的可持续发展。

(二)加强知识产权保护,优化创新环境

保护知识产权作为无形财产权的重要组成部分,对于创新驱动发展、供给侧结构性改革以及营商环境的改善都具有重要意义。

在深入实施创新驱动发展战略方面,保护知识产权是促进创新的重要手段。知识产权保护可以激励企业和个人进行创新活动,确保创新者获得合法的回报和利益。这有助于鼓励创新者继续投入资源和精力进行创新,推动技术进步和经济增长。

在推进供给侧结构性改革方面,知识产权保护可以促进产业结构优化和升级。通过保护知识产权,可以防止技术和创新成果的非法流失和盗用,保障创新者的合法权益。这有助于提升企业的创新能力和竞争力,推动产业结构向高端、智能化方向转变。

在营造良好营商环境和建设开放型经济新体制方面，知识产权保护是吸引外商投资和促进国际合作的重要因素。外国企业和投资者希望在一个能够保护知识产权的环境中进行商业活动，因为知识产权保护可以保护他们的技术和创新成果，并为他们带来可持续的经济回报。因此，加强知识产权保护是吸引外商投资、提升国际竞争力的重要举措。

总之，知识产权保护在新形势下具有重要的时代意义和全球影响，是推动国家经济持续健康发展、促进创新驱动发展、优化产业结构、提升国际竞争力的根本依据和行动指南。通过加强知识产权保护，能够创造更加有利于创新和经济增长的环境，实现经济的可持续发展。

（三）促进知识产权运用，提升创新效益

首先，为了盘活知识产权资源，需要加强知识产权管理和运营能力的提升。建立健全知识产权管理体系，加强知识产权的维护、管理和运营工作，确保知识产权的权益得到充分保护。同时，培养专业的知识产权运营团队，提高知识产权管理和运营的水平，推动知识产权的有效运用。

其次，需要加强知识产权的转化和应用。通过技术转移、技术合作、专利许可、技术转让等方式，将知识产权转化为实际的生产力，推动科技成果的转化应用，促进产业升级和创新发展。同时，鼓励企业充分利用自身的知识产权，开展自主创新，提高核心竞争力。

再次，加强国内外的知识产权合作与交流也是非常重要的。加强与国内外企业、研究机构和专业机构的合作，开展技术交流、合作研发等活动，促进知识产权资源的共享和流动，提高知识产权的价值和影响力。

最后，需要加强知识产权的保护和执法力度。只有保护好知识产权，才能保证创新者的合法权益得到充分保护，才能形成良好的创新环境和创新生态。加强知识产权执法力度，打击侵权行为，维护市场秩序，为知识产权的有效运用提供有力保障。

总之，通过加强知识产权管理和运营能力，推动知识产权的转化和应用，加强国内外的合作与交流，以及加强知识产权的保护和执法力度，可以更好地盘活和运用知识产权资源，推动经济和社会的发展，加快实现创新驱动发展的目标。

（四）健全知识产权管理，完善创新体系

改革是推动知识产权事业健康发展的关键一环。在改革过程中，需要紧紧围绕创新发展的需求，以知识产权为引领，解决以下几个方面的问题。

1. 知识产权数量与质量不协调

需要加强核心专利、知名品牌和精品著作权的培育，推动知识产权布局更加合理和有效。

2. 知识产权保护力度不够

加强知识产权保护执法力度，打击侵权行为，提高侵权成本和风险，加强维权机制建设，解决知识产权维权的问题。

3. 知识产权运用不充分

建立知识产权运用的机制和平台，加强知识产权转移转化的支持，提高企业知识产权运用效益，提升竞争力。

4. 知识产权管理分散、效能低下

优化知识产权管理体制，整合资源，提高管理效能，建立高效的知识产权综合管理体制。

5. 知识产权国际交流合作有待拓展

加强与国际社会的交流合作，深化知识产权的国际交流与合作，提高国际影响力。

在改革过程中，需要构建高效的知识产权综合管理体制，建立便民利民的知识产权公共服务体系，推动知识产权运行机制的探索和创新，使权益界定清晰、责权一致、运转高效。通过全面深化改革，能够解决当前面临的问题，推动知识产权事业健康发展，助力创新驱动发展战略的实施。

(五) 扩大知识产权国际合作，提高全球创新格局的国际地位

扩大知识产权国际合作对于提高全球创新格局的国际地位来说至关重要。在全球化背景下，知识产权国际合作能够促进技术交流、知识分享和创新合作，进一步推动创新的跨国流动和转移，提高全球创新能力和竞争力。

以下几个方面是扩大知识产权国际合作的一些关键举措。

1. 加强国际知识产权法律框架的合作和协调

通过国际组织和多边机构，加强知识产权法律制度的协调和互认，推动制定和修订相关国际知识产权公约和协定，为知识产权的跨境保护提供更好的法律保障。

2. 深化知识产权的国际交流与合作

加强与其他国家和地区的知识产权交流与合作，开展技术合作、研发合作、创新项目合作等，促进知识产权的共享和转化，推动全球创新格局的形成。

3. 提升知识产权保护水平

加强国际合作，共同应对知识产权侵权和盗窃问题，推动国际知识产权保护合作机制建设，提高知识产权保护的效力和可执行性。

4. 推动知识产权信息和技术转移

加强知识产权信息的交流和共享，促进技术转移和知识产权的有效利用，帮助发展中国家提升技术水平和创新能力。

5. 加强国际知识产权教育和培训

通过知识产权教育和培训，提高各国的知识产权保护意识，培养专业人才，增强知识产权领域的人才交流与合作。

通过以上举措，可以推动全球创新格局的形成和提升中国在全球创新领域的国际地位。同时，也有利于中国企业和创新者更好地参与全球创新网络和价值链，提高其在国际市场竞争中的地位和优势。

第二节 激励知识产权创造，提升创新能力

一、知识产权与创新

（一）提升自主创新能力是创新驱动发展战略和知识产权强国建设的重要内容

1. 提高自主创新能力是创新驱动发展战略的重要内容

提高自主创新能力是创新驱动发展战略的核心内容之一。自主创新能力是一个国家或地区在科技创新领域获得核心技术、关键产品和重要标准的能力，是推动创新驱动发展的关键要素。通过加强自主创新能力，中国能够减少对外依赖，提高核心竞争力，实现科技创新对经济社会发展的推动作用，从而实现创新驱动发展战略的目标。

2. 通过激励知识产权创造推动创新是知识产权强国建设的内在要求

激励知识产权创造推动创新是知识产权强国建设的内在要求之一。知识产权创造是创新的核心环节，只有鼓励和激励创新者进行知识产权的创造，才能推动创新驱动发展、实现经济社会的持续进步。

以下几个方面是激励知识产权创造的一些重要举措：

建立健全的知识产权保护制度：确保知识产权创造者能够享有合法的权益保护，通过法律和法规的保障，鼓励创新者积极投入创新活动，知识产权的保护是激励创新的基础。

提供知识产权的奖励和激励措施：通过各种奖励和激励机制，如专利奖励、创新基金、科技成果转化奖励等，鼓励创新者积极进行知识产权创造，提高创新活动的积极性和效率。

加强知识产权教育和宣传：加强对知识产权的宣传和教育，提高公众对知识产权的认知和重视程度，让人们了解知识产权的重要性和作用，激发创新的意识和动力。

加强知识产权培训和支持服务：提供专业的知识产权培训和支持服务，帮助创新者了解知识产权的相关知识和操作流程，提高知识产权创造的质量和效率。

建立知识产权质押融资机制：通过建立知识产权质押融资机制，为创新者提供资金支持，降低创新活动的资金风险，鼓励创新者积极进行知识产权创造和运用。

通过以上措施，能够有效地激励和支持知识产权创造，提高创新者的创新动力和积极性，促进创新驱动发展，实现知识产权强国的建设目标。

（二）知识产权激励创新的作用机制

知识产权激励创新的作用机制是通过为知识产权创造者提供一定的权益保护和经济激励，从而鼓励和推动创新活动的进行。以下是知识产权激励创新的几个关键机制：

1. 独占权利和市场竞争

独占权利和市场竞争是知识产权激励创新的重要机制之一。知识产权授予创新者对其创造的知识产权享有独占的权利，这就意味着其他人在一定的时间和地域范围内无法未经许可使用、制造、销售或利用该知识产权所涉及的创新成果。

独占权利为创新者带来了经济回报和竞争优势。由于其他人无法自由使用相同的技术或创新成果,创新者能够在市场上获得一定程度的垄断地位,从而能够以较高的价格销售其产品或提供相关的服务。这就为创新者提供了回报投入和继续创新的动力。

同时,独占权利也鼓励了市场竞争。当创新者拥有独占的知识产权时,其他企业或个人就需要通过自主创新或与创新者进行合作来开发替代性的技术或产品。市场竞争的压力推动了创新者不断改进和创新,提高产品质量和性能,以在竞争中保持竞争优势。

独占权利和市场竞争的机制通过激励创新者投入更多的资源和努力,以保护其知识产权并获得经济回报。独占权利和市场竞争激励机制对于推动创新活动的进行至关重要,能够促使创新者持续进行研发和创新,推动科技进步和经济发展。同时,市场竞争也有利于推动技术进步和社会福利的提高,为消费者提供更多的选择和更好的产品和服务。

2. 技术交流与合作

技术交流与合作是知识产权激励创新的另一个重要机制。通过技术交流与合作,不同的创新主体可以共享知识和经验,加快技术进步和创新的速度。

技术交流与合作可以在多个层面进行,包括国际科技合作、跨学科和跨行业的合作、企业间的合作等。通过技术交流与合作,创新者可以获取来自不同领域和不同国家的知识和技术,拓宽视野,借鉴最佳实践,避免重复劳动,减少研发成本和时间。此外,技术交流与合作还可以促进创新者之间的互动和合作,共同攻克技术难题,实现资源优势互补,加速技术成果的转化和应用。

在知识产权激励创新的过程中,技术交流与合作还可以促进知识共享和技术扩散。通过分享和传播知识,创新成果可以更广泛地应用于不同的领域和行业,推动技术的普及和应用,有助于加快技术进步的步伐,提高整体创新能力和竞争力。

然而,在技术交流与合作中,知识产权保护也是非常重要的。确保知识产权的合法性和安全性,防止知识产权的侵权和盗窃,是促进技术交流与合作的可持续发展的基础。因此,建立合理的合作机制和知识产权保护机制,制定明确的合作协议和知识产权管理规则,能够在保护创新者权益的同时促进技术交流与合作的顺利进行。

3. 技术转让和授权

技术转让和授权是知识产权激励创新的重要方式之一。技术转让和授权允许技术创新者将其研发的技术、专利或其他知识产权授予他人使用或使用权益,从而实现知识产权的价值转化和商业化。

技术转让通常指的是将技术、专利或其他技术成果从技术创新者转让给其他组织或个人,能够在特定领域或市场上使用、生产或销售该技术。技术转让可以通过许可、转让或合作等方式进行,双方可以达成协议并支付费用或特定的权益交换。

技术授权是指技术创新者向其他组织或个人授予使用其技术或知识产权的权益,授权方通常称为技术许可人,被授权方则称为技术许可人。技术授权可以是独家授权或非独家授权,可以涉及特定地区、时间段或使用范围的限制。

通过技术转让和授权,技术创新者可以获得经济回报和市场影响力,而被授权方则可以获得先进的技术和知识,加速产品研发和市场推广。技术转让和授权有助于促进技术的扩散和应用,推动创新成果的商业化,加快技术进步的速度。

然而,技术转让和授权也面临一些挑战和风险,例如,合同谈判的复杂性、知识产权保护的问题、技术传播的限制等。因此,建立清晰的合作协议、确保知识产权的合法性和安全性,以及进行必要的尽职调查和风险评估,是有效推动技术转让和授权的关键。

4. 奖励和激励机制

设立专利奖励、科技成果转化奖励和创新基金等激励措施是非常有效的方式,可以促进知识产权创新者的积极性和创造力,并推动创新活动的开展。这些激励措施可以通过以下几种方式发挥作用:

经济激励:通过提供经济奖励,如专利奖金、技术转让收益分成等,鼓励知识产权创新者积极参与创新活动。经济激励可以帮助创新者获得更好的回报,提高创新的投入和产出效率。

荣誉激励:设立专利奖项、科技成果转化奖项等荣誉性奖励,表彰和嘉奖在知识产权创新领域取得杰出成就的个人或团队。荣誉激励可以提升知识产权创新者的社会地位和声誉,激励其继续努力并影响其他人参与创新活动。

创新基金支持:设立创新基金,为知识产权创新者提供资金支持,用于研发项目、技术转移和商业化推广等方面。创新基金的设立可以帮助创新者克服创新过程中的资金难题,推动创新成果的转化和市场化。

这些激励措施可以刺激知识产权创新者的创新热情和积极性,提高创新投入和创新产出水平。同时,这些激励措施也有助于形成良性的创新生态系统,吸引更多人才投身于知识产权创新领域,推动经济社会的发展和进步。

二、激励知识产权创造提升国家创新能力的主要路径

(一) 完善知识产权的激励机制

充分发挥知识产权的产权激励和效益激励作用是完善知识产权激励机制的关键。通过充分发挥知识产权的产权激励和效益激励作用,可以激发创新主体的创新活力,提高创新的积极性和效率,推动经济社会的发展和进步。同时,还可以吸引更多的创新投资和人才,促进知识产权的创造、保护、运用和管理,加快知识产权强国建设的进程。

1. 完善知识产权审查和注册机制

完善知识产权审查和注册机制对于有效保护知识产权、促进创新驱动发展至关重要。以下是一些建议:

加强审查质量和效率:提高审查人员的专业素质和能力,加强培训和知识更新,确保审查工作的准确性和及时性。引入先进的技术手段和信息化系统,提高审查的效率和质量。

优化审查流程和方式:简化申请和审查的流程,减少冗余环节和繁文缛节,提高申请人的体验和满意度。引入在线申请和电子审查,推行无纸化审批,提高审查的便捷性和效率。

加强专业领域的审查能力:对于某些特定领域的知识产权,如高科技领域和新兴产业,加强专业审查团队的建设,提高对这些领域的专业理解和审查能力。

强化知识产权注册的可信度和权威性:加强对知识产权注册机构的监管和管理,确保注册机构的公正、公平和权威性,增强注册证书的可信度和权威性,有效保护知识产权权益。

提供专业的咨询和指导服务:建立专门的知识产权咨询和指导机构,为申请人提供专业的知识产权咨询、指导和辅导服务,帮助其理解知识产权的相关法律法规和审查要求,提高申请质量和通过率。

加强国际合作和交流:与国际知识产权组织和其他国家的专利审查机构

加强合作与交流，学习和借鉴国际最佳实践，提高中国知识产权审查和注册工作的水平和国际影响力。

通过完善知识产权审查和注册机制，可以更好地保护创新者的知识产权权益，促进创新活动和技术转移，推动创新驱动发展战略的落实。同时，提高审查效率和质量，优化审查流程和方式，有利于提高申请人的积极性和创新投入，推动创新成果的知识产权化进程。加强国际合作和交流，提升中国知识产权审查和注册的国际地位和影响力，有助于构建更加开放和有利于创新的知识产权保护环境。

2. 完善职务发明的权属制度

职务发明的权属制度是指对员工在履行职务过程中创造的发明的归属和权益分配规定。为了完善职务发明的权属制度，以下是一些建议：

法律法规明确规定：制定明确的法律法规，明确规定职务发明的权属归属和权益分配原则。法律法规应涵盖不同行业和不同类型的职务发明，确保公正、公平和合理。

合同约定明确：在雇佣合同或相关协议中明确规定职务发明的权属归属和权益分配，明确雇佣双方的权利和义务。雇主和员工应在合同中明确约定职务发明的归属和可能的奖励或补偿机制。

奖励和激励机制：建立奖励和激励机制，鼓励员工创造职务发明。雇主可以设立奖励制度，对创造有价值的职务发明给予奖励，以激发员工的创新动力。

公正的评估程序：建立公正的职务发明评估程序，包括专业评审和评估机构的参与，以确定职务发明的价值和归属。评估程序应透明、公正，并确保员工的权益得到充分保护。

合理的权益分配：权益分配应根据职务发明的价值和贡献进行合理分配。雇主和员工可以在合同中约定权益分配比例或利益分享机制，确保员工在职务发明中获得公平的回报。

知识产权保护和运用：对于职务发明获得的知识产权，雇主应承担知识产权的保护责任，并有权利合理运用这些知识产权。雇主可以与员工进行许可或授权协议，合理利用职务发明创造的知识产权。

完善职务发明的权属制度可以保护员工的权益，激励员工的创新活力，并促进企业的创新发展。在制定和完善职务发明的权属制度时，应充分考虑法律法规的规定、合同约定、奖励和激励机制、公正的评估程序、合理的权益分配以及知识产权的保护和运用,以确保职务发明的权属制度的公正、合理和可操作性。

3. 建立以知识产权为重要内容的创新驱动发展评价制度

将知识产权产品纳入国民经济核算和将知识产权指标纳入国民经济和社会发展规划是非常重要的举措,可以准确反映知识产权对经济发展的贡献和影响,并为制定相关政策和计划提供科学依据。这些措施还可以促进知识产权的价值认可和重视程度的提升。

在对党政领导班子和领导干部进行综合考核评价时,注重鼓励发明创造、保护知识产权、加强转化运用、营造良好环境等方面的情况和成效,有助于引导和激励领导干部在知识产权工作方面的积极作为,推动知识产权工作在各级领导的重视下得到有效推进。

在国有企业考评模式中,将经营业绩、知识产权和创新并重是非常必要的。国有企业考评模式可以鼓励企业重视知识产权的创造、保护和运用,增强企业的创新活力和竞争力,推动企业向创新驱动发展转型。

设置知识产权奖励项目和加大各类国家奖励制度的知识产权评价权重,可以进一步激励和表彰在知识产权领域作出杰出贡献的个人和组织,推动知识产权的创造、保护和运用。

这些措施的实施将进一步提高知识产权的价值和地位,鼓励创新和保护知识产权的积极性,促进知识产权的有效运用和转化,为创新驱动发展提供良好的制度环境和政策支持。

(二) 突出知识产权质量导向

在建设知识产权强国的过程中,突出知识产权质量导向非常重要。这就意味着应该注重知识产权的质量而不仅仅是数量。只有高质量的知识产权才能更好地保护创新成果,才能为创新者提供合理的回报和激励,以及为经济社会发展提供更大的推动力。因此,需要加强知识产权的审查和保护,确保知识产权的有效性和可执行性。

树立"数量布局、质量取胜"理念也非常重要。这就意味着不仅要关注知识产权的数量,还要注重知识产权的布局和结构。应该促进核心技术和关键领域的知识产权创造,提高知识产权的关联性和战略性,使知识产权更好地支持经济发展和国家战略,提升国家的创新能力和竞争力。

建设知识产权强国需要全社会的共同努力和协作,包括政府、企业、学术界和公众的广泛参与。只有通过加强知识产权的创造、保护和运用，提高知识产权的质量和影响力，才能真正实现知识产权由大到强、由多到优的转变，推动创新驱动发展战略的实施，为国家经济发展注入强大动力。

1. 合理引导调整专利申请结构

由于实用新型和外观设计的审查程序相对简化，申请人可以相对容易地提交申请并获得授权，可能导致存在非正常或重复申请的情况。为了解决这个问题，加强实用新型和外观设计的初步检索环节是一个可行的方案。通过引入初步检索或类似的环节，可以在授权前对申请进行更全面的技术比对和审查，以避免授权重复、重复授权或明显相同的申请。此外，还可以加强对申请人的申报义务和对申请材料的要求，提高申请的准确性和可比性。同时，加强专利审查员的培训和技术能力提升，确保他们能够进行有效的技术比对和审查。

这样的措施可以提高实用新型和外观设计专利的质量和有效性，防止不当申请和滥用专利制度，有助于优化知识产权体系，促进技术创新和经济发展的良性循环。当然，这些改进需要综合考虑各方利益和现实情况，并进行系统设计和实施。

2. 完善专利审查体系

通过电子申请和电子检索系统，可以实施对非正常专利申请的监控、分案和审查，系统可以自动识别相似或重复的申请，并对这些申请进行进一步的审查。运用法定的审查程序，专利审查员可以根据专利法律和规定对这些案件进行审查，以确保专利授权的合法性和有效性。此外，加强对非正常申请的监控力度还需要建立健全的数据管理和信息共享机制。相关部门可以共享申请人的信息和申请历史，进行综合分析和判断，及时发现和应对非正常申请的问题。

在实施这样的措施时，需要平衡专利审查的效率和准确性。确保对非正常申请的监控和审查不会过分增加审查员的工作量，同时保证审查质量和审查周期的合理性。

通过加强监控力度，将非正常专利申请纳入普通审查流程，并运用电子申请和电子检索系统，可以有效防止非正常申请的授权，提高专利申请的质量和可靠性，将有助于优化知识产权保护体系，促进创新发展和经济繁荣。

3. 建立以专利质量导向的考核评价体系

各省市之间存在专利申请量的竞争，而忽视了专利质量的重要性。为了促进专利质量的提升，可以逐步淡化对各省市专利申请量的排名，并在考虑专利申请量时，综合考虑其他指标，如专利的视撤、视放和专利权维持等。

这种综合考评体系可以更全面地评估专利质量，从而引导各省市更加注重申请高质量的专利。视撤和视放是指申请人自愿放弃或撤回专利申请的情况，而专利权维持则涉及专利权的有效性和维持期限。通过考虑这些指标，可以更准确地反映专利的实际价值和质量。

此外，为了进一步提升专利质量，还可以加强专利审查人员的培训和素质提升，建立科学的专利审查标准和流程，并鼓励申请人提供更详尽的技术信息和创新内容，以支持高质量专利的申请和授权。

逐步淡化对专利申请量排名的重要性需要一个过渡的过程，同时需要平衡专利数量和质量的关系。最终的目标是建立一个更加完善和科学的专利评估和考评体系，以真正推动专利质量的提升，促进创新驱动发展。

综上所述，逐步淡化对各省市专利申请量的排名，并综合考虑视撤、视放和专利权维持等指标，有助于引导各地更加注重专利质量，促进高质量专利的申请和授权。这样的改革将有助于提升中国的知识产权保护水平，推动创新发展和经济繁荣。

4. 完善地方专利资助政策

质量导向：将专利质量作为资助的重要指标，要求申请人提交具有真实性和创新性的专利申请，加强对申请的审查和评估。

综合评价：除了专利数量，还应综合考虑专利的质量、商业化潜力和社会影响等因素进行评价，以确定资助的对象和项目。

引导重点领域：将资助的重点引导到有战略意义、技术先进、市场竞争力强的领域，鼓励申请人在这些领域进行创新，并提供相应的资金支持和技术指导。

PCT申请支持：鼓励和资助申请人选择专利合作协定（PCT）申请，加强对PCT申请的指导和培训，提高申请人对国际专利保护的意识和能力。

培训和指导：提供专利申请培训、技术咨询和专利代理等支持服务，帮助申请人提高专利申请的质量和有效性。

审查和监督机制：建立健全的审查和监督机制，加强对资助项目的管理和监控，确保专利申请符合相关法律法规和政策要求。

创新成果转化支持：除了专利申请阶段的资助之外，还可以考虑提供资金支持和政策扶持，帮助申请人将创新成果转化为商业化产品或服务。

资助机构专业化：建立专门的地方专利资助机构或部门，负责专利资助政策的制定、执行和监督，提供专业的服务和支持。

通过上述措施的实施，地方专利资助政策能够更加精准地支持高质量的专利申请和创新成果转化，提高地方创新能力和竞争力，推动知识产权的健康发展和创新驱动发展战略的实施。

(三) 优化知识产权的全球布局

1. 拓展海外知识产权布局渠道

推动企业、科研机构和高等院校等拓展海外知识产权布局工作是促进知识产权国际化的重要举措。为此，可以采取以下几种措施：

支持企业：鼓励企业积极申请和布局海外知识产权，提供资金和政策支持，包括设立专利收储基金，以便更好地管理和维护海外专利权益。

建立指导机制：加强对企业的知识产权布局指导，提供专业咨询和指导服务，帮助企业制定海外知识产权布局战略，选择合适的目标国家和技术领域。

设立布局设计中心：在产业园区和重点企业等地方探索设立知识产权布局设计中心，为企业提供一站式的知识产权布局服务，包括专利分析、技术评估、竞争对手分析等支持。

跨国许可与转让指南：制定分类指南，明确跨国许可与转让的相关规定和程序，为企业提供指导，帮助其在海外市场合理利用和转让知识产权，实现国际技术交流与合作。

许可合同范本：编制并发布知识产权许可合同范本，为企业提供参考和借鉴，促进知识产权许可合同的规范和便利化，降低许可交易的成本和风险。

通过以上措施的推进，可以帮助企业更好地开展海外知识产权布局工作，提升其在国际市场中的竞争力，促进知识产权的国际化与国际合作，推动创新驱动发展战略的实施。

2. 完善海外知识产权风险预警体系

要完善海外知识产权风险预警体系，可以采取以下几种措施：

建立信息收集和分析机制：设立专门的机构或部门，负责收集、整理和分析海外知识产权相关的信息，包括知识产权纠纷案例、法律法规变化、国际贸易政策等。

加强海外合作与交流：与海外相关机构、组织和专业人士建立合作关系，分享信息和经验，了解海外知识产权保护的最新动态，从中获取风险预警的信息。

提供风险评估和咨询服务：向企业和机构提供海外知识产权风险评估和咨询服务，帮助他们识别和评估可能存在的风险，并提供相应的对策和建议。

加强法律援助和纠纷解决机制：建立海外知识产权纠纷解决机制，提供法律援助和纠纷解决的支持，帮助企业应对海外知识产权纠纷的挑战。

加强政策引导和指导：制定相关政策和指导文件，明确海外知识产权风险预警的重要性，并提供政策支持和指导，引导企业采取措施防范风险。

通过以上措施的实施，可以及时发现和预警海外知识产权风险，为企业和机构提供有针对性的风险预警服务，帮助制定风险管理和应对策略，保护自身的知识产权权益，降低经济损失。

3. 提升海外知识产权风险防控能力

研究完善技术进出口管理相关制度，优化简化技术进出口审批流程：简化技术进出口审批手续，提高审批效率，降低企业的运营成本和时间成本。

完善财政资助科技计划项目形成的知识产权对外转让和独占许可管理制度：建立规范的知识产权转让和许可程序，明确相关权益和义务，促进科技成果的有效转化和商业化应用。

制定并推行知识产权尽职调查制度：建立知识产权尽职调查制度，确保企业在知识产权交易过程中能够充分了解相关情况，评估风险，并做出明智决策。

支持法律服务机构为企业提供全方位、高品质知识产权法律服务：鼓励法律服务机构提供专业的知识产权法律咨询、纠纷解决等服务，帮助企业有效维护和保护知识产权。

探索以公证方式保管知识产权证据、证明材料：建立知识产权公证制度，确保知识产权证据和证明材料的真实性和有效性，提供法律保护的依据。

推动企业建立知识产权分析评议机制，重点针对人才引进、国际参展、产品和技术进出口等活动开展知识产权风险评估：通过系统分析和评估，提前识别和评估知识产权风险，制定相应的风险管理措施，提高企业应对知识产权国际纠纷的能力。

通过以上措施的实施，可以提升企业在国际知识产权交易和合作中的能力和竞争力，降低知识产权风险带来的不确定性，促进知识产权的合理运用和保护。

4. 加强海外知识产权维权援助

加强海外知识产权维权援助是确保中国企业在海外知识产权纠纷中维护合法权益的重要举措。以下是一些可以采取的措施：

设立海外知识产权维权援助机构：建立专门的机构或部门，负责协助企业处理海外知识产权纠纷，提供维权咨询、法律支持和技术协助等服务。

加强合作与沟通：与海外国家的知识产权部门、法律机构、行业协会等建立合作关系，加强信息交流和案件协作，共同应对跨国知识产权纠纷。

提供法律援助和支持：为企业提供法律援助，包括法律咨询、纠纷调解、诉讼代理等，确保企业在海外知识产权纠纷中享有平等的诉讼权利和法律保护。

加强知识产权保护意识培训：开展针对企业人员的知识产权保护意识培训，提高其对知识产权的认知和理解，加强对海外知识产权维权的准备和应对能力。

加大宣传和宣讲力度：通过宣传活动、专题研讨会、媒体报道等方式，加强对海外知识产权维权援助政策和措施的宣传和普及，提高企业对维权援助机制的了解和利用率。

通过加强海外知识产权维权援助，中国企业可以在海外市场中更好地保护自己的知识产权权益，提高市场竞争力，并促进国际贸易和经济合作的顺利进行。

第三节 加强知识产权保护，优化创新环境

一、知识产权保护与创新环境

（一）良好的创新环境是实施创新驱动发展战略的重要支撑

人才是创新的核心要素，而良好的科技创新环境为人才的成长和发展提供了必要条件和支持。良好的创新环境可以吸引人才的聚集，激发人才的创新潜力，促进科技创新和经济发展。通过创造良好的创新环境，可以为人才的成长提供更广阔的舞台和更好的发展机会，进而推动整个社会的创新能力和竞争力的提升。创新驱动发展战略的实施需要依靠创新人才，而良好的创新环境则是培养和吸引创新人才的重要保障。

(二) 创新环境优良是知识产权强国建设的重要指标

创新环境的优良程度的高低是衡量一个国家是否成为知识产权强国的重要指标之一。通过建立良好的知识产权环境，一个国家可以吸引和培养更多的创新人才，提高知识产权能力和竞争力，将创新成果转化为经济发展的动力，同时在国际上产生强大的知识产权影响力。因此，知识产权环境是实现知识产权能力和绩效转化的基本因素，对于国家经济发展和知识产权国际影响力的提升具有重要意义。

1. 文化环境

文化环境在知识产权领域的发展和实施中起着重要的作用。文化对知识产权的认知、尊重和实践产生深远影响。以下是文化环境在知识产权建设中的几个关键方面：

尊重知识和创新：文化环境应鼓励尊重知识和创新，认可知识的价值和知识产权的重要性。文化价值观念的转变可以使人们更加重视创新，更加尊重知识产权，并促进知识产权的创造、保护和利用。

创新文化：创新文化是鼓励创造力和创新思维的文化氛围，激励人们勇于创新，推动知识产权的产生和应用。创新文化强调对失败的容忍和学习，鼓励人们大胆尝试新想法，并为知识产权的创造提供更多机会和支持。

知识共享和协作：文化环境应鼓励知识共享和协作，促进知识产权的流动和交流，有助于创新的跨领域合作和技术转移，为知识产权的创造和运用提供更广阔的平台。

法治文化：法治文化是建立在法治原则和法律意识基础上的文化体系，强调尊重和遵守知识产权法律，倡导公平竞争和合规行为。法治文化的培育可以提高人们对知识产权的法律意识，增强知识产权的保护意识和法律遵从性。

教育和意识培养：教育系统在培养知识产权意识方面发挥重要作用。培养学生对知识产权的理解和尊重，加强知识产权教育，有助于建立良好的知识产权文化。

通过培育良好的文化环境，可以推动知识产权的发展和实施。良好的文化环境可以增强人们对知识产权的尊重和保护意识，鼓励创新和知识产权的创造，促进知识产权的运用和转化，推动知识产权的国内外交流与合作。因此，建立支持知识产权的文化环境是实现知识产权强国建设的重要任务之一。

2. 法治环境

法治环境在知识产权建设中起着重要的作用。一个健全的法治环境能够为知识产权的创造、保护和运用提供稳定的法律保障和有效的执法机制。以下是法治环境在知识产权建设中的几个关键方面：

知识产权法律体系：一个完善的知识产权法律体系是法治环境的基础，包括制定和修订与知识产权相关的法律法规，确立知识产权的法律地位和权益保护范围，并明确知识产权权利人和侵权方的责任和义务。

法律透明度和稳定性：法治环境要求法律制度的透明度和稳定性，即法律的内容和适用规则应该清晰明确，并且在一定期限内保持相对的稳定性，以便知识产权权利人和使用者能够准确理解和遵守相关法律规定。

司法保护和执法机制：法治环境要求建立健全的司法保护和执法机制，包括知识产权纠纷的审判程序、判决和裁决的公正性和公正性，以及对侵权行为的打击力度和执法效果，将为知识产权权利人提供信心和保障，鼓励创新和知识产权的投资。

执法能力和知识产权保护力度：法治环境要求建立强有力的执法机构和执法团队，提高执法人员的专业素质和知识产权保护的能力。加强执法力度，打击侵权行为，维护知识产权的合法权益。

法律意识和合规文化：法治环境需要培养人们的法律意识和合规文化，使人们自觉遵守知识产权法律规定，尊重他人的知识产权，维护公平竞争的市场秩序。法律意识和合规文化的培育可以通过加强知识产权教育、宣传和培训来实现。

一个健全的法治环境能够为知识产权的创造、保护和运用提供有力的保障。通过健全的法律体系、透明稳定的法律规定、有效的司法保护和执法机制，以及培育良好的法律意识和合规文化，可以促进知识产权的创新和发展，提高知识产权的保护水平，为知识产权强国建设提供坚实的法治基础。

3. 市场环境

市场环境在知识产权建设中发挥着重要作用。一个健康、公平、透明的市场环境能够为知识产权的创造、运用和保护提供良好的条件和机制。以下是市场环境在知识产权建设中的几个关键方面：

公平竞争：市场环境要求建立公平竞争的机制，防止垄断和不正当竞争行为对知识产权的侵害。公平竞争能够激发创新活力，促进技术进步和经济发展。

市场需求导向：市场环境要求以市场需求为导向，鼓励创新和知识产权的应用，促进科技成果的转化和市场化。市场需求的充分发挥可以提供创新的动力和方向，使知识产权得以更好地转化为经济价值。

政产学研一体化发展：市场环境要求政府、企业、学术界和研究机构之间紧密合作，形成政产学研一体化的创新生态系统。政企学研一体化发展可以促进知识产权的创造、保护和运用的有机结合，加强创新资源的整合和优化配置。

金融支持和投资环境：市场环境要求健全的金融支持和投资环境，为知识产权的创造和运用提供资金支持和风险投资。金融机构的参与和创新投资的加大可以促进创新活动的开展和知识产权的价值实现。

信息透明和知识产权服务：市场环境要求信息的透明和对知识产权的专业服务。知识产权信息的公开透明可以提供市场参与者了解和利用知识产权的机会，而专业的知识产权服务机构可以提供专业化的咨询、检索、评估和维权等服务，帮助企业有效管理和保护知识产权。

一个健康、公平、透明的市场环境能够为知识产权的创造、保护和运用提供有力支持。通过建立公平竞争的机制、以市场需求为导向、促进政产学研一体化发展、提供金融支持和投资环境，以及加强信息透明和专业化知识产权服务，可以营造良好的市场环境，促进知识产权的创造、保护和价值实现，为知识产权强国建设提供有利条件。

(三) 知识产权保护对于营造创新环境的主要表现

1. 知识创新体系离不开知识产权保护框架的支撑和保障

知识创新体系离不开知识产权保护框架的支撑和保障。知识产权的保护是鼓励创新和知识创造的重要手段，为创新者提供了合法的权益保护和经济回报，从而激励他们继续进行创新活动。知识产权保护框架对知识创新体系具有重要的支撑和保障作用，为创新者提供了经济回报和合法权益保护，促进技术转移和合作，吸引投资和融资，维护公平竞争和市场机制，推动国际交流和合作。通过健全的知识产权保护框架，可以建立稳定的创新环境，提升知识创新的效率和质量，推动知识创新对经济和社会发展的贡献。

2. 知识产权保护是塑造良好营商环境的重要方面

知识产权保护是塑造良好营商环境的重要方面，鼓励创新和投资，提升市场竞争力，吸引国内外投资，增强企业信心。通过建立健全的知识产权保护制度和法律环境，可以为企业提供稳定、公平和可靠的营商环境，促进经济的发展和创新的繁荣。

二、建设知识产权强国营造创新环境的主要路径

(一) 完善知识产权立法体系

1. 加快法律制度体系建设完善

知识产权法律法规：加强知识产权法律法规的制定和修订工作，确保与国际标准和国内实践相符，包括完善专利法、商标法、著作权法等专门的知识产权法律。同时，加强与知识产权相关的行政法规和司法解释的制定。

加强执法力量和能力：增加执法人员数量，提升执法人员的专业素质和技能。加强执法机构的配套设施和信息技术支持，提高执法效率和质量。建立有效的执法协作机制，加强执法部门与知识产权权利人和业界的沟通合作。

建立健全知识产权争议解决机制：完善知识产权争议解决的法律程序和机构设置，提供高效、公正、专业的争议解决服务，包括建立知识产权法院或专门的知识产权审判机构，加强知识产权案件的审理力量和专业性。

提高知识产权保护力度：加大对知识产权侵权行为的打击力度，加强执法力度和打击侵权的惩罚力度。加强对假冒伪劣产品的打击，保护知识产权权利人的合法权益。加强知识产权的跨境保护合作，打击跨境侵权行为。

完善知识产权保护机制：建立健全知识产权登记、申请和保护的制度和程序，简化办理流程，提高知识产权保护的效率。加强对知识产权的监测和监管，及时发现和处理侵权行为。

加强知识产权宣传和教育：加大对知识产权的宣传力度，提高公众对知识产权的认识和意识。加强知识产权教育的普及，提高知识产权意识和法律意识。

通过加快完善法律制度体系建设，可以提高知识产权的保护力度，加强执法能力，为企业和创新者提供更加稳定和可靠的知识产权保护环境。这将有助于改善营商环境，吸引更多的投资和创新活动，推动经济的可持续发展。

2. 制定、修改、废除和解释相关知识产权法律法规

制定、修改、废除和解释相关知识产权法律法规是完善知识产权保护体系和法律制度的重要手段。这些举措可以通过以下几种方式进行实施：

制定新的知识产权法律法规：针对当下的知识产权保护需求和发展趋势，制定新的法律法规来确保知识产权的充分保护，包括制定专利法、商标法、著作权法等具体的知识产权法律，以及相关的行政法规和司法解释。

修改现有的知识产权法律法规：根据实践和发展的需要，对现有的知识产权法律法规进行修改和完善，涉及对法律条款的修改、程序的简化、制度的优化等方面，以提高知识产权保护的效果和可操作性。

废除过时的知识产权法律法规：及时废除已经过时或不再适应当前发展需要的知识产权法律法规，避免法律法规的滞后性和不适应性，为新的法律法规的制定和实施提供空间。

解释知识产权法律法规：通过解释和解读现有的知识产权法律法规，进一步明确其适用范围、规定和解释。解释知识产权法律法规可以通过发布司法解释、部门规章、指导性文件等形式来实现，为执法机构、法院、企业和公众提供准确的法律指导。

制定、修改、废除和解释知识产权法律法规需要综合考虑国内外的实践经验、国际规则和国内法律体系的协调性，确保法律法规的科学性、合理性和可行性。同时，需要广泛听取各方意见，包括权利人、业界代表、专业机构和公众的意见，以确保法律法规的广泛参与和合法性。

这些举措实施的目标是构建健全的知识产权法律制度，提高知识产权保护的水平和效果，为创新创造提供稳定、公平和可靠的法律保障。

3. 建设以知识产权为导向的公共政策体系

制定战略性政策文件：制定和发布战略性政策文件，明确国家对知识产权保护和创新的重视和承诺，包括知识产权战略规划、创新驱动发展战略等，为知识产权的保护和创新提供指导和框架。

优化知识产权政策环境：制定和完善相关政策，鼓励和支持创新和知识产权的创造、运用和保护，包括知识产权税收优惠政策、知识产权质押融资政策、知识产权保险政策等，以提供激励和支持创新活动。

推动知识产权教育和培训：加强知识产权教育和培训，提高公众、企业和相关从业人员对知识产权的认识和意识。可以通过开展培训课程、举办知识产权宣传活动、设立知识产权研究中心等途径实现。

加强知识产权执法和司法保护：加强知识产权执法力度，打击知识产权侵权和盗窃行为。同时，建立健全的知识产权司法保护机制，提高知识产权案件的审理质量和效率。

加强国际交流与合作：积极参与国际知识产权组织和国际知识产权合作机制，加强与其他国家和地区的知识产权交流与合作。可以通过签署知识产权合作协议、加入国际知识产权公约等方式来实现。

通过建设以知识产权为导向的公共政策体系，可以提升社会对知识产权的重视和保护意识，促进创新创造和知识产权的发展，为知识产权的创造、运用和保护提供有力支持，推动经济社会的可持续发展。

(二) 健全知识产权司法保护

1. 合理设置知识产权审判机构

合理设置知识产权审判机构是保护知识产权和提高知识产权审判质量的重要举措。以下是一些关键方面：

设立专门的知识产权法院：建立独立的专门法院来处理知识产权纠纷案件，确保专业性和专注性。专门的知识产权法院应由专业的知识产权法官组成，具备相关领域的专业知识和经验。

建立知识产权纠纷快速审判机制：针对知识产权纠纷案件，建立快速审判机制，提高案件的审理效率。知识产权纠纷快速审判机制的建立可以通过专门的知识产权庭审机制、加强诉讼程序管理和优化庭审流程等方式实现。

加强专业培训和能力提升：为知识产权法官和相关司法人员提供专业培训和能力提升机会，以提高其对知识产权法律和实践的理解和应用能力。可以通过举办培训课程、开展研讨会和与专业机构合作等途径来实现。

强化知识产权司法保护力度：加强知识产权司法保护力度，打击侵犯知识产权的行为，可以通过加大处罚力度、加强执法合作、加强对知识产权案件的监督和评估等方式来实现。

加强国际交流与合作：积极参与国际知识产权组织和国际知识产权合作机制，加强与其他国家和地区的知识产权司法交流与合作，可以通过签署合作协议、开展合作项目和共享经验等方式来实现。

通过合理设置知识产权审判机构，可以提高知识产权审判的专业性和效率，保护知识产权权利人的合法权益，维护创新和知识产权的正常运行，促进创新和知识产权的发展。同时，还可以增强公众对知识产权的信心，提升社会对知识产权保护的认可度。

2. 合理调整知识产权审判标准，有效控制诉讼时间和诉讼成本

合理调整知识产权审判标准，以及有效控制诉讼时间和成本，是为了提高审判效率和降低参与方的负担。以下是一些可能采取的措施：

确定清晰的标准和指南：制定明确的知识产权审判标准和指南，包括权利要件、侵权认定、赔偿计算等方面，以便在审判过程中提供明确的参考和

指导，有助于加快审判速度，减少争议和纠纷。

强调快速审理和及时裁决：设立特殊程序或专门庭审机制，加快知识产权案件的审理速度，包括限制庭外和庭内程序的时间，设置合理的期限来处理不同类型的案件，并鼓励及时作出裁决。

推广替代争议解决机制：鼓励当事人通过调解、仲裁等替代争议解决机制来解决知识产权争议。这可以有效地减少诉讼的时间和成本，并帮助当事人更快地达成协议。

控制诉讼滥用：采取措施来防止滥用诉讼行为，例如，限制无根据的起诉、加强滥用诉讼的处罚措施等，有助于减少不必要的诉讼，节约时间和成本。

提供法律援助和减免费用：为无力支付诉讼费用的当事人提供法律援助和费用减免机制，确保他们能够平等地获得司法保护，有助于降低弱势当事人的诉讼成本，促进公平和正义。

通过合理调整知识产权审判标准，有效控制诉讼时间和成本，可以加快知识产权案件的审理速度，减少纠纷和争议，降低当事人的负担，提高司法效率和公正性，有助于营造良好的创新环境，促进知识产权的保护和创新活动的发展。

(三) 加强知识产权行政保护

1. 建立统一的知识产权行政保护队伍

统一组织和管理：建立专门的知识产权行政保护机构或部门，负责统一组织和管理知识产权行政保护工作。专门的知识产权行政保护机构或部门应具备专业的知识产权专家和执法人员，并负责制定行政保护的政策、指导和标准。

加强执法力量：增加执法人员的数量和质量，提高知识产权行政保护的执法力量，包括培训执法人员的知识产权法律和执法技能，提高他们对知识产权侵权行为的认知和处理能力。

优化执法程序：简化和优化知识产权行政保护的执法程序，确保高效、公正和透明，包括制定明确的执法程序和标准，确保案件的及时处理和裁决。

加强协作与信息共享：建立各级行政保护机构之间的协作机制，促进信息共享和执法资源的整合，有助于加强对知识产权侵权行为的监测和打击，提高行政保护的效能。

加强国际合作：加强与国际知识产权保护组织和其他国家的合作，共同打击跨境知识产权侵权行为，包括信息共享、执法协作和经验交流等方面的合作。

通过建立统一的知识产权行政保护队伍，可以提高知识产权行政保护的效能和一致性，加强对知识产权侵权行为的打击，保护创新成果和知识产权持有人的合法权益，有助于营造良好的创新环境，促进知识产权的保护和创新活动的发展。

2. 加大行政保护力度，有效遏制侵权假冒行为

加强监测和打击：加大对市场和网络的监测力度，发现侵权和假冒行为。建立专门的执法机构或部门，加强对侵权和假冒行为的打击力度，包括加大执法人员的数量和质量，提高打击效能。

完善执法制度和措施：制定或修改相关法律法规，明确知识产权侵权和假冒行为的违法行为和处罚措施。加强行政执法手段，如加大罚款力度、查封扣押侵权商品等，加大对侵权和假冒行为的打击力度。

加强执法协作：建立行政执法机构之间的协作机制，促进信息共享和协同行动。加强与执法机构、行业协会、知识产权持有人和消费者等的合作，形成联防联控的合力，共同打击侵权和假冒行为。

提高行政执法效率：优化执法程序，简化证据要求和程序要求，提高行政执法的效率。加强执法人员的培训，提高他们对侵权和假冒行为的认知和处理能力。

宣传教育和预防为主：加强对公众和企业的宣传教育，提高知识产权保护意识和风险意识。加强对企业的指导和培训，帮助企业建立健全的知识产权保护机制，防范侵权和假冒行为。

通过加大行政保护力度，可以有效遏制知识产权侵权和假冒行为，维护创新成果和知识产权持有人的合法权益，有助于营造公平竞争的市场环境，促进创新和经济发展。同时，也需要综合运用行政、刑事、民事等多种手段，形成全方位的知识产权保护体系。

(四) 构建协调高效的知识产权保护机制

加强政策协调：各相关部门和机构应加强合作和协调，形成统一的政策方向和执行力度。建立跨部门、跨领域的协调机制，确保政策的一致性和协同效应。

健全执法协作机制：建立执法机构之间的协作机制，加强信息共享和案件协调。定期召开联席会议，促进沟通和协商，提高执法效率和一致性。

完善知识产权纠纷解决机制：建立健全多元化的知识产权纠纷解决机制，包括行政、刑事和民事等多个层面。鼓励当事人通过协商、调解等方式解决争议，提高纠纷解决的效率和公正性。

强化执法力量和能力：增加执法人员的数量和质量，加强对知识产权保护的专业培训和技能提升。建立健全执法标准和操作规程，确保执法的公正性和专业性。

加强国际合作与交流：积极参与国际知识产权合作，加强与其他国家和国际组织的交流与合作。共享经验和最佳实践，提高知识产权保护的水平和效果。

提供便利的举证和维权机制：建立便利的举证和维权机制，减轻知识产权权利人的维权负担。加强证据收集和保存的指导，提供有效的维权渠道和途径，保护权利人的合法权益。

加强宣传和教育：加强对公众和企业的知识产权宣传和教育，提高知识产权保护意识和法律意识。通过培训、讲座、宣传活动等方式，提高社会对知识产权保护的认知和支持。

通过构建协调高效的知识产权保护机制，可以更好地保护知识产权，促进创新和知识产权的合理运用，为创新驱动发展提供有力支持。

第四节 扩大知识产权国际合作，提升创新国际影响力

一、知识产权国际合作与全球创新格局

（一）中国在全球创新格局中的定位

创新引领者：中国正在成为全球创新的引领者，在多个领域取得了重要突破和创新成果。特别是在人工智能、5G通信、电子商务、新能源等领域，中国企业和科研机构取得了世界领先地位，并推动了相关产业的发展。

创新合作伙伴：中国积极开展国际科技合作，与其他国家和地区共同推动创新发展。中国与世界各地的科研机构、高等院校和企业之间建立了广泛的合作关系，共同开展科技研究、技术交流和创新项目，促进了全球创新格

局的形成。

创新驱动经济发展：中国正在实施创新驱动发展战略，将创新作为推动经济增长和转型升级的重要引擎。通过加大科技投入、鼓励企业创新、培养创新人才等举措，中国致力于提升自身创新能力，并实现经济结构的优化和升级。

创新影响力的提升：中国的创新成果和科技应用正逐渐获得全球认可和影响力的提升。中国企业的技术和产品在国际市场上竞争力不断增强，中国的科研机构和高等院校在国际学术界具有一定的影响力，中国创新模式和经验也受到其他国家的关注和借鉴。

总体而言，中国在全球创新格局中的定位逐渐由跟随者转变为参与者和引领者。通过加大创新投入、推动科技发展和加强国际合作，中国正在不断提升自身的创新能力和影响力，为全球创新格局的发展作出重要贡献。

(二) 知识产权国际合作为中国提升在全球创新格局中的地位提供有力支撑

知识产权国际合作促进技术创新：通过与其他国家和地区开展合作，中国可以获取更多的先进技术和创新成果，加速自身的技术创新进程。知识产权国际合作可以涵盖技术交流、合作研发、联合创新等方面，有效地促进知识产权创新。

知识产权国际合作扩大市场影响力：通过与其他国家和地区建立合作关系，中国企业可以将自己的创新成果和知识产权推向全球市场，扩大市场影响力和市场份额。知识产权国际合作可以包括专利授权、技术转让、品牌合作等形式，推动中国企业在全球市场上的竞争力提升。

知识产权国际合作促进国际规则制定：积极参与国际知识产权组织和国际合作机制，中国可以参与国际知识产权规则的制定和改革，推动国际知识产权制度朝着更加公平、合理、平衡的方向发展，为中国的创新和知识产权保护提供更好的环境和机制。

知识产权国际合作提升国际形象和声誉：通过与其他国家和地区进行知识产权合作，中国可以树立良好的创新形象和知识产权保护的声誉，提升国际社会对中国的认可和尊重，有助于吸引更多的国际创新资源和合作机会，提升中国在全球创新格局中的地位。

综上所述，知识产权国际合作对于中国在全球创新格局中的地位提供了重要的支撑。通过开展合作、分享创新成果、加强知识产权保护等措施，中国可以在国际舞台上发挥更大的作用，实现创新驱动发展的目标。

(三) 加强知识产权国际合作是知识产权强国建设的重要方面

创造良好的国际合作氛围：通过加强与其他国家和地区的合作，可以促进知识产权保护和创新的共同理念和标准的形成。国际合作可以促进知识产权法律和政策的互通互认，加强国际合作机制的建立，为知识产权的跨境保护和合作提供更好的环境。

推动知识产权全球治理体系建设：通过加强与其他国家和地区的合作，可以参与全球知识产权治理体系的建设和改革。积极参与国际组织和国际合作机制，推动知识产权规则和国际合作机制的发展，为知识产权强国建设提供更好的国际环境和机制。

提升知识产权在国际话语权和影响力：通过加强与其他国家和地区的合作，可以提升中国在国际知识产权事务中的话语权和影响力。积极参与国际知识产权组织和国际合作机制，分享中国的创新经验和保护成果，推动中国的声音和观点在国际舞台上得到更多的关注和认可。

促进跨国创新合作和技术交流：通过加强与其他国家和地区的合作，可以促进跨国创新合作和技术交流，加速创新成果的转化和应用。知识产权国际合作可以促进科技人员的交流与合作，促进跨国企业的研发合作，加强技术转移和知识共享，推动全球创新的发展。

综上所述，加强知识产权国际合作对于知识产权强国建设具有重要意义。通过加强合作，共同推动知识产权保护和创新的发展，中国可以在国际舞台上发挥更重要的作用，提升自身在全球创新格局中的地位。

二、扩大知识产权国际合作、提高中国在全球创新格局中国际地位的主要路径

(一) 推动构建更加公平合理的国际知识产权规则，稳步提高知识产权国际影响力

1. 建立健全知识产权国际化发展战略

强化国际合作与交流：积极参与国际知识产权组织和国际合作机制，加强与其他国家和地区的知识产权交流与合作。推动国际知识产权规则的制定

和改革，促进国际知识产权体系的公平、公正和有效运行。

加强国际标准制定与推广：积极参与国际标准的制定和推广，推动中国的技术标准和知识产权标准走向国际。通过制定和推广国际标准，提升中国企业在全球市场中的竞争力，并确保其知识产权在全球范围内得到有效保护。

建立全球知识产权布局：鼓励企业、科研机构和高等院校等在全球范围内进行知识产权布局，加强国际专利申请和商标注册，确保知识产权的全球保护和运用。推动知识产权转化和商业化，促进国内创新成果在国际市场的推广和应用。

增强国际维权能力：加强知识产权的国际维权工作，通过有效的国际维权机制和合作渠道，保护中国企业和个人的知识产权利益。提高国内企业的知识产权意识，加强知识产权保护的法律意识和维权意识。

加强知识产权人才培养与交流：注重培养具备国际视野和专业知识的知识产权人才，加强国际知识产权人才的交流与合作。推动知识产权教育的国际化发展，提高国内知识产权人才的全球竞争力。

加强对外交流与宣传：加大对外交流与宣传力度，展示了中国的知识产权保护成果和创新能力。加强国际形象塑造，提高中国在全球知识产权领域的影响力和声誉。

建立健全的知识产权国际化发展战略，需要政府、企业、研究机构和相关组织的共同努力和合作。通过推动国际合作、加强标准制定、建立全球布局和维权能力等措施，中国在全球知识产权领域可以发挥更重要的作用，提升国家的国际地位和影响力。

2. 积极参与新一轮知识产权国际规则制定

参与多边国际组织和机制：积极参与世界知识产权组织（WIPO）、世界贸易组织（WTO）等多边国际组织和机制的活动和会议，以影响和参与国际知识产权规则的制定。在多边国际组织和机制的活动和会议中提出中国的观点和立场，推动有利于中国的知识产权规则的制定。

参与双边和区域合作：积极参与双边和区域的知识产权合作和谈判，如与其他国家和地区进行知识产权合作协议的谈判和签署。通过与其他国家和地区的合作，争取更有利于中国的知识产权规则和合作机制。

提出中国的倡议和建议：根据中国的实际情况和利益，提出相关的倡议和建议，推动知识产权国际规则的更新和完善。通过积极参与讨论和磋商，中国争取有更多的话语权和影响力，为中国的知识产权保护和发展争取更好的国际环境。

加强国内研究和专业机构的合作：鼓励国内的研究机构、专业机构和高校加强对国际知识产权规则的研究和分析，为制定中国的知识产权国际化发展战略提供专业支持和建议。与国际知识产权专业机构和研究机构进行合作交流，共同推动知识产权国际规则的制定。

加强国际合作与交流：与其他国家和地区的知识产权部门、专家和学者加强交流与合作，共同探讨和研究知识产权国际规则的问题。通过交流合作，了解其他国家的经验和做法，为中国的知识产权国际化发展提供借鉴和参考。

通过积极参与新一轮知识产权国际规则的制定，中国可以在国际舞台上发挥更大的作用，推动知识产权的全球发展和保护。同时，也能够为中国的知识产权强国建设提供有力的支撑和保障。

3. 建立知识产权发展同盟

建立知识产权发展同盟是一种国际合作机制，旨在促进各国在知识产权领域的合作与发展。以下是建立知识产权发展同盟的一些潜在方式和目标：

合作框架：建立多边或区域性的合作框架，邀请有志于加强知识产权保护和发展的国家加入同盟。合作框架可以通过签署共同宣言、合作协议或其他形式来确立合作原则和目标。

信息交流与共享：建立知识产权信息交流与共享机制，促进成员国之间的知识产权信息共享和经验交流，包括举办国际研讨会、研究合作项目，建立信息平台等，以加强各国之间的合作与沟通。

资源共享与协作：成员国可以通过资源共享与协作，共同应对知识产权挑战和问题，包括合作开展技术研发、知识产权保护和执法、专利和商标审查等方面的合作项目，以提升知识产权保护和发展的能力。

政策对话与协调：建立定期的政策对话与协调机制，让各成员国就知识产权政策和法律的制定、修改和执行等进行交流与协商，形成共识和合作行动。

联合倡议与行动：同盟成员可以共同提出倡议、发表声明，推动知识产权保护和发展的国际合作。通过联合倡议与行动，向国际社会传递共同的价值观和立场，推动知识产权国际规则的制定和实施。

建立知识产权发展同盟可以促进各国之间的合作与共赢，加强知识产权保护和发展的国际合作，推动全球知识产权制度的进一步完善。同时，建立知识产权发展同盟可以提供成员国间的政策协调和资源支持，增强各国在知识产权领域的综合实力和影响力。

4. 完善涉外知识产权工作体制

建立专门机构或部门：设立专门的机构或部门负责涉外知识产权工作，负责协调、推动和执行涉外知识产权政策和行动，与国内相关部门和国际知识产权组织建立紧密合作关系，提供专业的涉外知识产权服务。

加强内外部合作机制：建立内外部合作机制，包括政府间合作、跨部门合作、企业合作等。加强与国际知识产权组织、其他国家和地区的知识产权机构以及国内外企业的合作，共同推进涉外知识产权工作。

完善涉外知识产权法律框架：制定与涉外知识产权相关的法律法规，包括知识产权保护、侵权追究、国际合作等方面的法律框架。确保涉外知识产权工作在法律的保障下进行。

增强人才培养与交流：加强涉外知识产权人才的培养和交流，包括培训涉外知识产权专业人员、引进外国知识产权专家和学者、开展国际交流合作项目等。提高涉外知识产权工作的专业化水平和国际交流能力。

提供全方位的服务与支持：为企业和创新者提供全方位的涉外知识产权服务与支持，包括知识产权申请、保护、维权、合作、培训等方面的服务。建立涉外知识产权服务平台，提供便捷的在线服务和咨询。

加强信息发布与宣传：加强涉外知识产权信息的发布与宣传，及时向企业、创新者和公众传递相关政策、法律、市场信息和国际动态，增强对涉外知识产权工作的认知和理解。

通过完善涉外知识产权工作体制，可以更好地支持企业的海外知识产权布局和保护，加强国际合作与交流，提升中国在国际知识产权事务中的地位和影响力，促进知识产权的国际化发展。

(二) 结合"一带一路"倡议深化对外交流与合作，营造良好的知识产权强国建设国际环境

1. 构建"一带一路"知识产权合作常态化机制

加强政策协调与合作：各参与国家在知识产权领域加强政策协调与合作，通过双边、多边合作机制，共同制订知识产权政策和行动计划，推动知识产权合作常态化。

搭建交流平台：建立"一带一路"知识产权交流与合作平台，为参与国家的政府、企业、研究机构等提供交流、合作、分享经验的机会。举办知识

产权高层论坛、研讨会、展览等活动，促进交流与合作。

推动法律合作与交流：加强知识产权法律领域的合作与交流，包括知识产权法律培训、法律研讨、法律援助等方面。推动知识产权法律的国际化、区域化，增强参与国家的知识产权保护能力。

支持技术转移与创新合作：鼓励参与国家在技术转移、创新合作方面加强合作，推动技术交流、技术合作项目的开展。支持知识产权在技术转移、科研合作、创新孵化等方面的应用和保护。

加强知识产权信息共享：建立"一带一路"知识产权信息共享机制，提供参与国家之间的知识产权信息交流平台，分享知识产权法律法规、市场信息、技术信息等。促进知识产权信息的全面流通与共享。

加强执法合作与维权保护：推动参与国家之间的知识产权执法合作，加强知识产权侵权案件的跨境执法合作。提供有效的维权保护机制，为企业和创新者提供跨国知识产权维权服务与支持。

构建"一带一路"知识产权合作常态化机制，可以促进参与国家之间的知识产权合作与交流，推动技术创新与转移，加强知识产权保护与维权，实现共同发展与繁荣。

2. 加强"一带一路"区域知识产权规则建设

推动协商和谈判：推动区域间的协商和谈判，促进参与国家之间的知识产权规则的制定和协调，包括知识产权保护、知识产权管理、技术转让和合作、知识产权纠纷解决等方面的规则。

建立知识产权合作机制：设立"一带一路"知识产权合作机制，为参与国家提供知识产权合作的平台和机会。定期会议、研讨会、培训等活动的开展，促进知识产权保护经验的交流和分享。

推动互联互通：加强区域间的知识产权信息共享和互联互通，建立"一带一路"知识产权信息网络。通过共享知识产权法律法规、市场情报、技术信息等，促进参与国家间的合作与交流。

加强培训与能力建设：加强培训和能力建设，提升参与国家的知识产权保护和管理能力。支持知识产权培训机构的合作，开展专业人才培养和交流计划，提高知识产权专业人才的素质和能力。

推动知识产权审查协作：促进参与国家间的知识产权审查协作，加强专利、商标、著作权等领域的审查合作。通过共享审查资源、信息和最佳实践，提高知识产权审查的效率和质量。

加强知识产权执法合作：推动参与国家之间的知识产权执法合作，加强知识产权侵权案件的跨境执法合作。通过建立合作机制、加强信息共享和培训，提高知识产权执法部门的能力和效率。

加强"一带一路"区域知识产权规则建设有助于建立稳定、公平、开放的知识产权环境，为参与国家的创新和经济发展提供良好的保障和支持。这将促进知识产权的有效保护，鼓励技术创新和转移，加强合作与交流，共同推动区域的可持续发展。

3. 促进"一带一路"区域知识产权保护

加强法律保护：建立和完善知识产权法律框架，包括专利、商标、著作权等方面的法律和法规。加强执法力度，打击侵权和假冒行为，维护知识产权的合法权益。

推动合作和协调：加强区域内国家之间的合作和协调，包括知识产权保护机构、执法部门和司法机构之间的合作。建立信息共享和交流机制，加强对知识产权案件的合作调查和追踪。

提升意识和培训：加强知识产权意识的宣传和培训，提高企业和公众对知识产权的重视和保护意识。开展知识产权培训项目，提升相关人员的知识产权保护能力。

搭建平台和网络：建立"一带一路"区域知识产权保护合作平台，提供信息查询、投诉举报、纠纷解决等服务。建设知识产权保护在线平台，加强区域内国家之间的网络合作和交流。

加强国际合作：与国际组织和其他国家开展知识产权保护方面的合作。加入国际知识产权保护的多边协议和公约，参与制定国际知识产权规则，推动全球知识产权保护的共同进步。

通过以上措施，可以促进"一带一路"区域内知识产权保护的改善和提升，建立公平、有效的知识产权保护机制，为创新和经济发展提供良好的环境和保障，有助于吸引更多的投资和技术创新，推动区域内的经济合作和发展。

4. 增强对"一带一路"沿线国家的知识产权援助

提供技术援助：向沿线国家提供专业的技术支持和知识产权培训，建立和完善知识产权保护制度和执法机构。通过技术合作和交流，提升他们在知识产权保护方面的能力。

提供法律援助：为沿线国家提供法律援助，包括知识产权法律和执法方面的咨询和支持。协助他们制定和修改相关法律法规，建立健全的知识产权保护体系。

促进合作项目：开展知识产权合作项目，推动沿线国家在知识产权领域的合作与交流，包括技术转让、联合研发、共享专利资源等形式的合作，促进技术创新和知识产权的有效运用。

加强信息共享：建立知识产权信息共享平台，与沿线国家分享知识产权保护经验和信息。提供相关政策、法规、案例等信息，帮助他们了解知识产权保护的最新发展和最佳实践。

组织培训交流活动：举办知识产权培训班、研讨会和国际会议，邀请沿线国家的专家学者和政府代表参与。通过交流和分享，加深彼此之间的了解，促进合作和共同发展。

通过增强对"一带一路"沿线国家的知识产权援助，可以帮助他们提升知识产权保护水平，促进技术创新和经济发展。同时，也加强了与沿线国家的合作关系，推动"一带一路"倡议的实施和共同繁荣。

（三）支持中国企业"走出去"融入全球创新链和产业链，推动提升国际竞争力

1. 强化知识产权海外维权与援助机制

建立维权与援助网络：在海外设立知识产权维权与援助机构或办事处，为中国企业和个人提供海外知识产权维权支持和援助服务。这些机构可以提供法律咨询、案件调查、证据收集、法律代理等专业服务，协助在海外遭遇知识产权侵权的中国知识产权权利人进行维权。

加强合作与信息共享：与其他国家和国际组织加强合作，共享知识产权维权经验和信息。建立国际合作机制，开展跨国合作项目，促进知识产权海外维权与援助工作的协调与合作，提供更广泛的支持和资源。

加强法律保护：通过国际法律框架和双边/多边协定，加强知识产权保护的法律制度和规范。促进国际法律合作和信息交流，共同打击知识产权侵权行为，维护权利人的合法权益。

提供培训与教育：开展知识产权维权与援助的培训和教育活动，提高中国企业和个人的知识产权意识和维权能力。提供知识产权法律知识、案例分析、维权策略等培训，帮助他们了解维权流程和方法，增强维权意识和能力。

提供资金支持：设立专项资金，用于支持中国企业和个人在海外进行知

识产权维权活动。资金可以用于案件调查、法律代理费用、证据收集和维权费用等方面，减轻维权者的经济负担，提高维权成功的机会。

通过强化知识产权海外维权与援助机制，可以更好地保护中国企业和个人的知识产权，提高海外知识产权维权的成功率和效率，增强企业的信心和创新活力，促进知识产权的国际交流与合作，为全球知识产权保护作出贡献。

2. 推动知识产权政策与贸易政策融合发展

整合政策框架：将知识产权政策与贸易政策纳入同一政策框架，并进行协调和整合。确保两个政策领域的目标和措施相互支持、相互促进，形成统一的政策体系。

提供贸易便利化措施：在贸易政策中考虑知识产权保护的重要性，为遵守知识产权规则的企业提供贸易便利化的措施，鼓励企业通过知识产权保护获得贸易竞争优势。

强化知识产权保护与执法：在贸易政策中强调知识产权保护的重要性，并加强知识产权执法力度。通过制定相关法律法规、建立执法机构、加强执法合作等措施，确保知识产权得到有效保护。

促进知识产权交流与合作：在贸易政策中鼓励和支持国际知识产权交流与合作。通过签订知识产权合作协议、设立知识产权交流平台、举办知识产权交流活动等方式，促进不同国家间的知识产权交流与合作，实现共赢发展。

促进知识产权培训与技术转移：在贸易政策中加强知识产权培训和技术转移的支持。通过培训计划、技术合作项目等方式，提高企业和机构的知识产权意识和技术能力，促进技术转移与创新能力的提升。

通过推动知识产权政策与贸易政策的融合发展，可以实现知识产权的有效保护和促进贸易的发展，为企业提供更好的创新环境和市场机会，推动经济增长和国际贸易的繁荣。同时，也有助于促进知识产权在全球范围内的交流与合作，推动全球知识产权治理体系的完善。

3. 提升企业知识产权管理能力

建立知识产权管理体系：确立明确的知识产权管理政策和流程，建立规范的知识产权管理制度，包括知识产权的申请、保护、运营、维权等各个环节。

加强知识产权意识教育：通过培训和教育活动，提高员工对知识产权的认识和重视程度，增强知识产权保护的意识和责任感。

建立知识产权管理团队：组建专业的知识产权管理团队，负责知识产权的管理、监控和维护工作，包括专利、商标、著作权等各个领域。

强化知识产权保护措施：制定并执行有效的知识产权保护策略，包括加强内部保密措施、加强合同管理、设立监测和防范机制等，确保企业的知识产权不受侵犯。

加强知识产权管理与运营：充分利用企业的知识产权资源，进行有效的知识产权运营，包括专利授权、技术转让、品牌推广等，提高知识产权的商业价值和经济效益。

建立合作与沟通机制：与相关机构、专业律师事务所、知识产权中介机构等建立良好的合作关系，获取专业知识产权服务和支持，及时了解行业动态和法律法规的变化。

不断创新和改进：持续关注和研究最新的知识产权管理理念和技术手段，不断改进和优化企业的知识产权管理体系，适应市场和技术的变化。

通过以上措施，企业可以提升知识产权管理能力，更好地保护和运用自身的知识产权，增强竞争力和创新能力，实现可持续发展。同时，也有助于企业更好地适应国内外市场环境，提高在全球竞争中的地位和影响力。

参考文献

[1] 张斌,单晓光. 知识产权案例精选[M]. 北京:知识产权出版社,2020.

[2] 李雷霆,张晓津. 知识产权典型案例解析[M]. 北京:知识产权出版社,2020.

[3] 黎炽森. 知识产权精品案例评析[M]. 北京:知识产权出版社,2020.

[4] 韩秀成,曾燕妮,王淇,等. 知识产权理念、制度与国家战略[M]. 杭州:浙江大学出版社,2020.

[5] 李雨峰. 知识产权行政执法机制改革研究[M]. 北京:知识产权出版社,2020.

[6] 程冰. 知识产权国际私法新问题研究[M]. 北京:人民法院出版社,2020.

[7] 李亮,曾礼. "一带一路"倡议下知识产权国际贸易法律制度研究[M]. 上海:上海人民出版社,2020.

[8] 游闽键. 知识产权经典案例律师点睛(第2辑)[M]. 北京:知识产权出版社,2020.

[9] 漆海燕,李飞鸣,马丽. 知识产权法[M]. 成都:西南交通大学出版社,2019.

[10] 林宣佐,罗鸿海,房立普. 知识产权法理论与实务[M]. 北京:中国商务出版社,2019.

[11] 李尊然. 知识产权法律实务/中原工学院知识产权规划教材[M]. 郑州:河南人民出版社,2019.

[12] 黎长志. 中国知识产权法律制度[M]. 北京:中国民主法制出版社,2020.

[13] 曹鸿星,杨桂莲. 品牌管理和知识产权保护管理理论[M]. 北京:知识产权出版社,2019.

[14] 柴广成，杨阳，顾立平. 知识产权共享与限制［M］. 北京：科学技术文献出版社，2019.

[15] 杨雄文. 知识产权总论［M］. 广州：华南理工大学出版社，2019.

[16] 曾德国. 知识产权司法鉴定［M］. 北京：知识产权出版社，2019.

[17] 刘伟成. 知识产权与成果转化案例评析［M］. 北京：光明日报出版社，2020.

[18] 龚韬. 中国体育知识产权法律保护［M］. 北京：知识产权出版社，2019.

[19] 叶承芳. 知识产权法判解与学说［M］. 北京：知识产权出版社，2019.

[20] 陶凯元. 我国建立知识产权法院相关问题研究［M］. 北京：人民法院出版社，2019.

[21] 孙进，王翀. 知识产权典型案例评析［M］. 北京：知识产权出版社，2019.

[22] 杨燮蛟. 知识产权刑法学的建构及其应用［M］. 杭州：浙江大学出版社，2018.

[23] 谢芳. 知识产权交易与企业创新绩效［M］. 北京：知识产权出版社，2018.

[24] 高华. 知识产权质押融资估值研究：风险分担视角［M］. 天津：天津科学技术出版社，2018.

[25] 王娟. 知识产权出资风险的法律规制研究［M］. 上海：上海人民出版社，2018.

[26] 陈耿，王海平. 国防知识产权管理人员法律基础培训教程［M］. 北京：国防工业出版社，2018.

[27] 王鸣涛. 科技创新能力与知识产权实力评价研究［M］. 北京：科学技术文献出版社，2018.

[28] 梁晨曦. 知识产权融资探究与法制建议［M］. 长春：吉林人民出版社，2018.

[29] 王素娟. 知识产权典型案例的法理分析［M］. 北京：中国政法大学出版社，2017.

[30] 岳树梅. 涉外知识产权法律实务［M］. 厦门：厦门大学出版社，2017.